U1002721

中国市场准入环境与贸易投资新政

——基于若干行业的实证研究

郑建成　王　卓
贾保华　庞镇宏　著

对外经济贸易大学出版社
中国·北京

图书在版编目（CIP）数据

中国市场准入环境与贸易投资新政：基于若干行业的实证研究／郑建成等著．—北京：对外经济贸易大学出版社，2015
ISBN 978-7-5663-1348-5

Ⅰ．①中…　Ⅱ．①郑…　Ⅲ．①市场准入-研究-中国②对外贸易政策-研究-中国　Ⅳ．①F723②F752.0

中国版本图书馆 CIP 数据核字（2015）第 101888 号

ⓒ　2015 年　对外经济贸易大学出版社出版发行

版权所有　翻印必究

中国市场准入环境与贸易投资新政
——基于若干行业的实证研究

郑建成　**等著**
责任编辑：史伟明　李　雪

对外经济贸易大学出版社
北京市朝阳区惠新东街 10 号　　邮政编码：100029
邮购电话：010-64492338　　发行部电话：010-64492342
网址：http：//www.uibep.com　　E-mail：uibep@126.com

唐山市润丰印务有限公司印装　　新华书店北京发行所发行
成品尺寸：170mm×240mm　　16.5 印张　　288 千字
2015 年 7 月北京第 1 版　　2015 年 7 月第 1 次印刷

ISBN 978-7-5663-1348-5
定价：42.00 元

前　言

二十世纪六七十年代，日本、德国，以及此后中国台湾、韩国等在经历了经济的高速增长之后，相继通过了“刘易斯转折点”及“库兹涅茨转折点”，实现了从不发达经济体到发达经济体的跨越。在经历了三十年经济高速发展之后，2010 年中国的 GDP 总额超过日本，成为世界第二经济大国。日本从 1868 年明治维新到 1968 年超越西德成为全球第二大经济体用了一百年的时间，中国从 1911 年辛亥革命到 2010 年超越日本成为全球第二大经济体，也差不多用了一百年的时间。日本成为全球第二大经济体后全球的战略环境发生了很大的变化，同样，中国成为全球第二大经济体后国际环境也发生了重大变化。国际环境变化有两点：一是全球经济中心悄然东移；二是美国推出重返亚太战略。

习近平总书记指出，加快实施自由贸易区战略，是我国新一轮对外开放的重要内容。党的十七大把自由贸易区建设上升为国家战略，党的十八大提出要加快实施自由贸易区战略。党的十八届三中全会提出要以周边为基础加快实施自由贸易区战略，形成面向全球的高标准自由贸易区网络。2013 年 8 月中旬，国务院正式批准设立（上海）自由贸易园试验区，9 月 29 日正式挂牌启动。设立（上海）自贸区主要任务是探索我国对外开放的新路径和新模式，培育我国全球竞争的新优势，构建与各国合作发展的新平台，拓展经济增长的新空间，打造中国经济“升级版”，表明我国为进一步推进改革开放进入了一个新的发展阶段。

中共中央政治局2014 年 12 月 5 日下午就加快自由贸易区建设进行第十九次集体学习。这次中央政治局集体学习安排的这个内容，目的是分析我们加快实施自由贸易区战略面临的国内外环境，探讨我国加快实施这个战略的思路。中共中央总书记习近平在主持学习时强调，站在新的历史起点上，实现“两个一百年”奋斗目标、实现中华民族伟大复兴的中国梦，必须适应经济全球化新趋势、准确判断国际形势新变化、深刻把握国内改革发展新要求，以更加积极有为的行动，推进更高水平的对外开放，加快实施自由贸易区战略，加快构建开放型经济新体制，以对外开放的主动赢得经济发展的主动、赢得国际竞争的主动。

习近平总书记强调，要准确把握经济全球化新趋势和我国对外开放新要求。改革开放是我国经济社会发展的动力。不断扩大对外开放、提高对外开放水平，以开放促改革、促发展，是我国发展不断取得新成就的重要法宝。开放带来进步，封闭导致落后，这已为世界和我国发展实践所证明。党的十八大以来，我们乘势而上，加快构建开放型经济新体制，更高水平的开放格局正在形成。多边贸易体制和区域贸易安排一直是驱动经济全球化向前发展的两个轮子。现在，全球贸易体系正经历自 1994 年乌拉圭回合谈判以来最大的一轮重构。我国是经济全球化的积极参与者和坚定支持者，也是重要建设者和主要受益者。我国经济发展进入新常态，妥善应对我国经济社会发展中面临的困难和挑战，更加需要扩大对外开放。“机者如神，难遇易失。”我们必须审时度势，努力在经济全球化中抢占先机、赢得主动。

发展中国家并不是一个固定不变的概念。事实上，自 20 世纪 60 年代以后，发展中国家和地区内部出现了分化，出现了以亚洲“四小龙”为代表的“东亚模式”和以巴西、墨西哥、阿根廷等国为代表的“拉美模式”。它们都取得了经济的高速发展。过去 30 多年，中国经济持续高速发展，经济总量不断迈上新台阶。同时，中国的综合国力大大增强，国际影响空前提高。中国的发展道路也被称为“中国模式”。日本 GDP 规模已经退居全球第三，结束了长达 40 多年“第二”的地位。不少分析机构将此看做是具有重大意义的事件，认为中国或者在未来某个时点超过第一大国美国。中国经济总量用了一百年的时间去追赶，到 2010 年达到‘世界第二’，这是一件来之不易的好事，标志着中国世界经济地位的提高。但 GDP 规模只能说明一定的问题，衡量一个国家的竞争力或者一个民族的强大，更重要的是要从人均 GDP、人的素质、创新能力以及发展方式等其他很多方面，而从这些方面来看，我们都还差得很远。自改革开放以来，特别是进入 20 世纪 90 年代，随着中国经济持续稳定增长，人民生活水平显著提高和社会全面进步。

但是，中国经济的迅猛增长也确实使得“中国是否还属于发展中国家”成为国内外学术界研究和讨论的热点问题。我们冷静地看到，在长期经历二元经济发展滞后，中国所处的发展阶段开始出现重要转折。按照发展规律，一旦劳动力无限供给特征消失，就意味着刘易斯转折点的到来。对于处在二元结构和经济体制双重转换中的中国经济来说，这是一个极其重要的转折点：一方面，这个转折点的出现意味着一个崭新发展时期的到来，另一方面，这个转折所经历的过程将充满严峻的挑战。

此外，本书重新梳理了中国近年来高速发展的路线图。通过使用具有说服力的经济模型和分析方法，对上海自贸区等贸易新政实施以来探索我国对外开放的新路径和新模式，培育我国全球竞争新优势进行了缜密的研究分析。本书提出的理论观点及研究方法和论证过程有助于中国发展理论的深入研究和探索。

C O N T E N T S 目录

第一编

中国市场准入与贸易投资政策回顾

第一章　缘起：亚洲金融危机回顾

第一节　亚洲金融危机回顾：理论与事实

亚洲金融危机已经过去18年了。尽管1997年7月始于泰国的这场危机已经以“亚洲金融危机”这一专有名词而无可争辩地载入了史册，但是，不论它的影响范围，还是后果，实际上都远远超出亚洲的和金融的领域，暴露出全球资本主义体系的危机。

由于亚洲金融危机的出现宣告了亚洲经济“奇迹”的终结，因此，人们对于这一危机的理论探讨就不能不具有更加深刻的内涵和更加现实的意义。为了便于说明，我们把迄今为止的理论观点分为三个主要派别：微观学派，中观学派，宏观学派。顾名思义，所谓微观学派主要是从微观的角度来分析具体的经济或金融问题，它一般不涉及社会政治制度的缺陷；相比之下，中观学派和宏观学派的分析角度要广阔得多，因为它们分别指出了亚洲资本主义和全球资本主义的体制的缺陷。

由于篇幅有限，本节主要根据有关材料，首先说明这3个派别的主要观点，并且在某些地方也相应地提出我们个人的见解；其次说明金融危机以后亚洲经济现实与理论的分析的异同；最后提及亚洲金融危机对中国经济学界的挑战。

一、主要的理论学派

1. 微观学派

（1）基本观点

微观学派也是主流学派，它得到了发达国家的多数官员和学者、以及国际货币基金等世界经济组织的专家们的支持。这一学派从微观的角度对亚洲金融危机的原因进行了分析，并且相应地提出了具体的经济和金融改革的对策。

比如，1998 年 3 月美国经济学家、财政部副部长萨默斯（后任部长）的一篇文章反映了这一学派的代表性观点："亚洲出现的问题几乎和所有的金融危机都有相似之处：借的钱太多，而又使用不当。但是……和不久前发生的危机形成对照的是，在亚洲要解决的问题与其说是宏观经济问题，不如说是微观经济问题，牵涉到的私营部门要多于政府部门。"①

因此，他提出的相应对策是：亚洲应当在基本不触动现行社会政治体制的前提下，进行金融领域的改革，以便让市场发挥更大的作用，从而"为私人投资创造合适的框架……为新的金融体系准备基础。"同样，这种改革的动力不是来自体系的内部，而是来自外部，即国际货币基金组织。由它出面要求泰国、韩国和印度尼亚的政府实施结构性的改革方案。②

如果说萨莫斯的观点的意义在于指出了危机的"微观"问题的话，那么国际货币基金组织第一副总裁斯坦利 · 费希尔则进一步把这些问题分解为以下 5 个方面：③

第一，亚洲国家缺乏"及时的、准确的和全面的数据"。因此，国际货币基金组织鼓励各国提高透明度、更充分地披露消息，提供诸如中央银行远期交易的数据、有关公司的短期债务的数据。这些准确的数据不仅可以使国内外的投资者信息更灵通，而且也可以使政府制定更好的政策。

第二，国际货币基金组织缺乏有效的监督方法。因此，这一组织也需要向外提供所有相关数据，需要保证各国的汇率制度必须与其他政策相一致，需要保证流入的资本是可持续的。

第三，国内金融体系缺乏有效的监督方法。由于危机经常是由金融部门的问题引起的，因此，必须加强对国内金融体系的监督。为此，国际货币基金已经制定了一些标准，并写进了 1997 年编纂的关于银行监督的 25 条核心原则的巴勒委员会法典中。国际货币基金将监督各国银行实施这些标准。

第四，国内市场缺乏法律和规范。金融危机说明亚洲的资本市场在运作中存在的问题，因此，应当鼓励一些国家在破产法、证券交易、公司管理、会计制度等方面采纳国际标准，这样可以使市场的参与者在做出贷款决定的时候有一个更

① 拉里 · 萨默斯．为国际货币基金组织辩护［J］．展望，1998（4）．

② 同上。

③ 斯坦利 · 费希尔．国际货币基金组织和防止危机［N］．金融时报，1998－03－30．

明确的依据。

第五，一些亚洲国家在开放资本账户时的问题。金融危机的突然爆发说明一些亚洲国家在开放资本账户时过于匆忙。因此，合理对策是既不应当像从前那样恢复对资本流动的严格控制，也不应当不顾风险地急于实行全面自由化，而是应当按照应有的顺序周密地实行自由化，从而使多数国家都能进入国际资本市场得益。

类似的观点和建议还有许多。应当承认的是，由于持有主流观点的人士大多是国际经济机构的专家，具有丰富的实践经验，因此，他们的分析和建议不仅非常的专业化，而且非常的详细和具体，全然没有诸如“加强宏观调控”、“增强风险意识”之类的空话。而且，接受了国际货币基金组织的援救计划的国家，如泰国、韩国、菲律宾和印度尼西亚等国的政府部门，也按照事先商定的要求，公布了详细的改革方案，并且定期汇报实施的结果，征求国际货币基金组织的新的指示和建议。

目前，我们已经看到，在经历了艰难岁月以后，韩国和泰国已经出现了明显的经济复苏迹象，亚洲地区的股市和汇市也基本稳定，一些国家原先一直赤字累累的贸易收支也终于出现了改善、甚至出现了盈余。随着各国政府首脑的更迭和经济状况的好转，遭受危机的亚洲各国的社会政治秩序也开始趋于稳定。

当然，由于国际货币基金的政策制定主要听取美国人的意见，因此，它在解决亚洲金融危机中的作用增大，也就意味着美国在决定亚洲经济和金融政策中的作用明显增大，而各国政府对本国经济政策的决定权则相对削弱。正如美国商务部长戴利说明的那样：“亚洲未来的关键在于结构性改革。加强贸易自由化，增加透明度，进一步开放市场——这些方面的改革将恢复经济的增长。”“美国必须在亚洲保持积极主动。实际上，我们必须加强我们的参与和领导。我们必须支持国际货币基金组织。”①

（2）理论缺陷

不过，尽管这一微观学派正确地、甚至精确地找出了亚洲金融危机的具体原因，并且也提出了已经初步见效的对策，但是，它的分析依然存在某些明显的缺陷与问题。

对此，世界银行副行长斯蒂格利茨批评了许多专家和舆论在对待东亚经济问题上的“见风使舵”的问题：亚洲金融危机爆发以后，“一度成为发展中国家楷模的东亚国家今天却遭到了许多人的谴责，他们说东亚国家的经济体制运转不灵，

① 戴利认为亚洲经济面临巨大的动荡［N］. 法新社（纽约），1998－03－02.

说东亚的经济体制必然垮台而使这些国家陷入危机。同市场的巨大变化相一致，舆论的这种巨大变化已经超出了合理的逻辑。”

接着，他指出：在思考东亚金融危机原因的时候，有一点需要引起我们的注意，即世界其他地方也发生了金融和货币危机，比如，斯勘的纳维亚国家如挪威、瑞典和芬兰最近也发生了这样的危机。而这些国家已经具有高度透明的经济体制和先进的制度框架，因此可见透明度还不足以作为坚实的金融体制的支柱。虽然缺乏透明度给东亚经济带来了麻烦，但是危机本身大概并不是由于缺乏透明度而产生的。“许多批评家在急匆匆地把责任完全归于这个地区的政府的时候忘记了这样一点，即每一笔贷款不仅要求有借方，而且还要有贷方。对投资分配不当的借方与贷方共同负有责任。而贷方中有许多是国际商业银行，首先是这些国际商业银行提供了贷款。”①

事实也是如此，一方面亚洲国家的内部问题，不论是银行系统的透明度不够，还是政府的监督管理不力等等，并不是什么“新”问题。因此，我们不能不问：为什么在过去这些问题没有在亚洲引起如此毁灭性的危机？另一方面，亚洲的种种问题，其他地区（包括发达国家）也程度不同地存在，为什么危机却最先从亚洲突然爆发？因此，这些问题告诉我们，除了微观学派说明的各种具体原因以外，在亚洲金融危机背后，可能还隐藏着一些更深层次的原因。

2. 中观学派

（1）基本观点

所谓中观学派是介于微观和宏观之间的一个学派。它主要从亚洲资本主义的角度来分析亚洲金融危机的原因，并且提出了一些有关制度改革的建议。

众所周知，除了“亚洲资本主义”的正式称呼以外，人们还根据亚洲的文化或社会习惯给它起了其他一些名字，比如儒家资本主义、裙带资本主义、任人唯亲的资本主义、关系资本主义等。虽然名称有所不同，但是，概括起来可以认为，所谓亚洲资本主义是从欧美发达国家引进的、以“四小虎”为代表的、但又与欧美发达资本主义有所不同的一种亚洲的新兴的资本主义的生产方式和社会制度。另外，也有许多人也用“亚洲模式”这一术语。不过，一般说来，亚洲模式的基本含义包括政府主导和出口导向，因此其范围显然比“亚洲资本主义”要小得多。

这一学派的基本观点可以用一位德国学者的说明概括如下：

---

① 斯蒂格利茨．恢复亚洲的奇迹［N］．亚洲华尔街日报，1998－02－02.

“造成亚洲金融危机的更深刻的原因不在于经济，而是在于政治。”危机说明亚洲的这种政治体制已经失败。亚洲资本主义是“任人唯亲的资本主义，它轻视监督和透明度，保护家长式统治和裙带关系。……除了新加坡这样的少数国家以外，亚洲的政治体制有一个共同点：不透明。西方的宪法原则——如三权分立或保障基本权利——在亚洲不起什么作用。尽管各国之间有种种差别，但权利都掌握在政治和经济精英们的手里，他们几乎不受任何监督。”这种情况在印度尼西亚最为明显：“数十年来这个国家被当做一个家庭来领导。苏哈托控制政治，他的6个孩子主宰经济。在整个亚洲地区，政企之间的关系、私营企业和银行之间的关系几乎在各个国家都密不可分。”①

从这一分析中可以看出，亚洲的经济和金融领域的“不透明”或“缺乏监督”不仅仅是一个“微观”的问题，它的深层原因是亚洲政治体制的不透明和缺乏监督。因此，从政治体制上寻找经济和金融问题的根源，这是中观学派与微观学派的一个显著不同。另外，上述分析还指出一个事实：虽然亚洲实现了经济发展，但是没有实行民主政治，因此，到了一定的发展阶段之后，政治制度的弊病就成了经济发展的阻碍，并且会导致金融危机的爆发。尽管读者对这一结论未必完全同意，但是，应当承认的是，与微观学派相比，中观学派从亚洲的社会政治体制入手进行分析，因此，在更深的层次上揭示了亚洲金融危机产生的原因和背景。

该学派接着指出：“在过去几个月内，大多数东南亚国家政府明白了危机是自己造成的道理，即它们的政治和经济体制同现代化的、全球化的世界经济不再是协调一致的了。新当选的韩国总统金大中在就职时谈到了他从中得出的教训是：‘我们坚信，如果我们同时既实行民主，也实行市场经济，我们是可以战胜当前这场危机的。’……泰国前总理阿南·班雅拉春2月份在新加坡亚欧基金会会议上说：‘我们接受了西方式的资本主义，但是我们有保留了我们传统的资助制度。我们必须与这种传统决裂。我们越是迅速地开放我们的社会、越是迅速地采取透明的做法、建立起监督体制和汇报制度，那么我们成功的把握就越大。’”

因此，该学派提出的结论和建议是：“方向已经确定了。目标并不是在所有领域都达到最好的标准，而是要在经济领域达到效率最高的目的，以便在全球化的前提下，使自己的经济越来越接近西方的模式。”②

在西方的专家学者当中，还有不少人干脆建议：亚洲应当放弃原有的政治经

① 告别裙带关系［N］. 时代周报，1998-03-26.
② 同上。

济模式，采取美国模式。

（2）理论缺陷

虽然中观学派正确地从亚洲资本主义的角度说明了亚洲金融危机爆发的原因，但是，他们中间的一些人提出的关于需要放弃亚洲模式、采纳美国模式的建议，却说明这一学派夸大了亚洲资本主义与欧美资本主义的差异，忽视了它们的相同点。

我们曾经在一篇文章中指出，亚洲资本主义与欧美资本主义并没有本质的差异，只有发展阶段的不同。不过欧美学者对于两种资本主义之间的“代沟”，似乎缺乏理解和宽容。比如，美国也有政府干预，但是它出现在市场经济已经比较成熟的时候，而亚洲的政府干预则出现在市场经济不太成熟的时候；又如，美国的法律比较健全，因此政府的干预可以通过法律手段得到执行，而亚洲因为法律体系的缺陷，因此政府干预往往要通过“行政命令”或“裙带关系”才能见效；另外，除了军事工业，美国政府一般不直接从事企业的经营活动，而亚洲的政府拥有众多的国有企业。这些特点使得亚洲的政府与企业的关系似乎要比美国更加密切。由于资本主义“代沟”的存在，因此亚洲陷入了进退两难的困境：如果坚持或强化政府的干预，就会被认为它影响了市场机制的作用，而且也被认为它就是亚洲金融危机的根源；但是，如果削弱或放弃政府的干预，就无法纠正市场的失灵，无法加快资本的积累和经济增长速度，无法保证收入和分配的公平。①

另外，还有许多学者试图用亚洲资本主义的内部缺陷来解释金融危机爆发的原因。对此，我们认为两者之间并没有必然联系。因为亚洲的资本主义不是“土生土长”的，而是被引进或被移植到亚洲的，因此，作为一种后进的、脆弱的和依附的社会政治经济体系，它既没有能力单独创造经济奇迹，也没有能力独自制造金融危机。虽然亚洲资本主义的内部缺陷应当对金融危机的爆发负有不可推卸的责任，但是，欧美资本主义要承担的责任更大。因为它们在危机爆发之前对形势盲目乐观，完全没有预见到其巨额资金正在给亚洲带来灾难；在危机爆发之后，它们先是惊慌失措地逃离现场，随后又把一切责任都推到了亚洲的头上。既然如此，今后亚洲要想重新实现繁荣和发展，就不仅亚洲资本主义需要改革，而且欧美资本主义也需要进行改革。不过，这是一个非常困难的课题。②

① 贾保华．资本主义的“代沟”与亚洲的两难处境［N］．国际商报，1998－07－21.

② 贾保华．亚洲金融危机与亚洲资本主义［J］．世界经济与政治，1999（1）：57－60.

3. 宏观学派

（1）基本观点

虽然微观学派和中观学派都程度不同地涉及现行国际经济和金融体系的问题，但是，只有宏观学派是从一开始就从全球经济的角度来看待亚洲金融危机的。

早在 1997 年 12 月，美国的国际投资家索罗斯已经从全球资本主义的角度展开了深入的分析，他指出："我们处于一种全球化经济之中。全球化经济的特点不仅是产品和服务的自由流动，而且主要是思想和资本的自由流动。……最近许多国家的汇率、利率和股票价格的变动紧密地联系在一起。金融市场的特点发生了变化。今天，全球化经济实际上可以认为是一种全球化资本主义体系。"这种全球资本主义虽然带来了巨大的成功，但是也暴露了严重缺陷，索罗斯把这些缺陷主要分为以下五类：

第一，全球资本主义利益分配不均。由于与劳动相比，资本的流动性更强，因此处于优势地位；与工业资本相比，金融资本与全球体系的联系更密切；与处于世界经济体系的"边缘"（即发展中国家）相比，"中心"（即发达国家）处于优势地位。"所有这些因素结合在一起，将资本吸引到金融中心，并使金融市场的规模和重要性增大。"

第二，金融市场、特别是国际金融市场的本质是不稳定的。"在繁荣期间，资本从中心转移到边缘，但是当信心被动摇时，资本就趋于返回原地。"

第三，国际金融体系的另一个特点是垄断。它要求通过建立有关"规则"来加以限制，但是，由于全球化正在进行当中，因此，目前还没有什么有效的规则出现。

第四，国家的能力受到了资本主义全球化的严重损害。在"二战"以后，国家一直在维持经济稳定、保证机会均等和提供基本的社会保障等方面发挥重要作用，但是，现在全球化已经使得资本更加自由地流动，因此就可以轻易地逃避国家的管理和控制。"这就埋下了社会冲突的种子。"比如，"如果在不稳定加剧时，（国家）提供的社会服务非常有限，那么在美国和欧洲的民众不满就会导致新的保护主义浪潮。特别是如果目前的繁荣之后紧接着出现重大的失败时，这可能导致全球资本主义体系的破产，就像 30 年代那样。……由于国家的影响在减弱，进行国际合作的必要性增强。"但是，这种国际合作依然面临风险："这种合作一方面与自由竞争的思想相违背，另一方面也与民族主义和原教旨主义相违背。"

第五，价值观念和社会凝聚力问题。"整个社会为了保持和谐团结，需要一些共享的价值观念。（但是）市场价值不适用于这个目的，因为它们反映的仅仅是市场参与者在自由交换中想要支付给另一方的东西。市场将一切都缩小为商品，包括人类（劳动）和自然（土地）。我们可以有一种市场经济，但是我们不能有一种市场社会。除了市场以外，社会还需要为社会目的服务的政治制度，例如政治自由和社会公正。全球的社会发展落后于全球的经济增长。除非消除这种差距，否则资本主义体系就不能生存。"这显然是一个非常艰巨的任务，因为"我们的全球社会包括许多不同的习惯、传统和宗教。我们将从何处找到保持社会和谐团结的价值观念?"

最后，索罗斯提出了建议："现在全球资本主义体系正在迅猛发展。它由于带来的利益而具有极大的吸引力，与此同时，它对试图脱离这个体系的国家进行严厉的惩罚。……随着时间流逝，不完美的可以得到改善。为了全球资本主义体系的生存，需要一个不断为纠正自身的缺点而斗争的社会，即一个全球开放社会。"①

1998 年 12 月索罗斯又出版了一本专著，书名就叫做《全球资本主义危机》。他进一步发挥了上述有关的理论。比如，他毫不回避全球资本主义体系的内部问题："这个体系有严重的缺陷。只要资本主义挂帅一天，对金钱的追求就凌驾其他的社会考虑，经济和政治的安排就产生偏差。全球经济的发展没有（得到）全球社会发展的配合。"又如，关于亚洲金融危机的原因，他认为责任不在亚洲："经济发展如此成功的模式，为何顿时溃不成军，如果不考虑国际金融体系的缺陷，这个问题就无解。事实上，亚洲危机不只限于亚洲，而是已经蔓延到俄罗斯、南非和巴西，同时，在它自然结束以前，所有新兴市场可能都难逃一劫，因此这更证明造成不稳定的震中，其实是在国际金融体系本身。"因此，为了纠正这一体系的弊病，索罗斯重申了建立一个"开放社会"以及"为全球社会建立一套普遍有效的行为准则"的建议。②

（2）理论缺陷

除了索罗斯，还有不少西方和日本的学者也从不同的侧面批评了全球资本主义的问题，并且提出了一些建议，包括考虑发行世界单一货币，以便从根本上克服币值和汇率的剧烈变动等。但是，这些建议也有一个共同的缺陷：它们都把进行国际经济体系的改革者的希望寄托到了发达国家，特别是美国的身上，认为只有这些国家才有能力对这一体系的弊病进行改革，对现行国际经济秩序进行修订。

但是，尽管上述分析和建议在理论上是正确的，但是在现实中却遇到了难以克服的障碍：一是由于发达国家是全球资本主义体系的中心，是现行国际经济秩

① 乔治·索罗斯．为了一个全球开放的社会［N］．阅读，1997－12－24.

② 乔治·索罗斯．全球资本主义危机［M］．西宁：青海人民出版社，1999：111，149，234.

序的制定者和最大的受惠者，因此，它们并不热心对现行体制进行根本性的改革。比如，微观学派的建议都是针对亚洲国家的弊病提出的，国际货币基金组织的改革方案也没有涉及发达国家。二是虽然一些发展中国家热心提倡改革，但是因为缺乏经济实力，所以，实际上对现行国际经济秩序也奈何不得。比如，马来西亚的马哈蒂尔就是一个明显的例子：虽然他在亚洲金融危机以后对不平等的国际经济秩序进行猛烈抨击，但是跟随者寥寥无几。三是尽管国际经济体系具有明显的不平等特征，但是，如果发展中国家不加入这一体系，又没有其他更好的途径实现经济的快速发展。

二、亚洲资本主义的现状

1. 外国资本的重组

在出现金融危机以后，发达国家的投资者从亚洲抽走了大量资金。“他们在印度尼西亚、泰国、马来西亚、韩国和菲律宾的投资总额，从 1996 年的高达 500 亿美元降到了 1997 年底的 200 亿美元。”一批投资者撤退了，但与此同时，另一批投资者又到来了。自从这场金融危机开始以来，外国跨国公司在受危机影响最大的国家——印度尼西亚、韩国、马来西亚、泰国和菲律宾——新购进的公司和企业的数目猛增。据联合国公布的统计数字显示，1997 年下半年，美国跨国公司兼并和购进的公司与企业所投入的资金为 20 多亿美元，而上半年为 5. 42 亿美元，增加了将近 3 倍。……欧洲的经理们尤其充满信心。比如，巴斯夫公司总经理于尔根 · 施特鲁贝说：“经济放慢不会对我们在该地区的投资计划产生多大的影响。比方说，在马来西亚，我们计划在 2001 年以前至少建造一个新工厂。”法国阿勒瓦尔带式喷丸清理机公司总裁让—马里耶 · 贝尔纳说：“在危机开始之前，我们就已经考虑在亚洲投资。现在价格很合适，我们准备迅速动手。”①

2. 外资对亚洲的控制增强

以泰国为例，不少银行已被外国资本收购。金融危机以后，泰国政府一方面接受了 IMF 的结构改革方案，关闭了 56 家金融机构；另一方面泰国中央银行加强了对剩下的 15 家商业银行和 35 家金融机构的监管措施，其中包括要求商业银行大幅度地增加资本金，减少不履行合同条件的贷款，为各类贷款设立高比率的准

① 科拉姆 · 林奇. 东南亚仍被视为可靠的投资地区［N］. 波士顿环球报，1998 - 03 - 19.

备金等，以便加强这些银行和金融机构的地位，并使其逐步与国际标准接轨。

但是，由于大多数泰国银行因为泰铢大幅度贬值而导致资产大幅度缩水，因此，不得不向外资寻求帮助。据泰国金融界人士估计，如果泰国商业银行按照中央银行的规定增资，至少有半数银行的大多数股份将为外资所有，甚至可能被外资接管。比如，荷兰通用—阿姆斯特丹—鹿特丹银行购买了泰国的亚洲银行75%的股份。在2000年这家荷兰银行将购入亚洲银行的全部股份，其条件是仅仅保留亚洲银行的原有管理人员。亚洲银行是泰国的第11大银行，1996年总资产为1644.5亿泰铢，按照当年汇率（25泰铢兑换1美元），相当于65.7亿美元。

另外，在增资以后，外资在泰国的金国银行的持股比率将占65%；外资在泰华农民银行和盘古银行的持股比率将分别从25%上升到49%和46%。另外，到1998年3月为止，泰国的35家金融机构中已有9家被外资接管，其他多家机构也在同外资谈判。①

3. 本地资本的重组

亚洲金融危机的另一个结果是促使了本地资本的重新组合与调整。比如，马来西亚多年来政府的政策一直是有意扶植马来人，让他们在经济中获得较大的份额。现在，由于一些马来人的企业经营困难，因此政府已经允许华人和印度人接管马来人的企业。②

因此，这种趋势反映出在亚洲金融危机以后，一些没有受到很大损失的华人和印度人的资本得到了发展的机会，并且对本地经济的控制能力有所加强。不过，需要强调的是，华人资本的地位上升不过是相对的，因为总的说来，华人资本在亚洲金融危机中遭受了惨重损失，比如在中国香港，一些富豪的财富急剧缩水，一些著名大企业甚至倒闭。

根据上述事实与其他有关情况，我们认为亚洲金融危机的结果是非常复杂的，就总体而言，首先，亚洲资本主义依然处于全球资本主义体系之中，因此，外资与本地资本之间的联系也依然非常密切，所以，亚洲的经济复苏，不仅取决于本地资本的努力，而且也取决于国际资本的帮助。

其次，亚洲资本主义在金融危机中受到了重创。以华人资本为例，不仅中国香港、中国台湾等地的华人资本受到了程度不同的打击，而且在印度尼西亚等地

① 泰国内就泰是否将沦为经济殖民地展开争论［N］．新华社（曼谷），1998-04-03.

② 阿西夫·沙门和尚塔·奥吉丹．我们无法开口说话——马哈蒂尔说发生经济危机表明各国政府无法控制自己国家的命运［J］．亚洲新闻周刊，1998-03-27.

华人资本几乎被“赶尽杀绝”。从这一事实来看，今后亚洲资本主义的发展将继续处于困难时期。

最后，亚洲资本主义经过这次惨痛的教训以后，正在向欧美资本主义模式学习和靠拢。由于外资廉价收购本地资本，因此，可以预计的是，今后亚洲不仅在企业管理、经营方式等方面，会更多地受到欧美模式的影响，而且在政治制度、法制建设、文化习惯等方面，也会更多地吸收欧美资本主义的合理因素。因此，过去一直被奉为楷模的“亚洲模式”有可能逐步发生质的变化。

这些现实的变化和发展趋势，也不能不对有关亚洲金融危机的理论争辩产生重大影响，而理论争辩的继续和深入，也必然反过来对亚洲和世界的现实产生深远的影响。

三、中国理论界的问题

1. 基本特点

在关于亚洲金融危机的理论争辩中，中国经济学界和理论界也非常积极和活跃，但是，由于种种原因，深刻和中肯的研究成果似乎并不太多。这也不奇怪，因为中国没有完全参与到全球经济体系当中，没有直接遭受金融风暴的袭击，因此专家学者当然缺乏感性认识。另外，由于资料和认识论的局限，国内许多学者基本上采用了国外微观学派的理论观点，而对另外两派的观点很少给予注意和讨论。

实际上，关于亚洲金融危机的三种理论观点几乎都承认共同的事实，但是，分析的重点不同，对策不同。它们不是互相矛盾的、互相排斥的，而是彼此呼应、相辅相成的。比如，如果我们不了解那些专家们对具体的汇率和货币等金融指标的详细分析，就无法了解这些国家的经济结构出现了哪些弊病，也就无法理解这些弊病与金融危机有什么联系；同样，如果我们仅仅从金融和经济角度看问题，就无法在更深入的层次上了解亚洲资本主义有哪些弊病，也就无法理解这些问题长期存在和日益严重的原因；另外，如果我们仅仅把从亚洲资本主义的角度看问题，就无法在更广阔的背景下了解全球资本主义有哪些弊病，也就无法理解这些问题与亚洲金融危机的爆发有什么联系。

这些情况说明，如果我们想深刻地而不是肤浅地、系统地而不是零碎地、全面地而不是片面地对亚洲金融危机进行分析，并且提出相应的对策的话，就必须对迄今为止的所有有关研究成果都进行认真的学习和研究。显然，这是一个庞大的系统工程，需要国家的支持和许多领域的专家学者的努力。但是遗憾的是，迄今为止，这一工程在中国还没有开始，而且今后似乎也不可能开始。当然，我们可以在书店买到有关亚洲金融危机的书籍，也可以在报纸杂志上读到许多文章，但是，它们大多只停留在本文介绍的“微观”层次，几乎还没有上升到亚洲资本主义、更没有上升到全球资本主义的层次来分析危机。因此，它们做出的结论只能是“加强管理监督”、“防范金融风险”等空洞的抽象的口号，它们提出的对策也只限于防止国际流动资本的冲击、增加外汇储备、暂不开放人民币与外币的兑换业务等微观层次的措施。

2. 回避问题

但是，我们从本书的分析中已经看出，如果对亚洲资本主义、特别是全球资本主义的问题避而不谈的话，那些空洞的结论和“微观”的对策，要么是隔靴搔痒，要么是舍本逐末。而且，退一步说，即便那些对策在实践中被采纳实行，它们也依然无法减少、更不能消除中国在融入全球经济体系之后遭遇金融危机的可能性和必然性。

所以，许多中国专家学者对中观和宏观问题的有意回避，反而使这些问题变得更加尖锐和更加无法回避，比如：

中国经济可以在多大程度上融入当代全球经济体系？这种融入在多大程度上可以影响到中国经济的现有运行规则，甚至影响到中国的社会政治制度？

我们是否已经充分地认识到了当代全球经济体系的利弊？是否已经在思想上、理论上和心理上做好了充分的准备，即融入这一体系不仅可以享受诸如贸易、资本、技术和知识等自由流动带来的各种“好处”，同时也不得不忍受诸如汇率震荡、股市暴跌、经济衰退等类似亚洲金融危机带来的各种“坏处”？

万一中国在融入全球经济体系后，遭遇了类似亚洲金融危机那样的巨大冲击的话，那么，我们应当采取什么样的对外经济政策？是打算像泰国、韩国和印度尼西亚那样完全接受国际货币基金的改革方案，还是打算像马来西亚那样对外资关闭国门？或者还有“第三条道路”可走？

为了防止中国在遭遇亚洲式的金融危机之后，国民经济体系和社会结构出现崩溃，我们应当采取什么样的对内政策？这些政策应当等到危机爆发以后临阵磨枪，还是应当在现在就未雨绸缪？

诸如此类的重大的问题还可以举出许多。但是遗憾的是，迄今为止，这些问题不仅没有人给予解答，没有人进行讨论，甚至也没有人提出。相反，我们倒是听到和看到了大量的关于“危机”的文字游戏：比如，一般说来，危机包含两个意思，一个是“危”险，另一个是“机”遇；或者，亚洲金融危机给中国既带来了挑战，也带来了机会；或者，它既是一个危机，也是一个转机和契机等。

综上所述，亚洲金融危机以后，不论是在学术界，还是在现实世界，都出现了许多引人注目的变化。许多专家学者对有关问题也进行了大量的探讨和争论，不过由于篇幅有限，因此我们无法给予详细地说明和分析。尽管人们对许多问题的看法还存在分歧，对许多改革的建议还缺乏共识，但是，有一点值得肯定的是，越来越多的人已经认识到：曾经在“二战”以后出现了高速增长和经济奇迹的亚洲自身，以及它所置身其中的全球资本主义体系，已经暴露了严重的问题，出现了重大的危机。它的唯一前途只能是改革。虽然改革是非常困难的，但是，不改革是没有出路的。这也是亚洲金融危机给我们的最大教训。

第二节　亚洲金融危机：提出理论挑战

1997 年 7 月，亚洲发生的金融危机已经改变了千百万亚洲人民的实际生活，而它提出的理论挑战以及由此产生的讨论和结论，可能会对下一个世纪的亚洲甚至人类的生活和前途产生深远影响。

正如在本世纪爆发的两次世界大战曾经引起了全世界人民的深入思考和广泛议论，并且导致了新的国际关系理论的出现与联合国等组织的建立一样，目前正在深入进行的关于亚洲金融危机的全球范围的大讨论，也不排除孕育着新的思想解放、并且导致对现行国际金融秩序和有关国际机构的职能进行重大调整的可能性。因此，对于这场关系亚洲甚至人类前途的大讨论，我们中国人理所当然地要关心和参与。下面我们想对此进行简要的分析和说明。

一、理论讨论有哪些主要特点

总的说来，有关亚洲金融危机的理论讨论和争论具有 3 个明显的特点：

首先，参与讨论的地区范围大大超过了危机爆发的地理范围。直接遭受危机的亚洲自不待言，北美和西欧的政府官员、工商人士和知识阶层更是踊跃发言。即使在那些与亚洲危机几乎没有什么直接关系的遥远的拉美和澳洲，许多人士也程度不同地表达了他们的意见。像这种引起了全世界人民关注和参与的经济理论大讨论，是 70 年代初期布雷顿森林体系崩溃和“石油危机”以来所仅见的，也可以说是全球化趋势的一个突出表现。此外，由于新闻媒介的普及和信息化的进展，因此舆论自由的程度相应提高，几乎讨论和争论的所有参与者和旁听者，都可以充分地了解到各方面的观点和反应，从而使讨论具有了前所未有的全面性、透明性和及时性。

其次，理论讨论的范围远远超过了对亚洲危机本身的探讨。在危机爆发的初期，讨论的焦点主要集中在"亚洲模式"、特别是亚洲国家的内部经济结构等问题上面，但是随着讨论的展开与深入，具有更为深远意义的宏观理论课题受到了越来越多的注意：例如，究竟什么是全球化、应当如何看待和对待市场的作用、政府与市场到底是什么关系、资本与金融自由化有什么利弊、对短期国际资本的流动是否需要和如何进行监督管理，等等。此外，一些具体性和地区性的问题也引起了人们的兴趣和争论：例如，今后亚洲应当采取哪种发展模式、亚洲货币应当实行盯住汇率还是浮动汇率、IMF 的"援助"是否必要、美国和欧洲应当发挥什么作用、日本经济和日元的趋势如何、中国和中国香港能否度过危机、东欧俄罗斯与拉美的经济是否会受到影响等。

最后，这场大讨论具有思想解放和理论突破的可能性。对于这些课题和危机，根据传统的经济理论不仅无法作出令人满意的解释，而且也无法提出有效的解决方法。因此，理论与实际的尖锐矛盾迫使人们不得在两者之间选择其一：或者坚持传统理论和原有方法，从而使国际社会在毁灭性的危机面前继续束手无策和任其摆布；或者提出新的理论和新的方法，从而使国际社会对危机可以实行某种程度的监督和管理。当然，这种理论的突破和实际的变革绝不是一件容易的事，但也不是遥不可及。根据讨论的结果以及相应的解决方法，亚洲和人类的命运可能会发生重大变化。

根据上述说明，当我们重新审视亚洲金融危机的时候，可以发现它已经具有了全新的含义：既不仅仅是"亚洲"的、也不仅仅是"金融"的，在本质上，它是现行全球经济体制和现有经济理论体系的危机。因此，亚洲遇到问题是人类社会的问题，亚洲遭受的苦难也是人类社会的苦难。

二、主要流派及其观点是什么

由于参加这场全球大讨论的人数众多、意见纷纭，因此不仅一般旁听者可能会感到茫然，而且有时连讨论的参与者也不免莫衷一是。在此，为了便于了解争论各方的主要观点与分歧的原因，我们把它们大体上分为以下 3 个主要派别：结构主义、市场主义、新经济发展论。当然，同经济学中的其他划分一样，这种划分也带有主观性和简便性，而且有些讨论者也未必同意。但是，在进行研究和说明的时候，适当的分类和归纳是必要的和便利的。

（1）结构主义。这一派人多势众，居主流地位，因此也是我们最熟悉的。它不仅包括绝大部分西欧、北美和日本的政府官员、工商人士、经济学家，而且包括 IMF、世界银行、亚洲开发银行等国际机构的大部分领导成员，甚至还包括一部分亚洲国家的官员和学者。

这派主要从结构分析入手，认为亚洲金融危机爆发的主要原因在于这些国家的内部经济结构——即金融结构、产业结构、社会结构等——发生了问题。这些结构问题的具体表现有：政府与企业界的密切关系、银行系统内部监督和管理体系的混乱、不合理的外债结构、任人唯亲的社会习惯等。其中，原先一直受到推崇的政府主导的“亚洲模式”也受到了严厉的批判。他们认为，亚洲政府对经济的干预不仅影响了市场机制的发挥和资源的合理配置，而且还加剧和暴露了原有的各种结构性缺陷，并且最终导致了金融危机的爆发。

例如，美国《华盛顿邮报》在题为“亚洲‘虎’为何失去利爪”的文章中对此做了概括：从去年 7 月开始，“随着危机的进一步深化和扩大到整个地区，一些根本性的结构性缺陷就暴露出来了。”当亚洲吸引更多的外资和全球经济越来越一体化的时候，亚洲国家的政府、银行和其他机构就“跟不上”新的变化了。各种政治、经济和社会弊病“证明这些国家的独裁政府不能对付越来越复杂的问题。”

因此，他们提出的政策建议是要亚洲国家进行结构改革，特别是要限制和削弱政府的主导作用；同时，对国有银行和企业实行私有化。具体的结构改革方案是由 IMF 制定的，并且它以近乎命令的方式，要求接受“挽救”（Bail Out）的亚洲国家的政府遵照执行。

（2）市场主义。这一流派人数不多，他们主要包括发达国家中的少数政府官员和专家学者。

与结构主义相比，这一流派虽然也承认金融危机爆发的原因与亚洲经济的内部缺陷有关，但是他们把分析和说明的重点放在了市场机制、特别是国际金融市场的机制上面。

例如，曾先后在卡特和克林顿政府的财政部供职的投资银行家罗杰·奥尔特曼把国际金融市场的力量比喻为“原子弹”，并指出：“许多年来，金融市场越来越强大，逐渐成了居支配地位的国际力量，比任何军队或者政治力量都强大。”“只要市场以赞许的目光看待一个国家的金融表现，那么这个国家的经济就会稳定。但如果市场下了相反的定论，结果可能是灾难性的。”接着，他生动地描述了这种市场力量的无常性：“1994 年底墨西哥就发生过这样的事。市场突然断定墨西哥政府在短期内借的外债太多了。外国投资者撤出了这个国家，比索骤然贬值。

在接下来的几个月中，墨西哥的经济紧缩，苦日子来临了。”同样，在去年7月，“全球市场给了东南亚类似的沉重一击。这场打击来得非常突然。在此之前，人们年复一年地庆祝这些‘亚洲虎’创造的不可思议的经济成长，它们笼罩着不可战胜的光环。但是……（突然间）市场判断，首先是泰国，然后是马来西亚、印度尼西亚和韩国，这4个国家的银行系统摇摇欲坠，充满坏账。这几个国家的货币一个接一个地受到打击，某些货币的贬值幅度高达70%。”“这是我们第一次看到世界范围内崩溃的样子。……我们面临绝境。幸运的是，（后来）市场稳定下来了”。因此，他的结论是：“全球范围内市场的实力现在已经（大得）不可计量，将来只会更大。市场将是21世纪初占支配地位的全球势力……就像有了核武器一样，我们现在将永远处于其影响之下。”

同样，美国前国务卿舒尔茨、威廉·西蒙、沃尔特·里斯顿等人也把亚洲金融危机的原因归于市场的作用：“当泰国货币因为谣传要实行外汇管制和贬值而摇摆不定的时候，货币市场迅速抛弃了越来越不切实际的货币价值。”

从这一观点出发，他们的政策建议有点类似于某些中国古代圣贤提倡过的“无为而治”，即认为亚洲的危机与恢复都应当顺其自然，IMF不应当取代亚洲政府对经济进行干预，即不应实行硬性的结构改革计划。因为“同每天交易额约达2万亿美元的国际货币市场的规模相比，IMF的贷款是微不足道的。”所以，“市场对不切实际的经济和金融政策作出的这些即时裁决，（必然会）压倒政界人士和官僚们试图挽救局势的微弱努力。”

（3）新经济发展论。这一派人数也不多，但成员比较复杂，既包括一部分亚洲国家中像马哈蒂尔那样的民族主义领袖，也包括发达国家中的一些马克思主义经济学家，以及许多不同意结构主义和市场主义的专家与学者。

与结构主义和市场主义有显著不同的是，这一派在进行分析和说明的时候，强调了发展中国家与发达国家之间的经济发展水平的差异，以及现存国际经济体系的内部缺陷，说明了弱小国家的政府对民族经济进行干预和保护的必要性与合理性，并试图寻找一种与众不同的新的发展道路。

例如，与市场主义的观点针锋相对，马哈蒂尔认为东亚金融危机是“（人为）操纵的结果”。他强调指出：当少数人利用市场来损害多数人的利益的时候，政府必须实行干预。他还针对有些人因此提出的“不懂市场”的指责，明确地回答说：“我们也许不懂市场，但是我们知道这些奸商正在破坏我们国家的经济。”他进一步反问：“如果一两个人可以破坏整个地区，乃至如此强大的一个地区的经济，那么这些市场的运作方式不应该使我们感到害怕吗？”

同样，与结构主义相反，马来西亚副总理安瓦尔指出了亚洲金融危机与现行国际经济体制内部缺陷之间的因果关系："这种（国际金融）市场体制为不道德的邪恶的货币投机买卖活动留下了余地。强大的经济是可以承受得住这些活动的，但是建立在艰辛、劳累和眼泪基础上的发展中的小型经济是不能承受的……你是不能抛开国际体制中存在着内在的弱点这一事实的。"

值得注意的是，上述观点并不是个别亚洲领导人的"孤鸿哀鸣"，它不仅得到了发达国家中的马克思主义学者们的赞成，而且也得到了一些非马克思主义的经济学者以及一些国际经济机构官员们的赞同，尽管他们的理论依据与价值观互不相同。

例如，威廉·普法夫在美国《波士顿环球报》上指出："不受管制的贪婪往往导致不公正，而不公正又往往导致政治不安和动荡。"因此，虽然"管制措施使私人经济利益的自由发展受到限制，（但是）这些限制的目的在于保护社会，保护因个人和公司追求经济利益而受到威胁的社会和政治的价值观。"

世界银行副行长约瑟夫·斯蒂格利茨也明确指出："这些（亚洲）国家今天面临的许多问题之所以出现，并不是由于政府的干涉过多，而是由于干涉过少……例如，有几个国家在放宽金融限制方面管理得很差，在建立健全的管理框架之前就取消了一些限制。"他进一步指出："许多批评家在匆忙地把责任完全归于这个地区的政府的时候忘记了这一点，即每一笔贷款不仅要有借方，而且也要有贷方。对投资分配不当，借方和贷方共同负有责任。"关于发展中国家开放金融市场的问题，他警告说："在没有实行有效的监督的情况下，仅仅使金融市场自由化不能促使经济更快地增长。"

根据上述认识，这一流派批评了 IMF 设计和推行的改革方案，认为它实际上有利于发达国家的贷款者，而不利于亚洲国家。因此他们提出的政策建议主要是要求建立新的国际经济机构、或者加强现有国际机构职能，以便强化对短期流动资本的监督和管理，防止亚洲式的金融危机再度爆发。

三、会得出一致的结论吗

由于篇幅所限，因此这里没有对所有流派进行详细叙述，但是，从以上的介绍中，我们还是可以感受到这次理论大讨论的热烈程度和重大意义。坦率地说，尽管上述三个主要流派在许多观点和政策上面存在分歧，甚至显得势不两立，但是，它们都包含着真理的要素：

首先，结构主义的分析和结论是错的吗？难道亚洲国家长期存在的各种社会的、政治的和经济的结构问题，不是有目共睹的吗？像韩国和印度尼西亚那样的家族式的专制统治和贪婪的敛财方式，就不应当受到严厉的惩罚与批判吗？如果不对这些积重难返的内部结构问题进行彻底的、无情的、甚至是代价巨大的改革，今后亚洲的可持续发展是可能的吗？

其次，市场主义的观点就没有合理性吗？资本的目的就是要获得利润，有利则来，无利则走，这难道不是经济学的常识吗？像亚洲国家那样由政府来分配资源和干预市场的模式，难道不正是造成价格扭曲和资源配置等错误的主要原因吗？在这个意义上难道不可以认为，不论绍罗什等投机家们犯下了在常人看来有多大的罪过，他们不都是在“替天行道”，即按照市场规律行事吗？

最后，即使对上述所有问题都作出肯定的回答，难道新经济发展论的观点就错了吗？尽管有各种各样的缺陷和不足存在，难道亚洲就应当遭受如此大灾大难和奇耻大辱吗？难道亚洲仅仅是一个“市场”，而不同时也是众多的人民生活和劳动的家园吗？让这些勤劳甚至许多还依然贫困的人民为本国政府和少数大企业、以及发达国家商业银行的错误，而付出如此重大的牺牲是合情合理的吗？为了对付那些几乎无法无天的国际金融资本，亚洲的政府和国际机构不应当实行严格有效的限制和监督吗？

由此可见，如果把它们分别看待的话，可以发现各派的观点和主张确实都有道理；但是，如果把它们综合起来的话，就可以发现它们相互之间存在着不易调和的矛盾。因此，也就很难找出一个可以满足各方利益、并为国际社会共同接受的答案和方法。

不过，尽管迄今为止的讨论还没有得出一致的意见，但是通过激烈的辩论，各派的观点和主张得到了充分的阐述，并且出现了一定程度的相互理解和接近。

例如，在经受了众多的批评之后，不少发达国家的专家学者和国际机构也意识到了国际短期资本的自由流动所带来的巨大破坏性，并对原先一味责怪亚洲的做法进行了一定程度的自我们批评。同时，IMF 也发现了当初的结构改革方案过去简单，没有使亚洲的社会经济状况得到明显的改善，因此，它已经准备对“处方”进行修改。

同样，亚洲领导人在怒斥了西方“邪恶的”投机家们之后，冷静下来也发现了自身的问题。因此，马哈蒂尔表示：“我们也不想腐败，我们也愿意杜绝这种情况。”菲律宾前总统拉莫斯也承认：“我们感到这次货币危机是内外因素共同作用的产物。国外的因素我们无法控制。国内的因素我们可以设法纠正。”而且实际上这些国家也正在进行纠正。

相比之下，最令市场主义者们吃惊的恐怕是绍罗什本人的“倒戈”了。在一次采访中他坦率地承认：现在无节制的资本主义正在成为自由人类的最大威胁，因此“我们只能一再对盲目信任市场的魔力发出警告。”在另一个场合他声明：“我们不赞成这一观点，即自由市场是可以自我维持的，只要政府或规定不对自我纠正机制进行干预，市场会纠正本身的无节制状况。”从他的这些言论中，是否可以看出他对政府干预的肯定，以及对市场行为（包括他自己行为）的反省呢？

在此情况下，一些专家和学者已经提出了若干建议，例如，对国际短期资本课税，以便提高其流动的成本；改进统计方法，以便及时了解和监督私人资本的流向；在亚洲建立社会保障网，以便减少因金融危机而引起的急剧增加的失业问题；加强东盟和亚洲开发银行等机构的作用，以便提高对付危机与挑战的能力；等等。还有些专家提出了更加彻底的解决方法，即建立新的世界性货币体系。

当然，由于目前各理论流派之间还没有取得一致的见解，加上各国利益冲突，因此上述建议也大多停留在讨论和争论的阶段。所以，在此之前，亚洲的危机和苦难还要继续一段时间。

四、马克思主义经济学家怎样看待亚洲危机——代结束语

在结束本节之前，我们想如果不再谈一下马克思主义经济学家对这场全球性讨论的影响，是不公平的。由于发达国家中马克思主义经济学家人数不多，因此在这次讨论中发表的文章也很少。但是，正如《华盛顿邮报》曾在题为“卡尔·马克思的无形的手”的文章中指出的那样：“数十年来，它一直是我们这个大陆最主要的理论模式，对美国的广大的知识界人士产生了巨大的影响。”另外，《洛杉矶时报》的一篇文章曾在谈到《共产党宣言》时也指出：“今天读来，这部著作大概可以算作对一个在当代世界上造成大劫难的过程——不可抗拒的全球化压力——的最简洁也最具震撼性的描述。”

不过，由于他们没有明确谈到马克思与亚洲危机的关系，因此，我们想作为一个亚洲人对此做一点补充说明，可能是有益的和必要的：

大约在150年前，当发达的工业国英国通过鸦片与战争等手段，迫使落后的农业国中国和印度加入了当时的“全球化”进程的时候，亚洲也出现了前所未有的危机。对此，马克思一方面对亚洲人民的苦难表示了极大的同情，一方面也深刻地指出：问题不在于英国用什么方式和为什么目的而造成了亚洲的危机，“问题在于，如果亚洲的社会状况没有一个根本的革命，人类就不能完成自己的使命。如果不能，那么英国不管是干出了多大的罪行，它在造成这个革命的时候毕竟是充当了历史的不自觉的工具。”

第三节　危机的理论与理论的危机

1997年夏季爆发的亚洲金融危机已经过去18年了。在此期间，世界各地又先后发生了一系列的危机：除了与中国关系比较密切的科索沃危机和中美关系危机以外，中国与亚洲邻国以及亚洲邻国之间，也出现了一系列的危机。由于各种传媒的广泛报道，因此人们对于这些危机的原因、过程和结果，都有比较清楚的了解。但是，对于如何从理论上对这些危机进行分析说明，人们似乎还缺乏一致的看法。

因此，本节的主要目的是：首先，分析目前流行的关于危机的理论观点的缺陷；其次，说明有关危机的几种常见情形；最后，指出如何从世界政治经济体系的角度看待这些具体危机。

一、关于危机的理论观点的缺陷与有关危机的几种常见情形

1. 危机多发的年代

苏联解体、民族冲突、局部战争姑且不论，自从1997年亚洲金融危机爆发以来，我们似乎就一直没有摆脱“危机”的阴影：日本金融危机、俄罗斯金融危机、南亚金融危机、拉美金融危机……几乎把整个地球扫荡一遍。

2. 关于“危机”的一个流行观点

对于我们来说，危机不仅是一种客观的存在，而且也是一种主观的认识。当1997年夏季亚洲金融危机突然爆发、人心惶恐不安的时候，不少专家学者却不慌不忙地告诉我们：危机并不是一个坏事，因为它包含着两个意思，一个是“危”险，另一个是“机”遇。类似的说法还有：它既是挑战，也是机会；既是危机，也是转机或契机等。

但是，令人遗憾的是，迄今为止我们看到的事实却是：危机接二连三，机遇迟迟不见。说的再具体一些，两年来金融危机究竟给亚洲带来了什么可喜的“机遇”?

这些事实不能不使我们怀疑，现在是否已经出现了关于“危机”的危机?也就是说，过去我们经常听说的、现在还有许多人继续相信的关于“危机”的

理论观点，是否已经出现了危机？倘若如此，那么，如果我们不首先解决这一理论上和观念上的危机的话，又怎么可能正确地认识和解决现实世界中的危机呢？

首先，应当指出的是，那种流行甚广的所谓“危机=危险+机遇”的观点明显地偏离了“危机”一词的本意。比如，据中文《现代汉语词典》的解释，危机的含义一是指“危险的祸根，如危机四伏”；二是指“严重困难的关头，如经济危机”。另据英文《袖珍牛津词典》的解释，危机（crisis）的含义一是“危险和非常困难的时期”，二是“决定性的瞬间或转折点”。尽管在古代汉语中没有危机一词，但是，现代汉语词典的解释与英文相差不大。它们的共同点是说明：危机就是危机，它本身并不必然包含“机遇”。至于英文中所谓的“转折点”，可以理解为向好的方面转折，也可以理解为向坏的方面转折。

那么，为什么在遇到了现实危机的时候，许多人却一相情愿地对它做出了乐观的解释呢？除了心理因素以外，人们对朴素辩证法的一知半解和生搬硬套，也是一个重要的原因。

3. 有关危机的5种情形

（1）危机带来机遇

坦率地说，“危机=危险+机遇”的流行观点，虽然有一些玩弄“文字游戏”的色彩，但是，它确实包含着朴素的辩证法，即矛盾着的双方都会向自己的反面转化。不论在人们的日常生活里，还是在古今中外的历史中，类似的例子都有很多。

比如，“卧薪尝胆”就是中国古代的一个著名例子：在战国时期越国曾经被吴国打败，这一亡国的危机反而激发了越王勾践在逆境中奋起的决心和勇气，结果经过长期的韬光养晦和不屈努力，最后终于打败了吴国。

另一个众所周知的例子是战后日本的崛起：1945年日本投降的时候，其国土变成了一片废墟，经济几乎陷入了瘫痪状态。但是，在日本政府和国民的努力下，经过20多年的经济高速增长，终于在70年代初期，成为了仅次于美国的资本主义“经济大国”。

诸如此类的例子告诉我们，危机虽然带来了危险，但是同时也带来了机遇或转机。正可谓“山重水复疑无路，柳暗花明又一村。”这是危机的第一种情形。

依此类推，当亚洲金融危机爆发的时候，不少专家学者也胸有成竹地指出：这场危机虽然沉重打击了亚洲的经济，但是由于它暴露了亚洲经济模式的内部缺陷，因此，只要把这些问题改正，亚洲很快就会出现“机遇”，就可以重振雄风或重现奇迹。这就是所谓“机遇论”的由来。

那么，为什么现实的发展结果却没有符合他们的预期呢？这是因为，运用这一理论的人们忽视了一个危险：即“危机 = 危险 + 机遇”只是危机的一种情形，它不能用来说明危机的所有情形；另外，虽然这一观点来自实践，但是，当它一旦成为一种理论观点的时候，也就变成了与实践性质不同的另一种东西。因此，用它来观察实践，即分析新的实际问题的时候，很容易出现简单化和概念化的偏差。

（2）危机带来危机

除了第一种情形，危机还有第二种情形，即一个危机引起了另一个或几个危机，而机遇或转机却迟迟没有出现。

实际上，这样的例子也有很多。比如，在中国的春秋战国时期，能够通过“卧薪尝胆”而把一个亡国危机转化为“东山再起”的机遇的国君，除了越王勾践，似乎并不多见。即使有些国君也采取了类似的做法，但是并没有取得成功，因此，它们相继灭亡，最终的结果是由秦始皇统一了中国。

目前日本的例子也是如此：自从20世纪90年代初期“泡沫”经济破灭以后，日本就进入了战后最严重、时间最漫长的经济衰退。当它的经济刚开始出现一些好转迹象的时候，又遭遇了亚洲金融风暴的袭击。目前，日本经济虽然再次出现了复苏的迹象，但是，人们依然不能肯定它已经彻底摆脱了危机。

诸如此类的例子也告诉人们关于危机的另外一些真理：即一个危机的爆发不仅没有带来机遇，反而带来了另一个或几个危机，即所谓“福不双降、祸不单行。”

那么，在现实当中，究竟是“危机带来机遇”的情形居多，还是“危机带来危机”的情形居多呢？很难说。在某些场合，似乎后者出现的可能性比前者大得多。

（3）一个或若干小危机引起了一个大危机

此外，需要注意的是，危机还有第三种情形，即一个或几个小危机引起了一个极其严重的大危机，或者一个短期危机引起了一个长期危机。

比如，1929年美国股票市场出现了暴跌，其结果不仅没有为世界经济带来了什么机遇，而且，它还导致了长达10年之久的全球经济大萧条、导致了德意日法西斯的上台，并且最终导致了第二次世界大战的爆发。

1997年亚洲金融危机也有与此相似之处：它首先起于泰国，随后横扫东亚、东南亚、南亚、俄罗斯、东欧、南非和拉美。当然，由于时代的不同，因此这次亚洲金融危机并没有导致类似于世界大战那样的不幸结果——这是值得我们高兴的。

诸如此类的情况说明，某一局部地区的危机或某一经济领域的危机的爆发，不仅没有带来什么机遇，相反，它还预示着全球性的危机或普遍性的危机的到来。显然，除了危机的第一种情形，在危机的第二种和第三种情形中，机遇的出场次序都被挤到了最后，有时甚至根本就没有机会出场。

（4）若干危机与机遇交错出现，形成一个长期的危机周期

此外，危机还有第四种情形，即危机与机遇的界线和转折点非常模糊，或者说，在一个长期的危机里面，可能也会出现几个机遇或转机，但是它们并没有导致长期危机本身的结束。

比如，近代中国面临的各种内外危机，如果从1840年鸦片战争算起的话，直到1949年新中国成立为止，经历了100多年的时间，然后才进入了一个迥然不同的新阶段。但是在那100多年的危机期间之内，也曾经出现了几个机遇或转机：如洋务运动、戊戌变法、辛亥革命、五四运动、中国共产党成立、抗日民族统一战线等。虽然这些机遇或转机的不断累积最终导致了一个长期危机的结束，1949年以前，这些机遇或转机的出现只是使局部的和阶段性的危机有所缓和，而这一长期的危机时期并没有结束。那时中国的情形正如毛泽东概括的那样“长夜难明赤县天，百年魔怪舞翩跹。”

（5）机遇也可能带来危机

最后，危机还有第五种情形，即如果说危机可以带来机遇的话，那么也应当承认，机遇也会带来危机。

比如，在西方经济学中有一句“老话”，即“危机的唯一原因是繁荣。”事实也是如此。从近代西方经济历史来看，凡是在一个长期繁荣之后，总是接着要出现一个经济危机。因此形成了“繁荣——危机——复苏——高涨”这样一个景气循环过程。尽管在二战以后，新技术的发明和技术革新的加速使得这一循环变得不太明显，但是，当亚洲金融危机爆发的时候，一些专家学者还是认为：亚洲危机爆发的原因，是“亚洲奇迹”造成的。同样，类似的推测现在正在被一些专家学者应用到美国的股市上面。他们认为，美国股市的连续暴涨正在为突然的暴跌——危机的到来——准备着条件。

诸如此类“物极必反”的情形说明：一旦出现危机，它也不会在短期内带来什么可喜的新的机遇。

二、如何从世界政治经济体系的角度看待这些具体危机

1. 从复杂的综合的角度看待危机

尽管一般说来，危机主要有上述5种情形，但是，如果我们继续进行细致的和深入的研究的话，还可以发现更加多样化的危机的情形，以及更加复杂的危机与机遇的相互关系。比如，政治危机与经济危机有所不同，军事危机与社会危机也不一样。同时，我们还听说过财政危机、贸易危机、教育危机、心理危机、道德危机、信仰危机、感情危机、婚姻危机、家庭危机等。显然，这些形形色色的危机形态以及复杂多样的因果关系，绝不是可以用“危机=危险+机遇”这一简单的理论观点或思维模式，来进行概括和预测的。

下面让我们试着用复杂的和综合的观点来说明一下亚洲金融危机和最近的一系列危机的性质和特点。

首先，在亚洲金融危机中可以看出，机遇之所以迟迟没有出现的原因，可能是因为这是一场大危机的开端，或者是一个长期危机中的一个局部危机，因此，只要这个大危机或长期危机没有过去，那么根本性的转机或机遇是不会出现的。

在国内外各种关于危机的分析和评论中，美国投资家索罗斯的言论似乎比许多专家学者的评论，还要更加切中要害。他在1998年出版的《全球资本主义危机》中指出：亚洲金融危机向其他地区波及的事实说明，它实际上不是一场普通的的危机，而是一场全球资本主义体系的危机。

如果用这个观点来看待科索沃危机、中美关系危机以及其他各种危机的话，我们可能就会得出一些新的思路：这些在世界各地出现的、表面上似乎彼此毫无关联的、形形色色的危机，其实也可以看做是全球资本主义危机的组成部分或发展阶段，可以看做是它在局部地区或具体事物上的一个表现。因此，它们同样不可能——像某些专家学者宣传的那样——给中国或有关国家带来什么喜人的新的“机遇”。

2. 几点结论

综上所述，我们可以得出以下几点结论：危机既是我们无法回避的客观现实，也是我们的一种主观认识。亚洲金融危机爆发以来，一种流行的关于危机的理论观点是：“危机=危险+机遇”。虽然这一理论来自实际，但是，它只能说明和解释危机的一种情形，而不能说明和解释危机的其他情形；它也不能正确说明亚洲金融危机的影响和结果。

一般说来，危机有5种情形。除了危机带来机遇的情形以外，一个危机的爆发往往会引起另一个或几个新的危机，有时甚至可能引起一个非常严重的大危机。另外，有时危机与机遇、挑战与转机之间的界限并不明显；有时，不仅危机可以引起危机，而且机遇也可以引起危机。

从复杂的世界政治经济体系的角度来看待近年来出现的一系列危机的话，可以得出一个结论：不论是亚洲金融危机，还是科索沃战争；不论是中美政治危机，还是各种其他地区冲突，实际上它们都不是个别的和孤立的危机，而是全球资本主义危机的一个组成部分，是全球政治经济金融体系进行调整的一个过程。只要全球危机及其调整过程没有结束，那么在这些局部地区或特定领域中出现的危机，就不会给我们带来什么令人欣慰的兴奋的机遇或转机。

根据这一认识，我们应当对危机发生的原因、过程与结果，进行更加充分的细致的研究分析，制定更加切实可行的对策和防范措施，以便尽量减少各种危机对中国政治和经济利益的损害与影响。目前，最重要的是我们应当对世界政治经济体系危机的长期化和复杂化具有清醒的认识，并以此来重新审视原先得出的结论或对策是否合适，及时进行调整。同时，也应当坚信：前途是光明的，道路是曲折的。我们应当不失时机地抓住在此期间可能出现的每一个机遇，通过不断努力的积累，促使各种积极因素不断成长壮大，以便克服消极因素的影响，促使长期危机能够尽快结束。

第二章　中国的贸易投资政策回顾

第一节　中国贸易投资政策概要

中国对外开放30余年来，经历试办经济特区、沿海城市、扩大沿海开放区域、开发开放上海浦东新区、内陆省会城市、加入世贸组织等六个阶段的开放，形成多层次、多领域对外开放的格局。1997年亚洲金融风暴的发生，亚洲意识提高，亚洲各国开始积极推动区域经济整合。特别是2008年以来国际金融危机，以及随后的欧债危机对全球经济带来巨大的冲击，更增强亚洲国家期望推动更具体的经济合作的要求。

首先，对外贸易取得了巨大成就：据海关统计，2014年，中国进出口总值为26.43万亿元人民币，同比增长2.3%，其中出口额为14.39万亿元，增长4.9%，进口额为12.04万亿元，下降0.6%，贸易顺差为2.35万亿元，扩大45.9%。按美元计，2014年中国进出口总值为4.30万亿美元，同比增长3.4%，其中出口额为2.34万亿美元，同比增长6.1%，进口额为1.96万亿美元，同比增长0.4%，贸易顺差为3824.6亿美元，同比扩大47.3%。在剔除2013年套利贸易垫高基数因素后，全国进出口同比实际增长6.1%，出口增长8.7%，进口增长3.3%。2014年全年进出口运行情况主要有以下特点：

一是第一货物贸易大国的地位得到巩固。从全球范围看，2014年全球贸易预计仅增长2%左右。1—11月美国进出口增长3%，欧盟和日本分别下降0.5%和2.5%。而中国外贸增速明显高于全球的平均增速，第一货物贸易大国的地位得到进一步巩固。预计全年中国出口占全球份额达12.2%左右，较2013年提高了0.5个百分点。

二是外贸对经济增长贡献突出。在国内经济下行压力加大的情况下，外贸对经济增长起到了重要的支撑作用。按支出法核算，2014年前三季度，货物和服务净出口对国内生产总值增长的贡献率达10.2%，预计全年贡献率将在10.5%左右，创2008年以来最高水平。

三是一般贸易占比持续上升。全年一般贸易进出口额为2.31万亿美元，增长5.3%，占全国进出口总额的53.8%，较2013年提高了1个百分点，比重连续两年提高。加工贸易进出口额为1.41万亿美元，增长3.8%，增速较2013年加快2.7个百分点。

四是贸易伙伴更趋多元。开拓新兴市场取得新成效，全年中国与其他发展中国家进出口比重较2013年提高0.4个百分点，其中，对东盟、印度、俄罗斯、非洲、中东欧国家等进出口增速均快于整体增速。实施自贸区战略效果明显，其他17个自贸伙伴在中国出口总额的占比较2013年上升0.6个百分点（不含我国港、澳、台地区）。对发达国家市场保持稳定增长，全年对欧盟和美国进出口总额分别增长9.9%和6.6%。

五是商品结构继续优化。工业制成品占出口总额的95.2%，较2013年提高了0.1个百分点，占比连续三年提高。装备制造业成为出口的重要增长点，铁路机车、通信设备出口增速均超过10%。七大类劳动密集型产品出口额为4 851亿美元，增长5%。生物技术产品、航空航天技术产品、计算机集成制造技术产品等高新技术产品进口增速均在15%以上。消费品进口额为1 524亿美元，增长15.3%，占进口总额的7.8%，较2013年提高了1个百分点。

六是中西部地区对增量贡献首次过半。中西部地区进出口保持较快增长，其中，中部地区进出口额为3 127亿美元，西部地区进出口额为3 344亿美元，分别增长10%和20.5%，中西部地区合计对整体进出口增量贡献60.3%，贡献率首次超过东部。东部地区进出口额为3.66万亿美元，增长1.6%，占全国进出口总额的85%，较2013年下降1.5个百分点。

七是贸易条件明显改善。在国内工业品和国际大宗商品价格普遍下跌的情况下，全年进口商品价格指数下降3.3%，而出口商品价格指数仅下降0.7%，贸易条件连续第三年改善。重要能源资源产品进口价格走低，节约了大量外汇支出，仅原油、铁矿砂、铜矿砂、铜材、橡胶、化肥、大豆和谷物8种商品就少支出约485亿美元。

八是民营企业成为稳增长的主力军。全年有进出口实绩的民营企业占外贸企业总数的比重超过70%，较2013年提高1.6个百分点。民营企业进出口额为1.57万亿美元，增长5.3%，占全国进出口总额的36.5%，较2013年提高0.6个百分点，对整体进出口增量贡献率为55.9%。国有企业进出口额为7 475亿美元，下降0.2%，连续三年负增长。外资企业进出口额为1.98万亿美元，增长3.4%。

其次，对外开放最主要的目的是吸引外国投资，随着开放的扩大，外资进入逐年增加。自1992年起，中国连续成为吸收外资最多的发展中国家。近20年，中国吸收外资在全球FDI总量中年均占7.6%，2013年达8.5%。根据联合国发布的《世界投资报告2014》，中国2013年外国直接投资（FDI）达1240亿美元，创历史新高，仅次于美国，居全球第2位。2014年全年，外商投资新设立企业23 778家，同比增长4.4%；实际使用外资金额7 363.7亿元人民币。按美元计，实际使用外资金额1 195.6亿美元，同比增长1.7%（未含银行、证券、保险领域数据，下同）。12月当月，外商投资新设立企业2 482家，同比增长6.1%；实际使用外资金额818.7亿元人民币，按美元计，实际使用外资金额133.2亿美元，同比增长10.3%。全年吸收外资有以下特点：

一是利用外资规模稳中有进。2014年实际使用外资1 195.6亿美元，同比增长1.7%，高于美国、欧盟、俄罗斯、巴西等主要经济体，连续23年保持发展中国家首位。

二是主要国家/地区对华投资总体保持稳定。2014年实际投入外资金额排名前十位的国家/地区（中国香港、新加坡、中国台湾、日本、韩国、美国、德国、英国、法国、荷兰）合计投入1 125.9亿美元，占全国实际使用外资金额的94.2%，同比增长2.7%。其中，韩国和英国对华投资增长较快，实际投入金额分别为39.7亿美元和13.5亿美元，同比增长29.8%和28%。祖国内地与香港经贸关系更加紧密。2014年香港对祖国内地投资额占内地吸收外资总额的68%，高出历年累计比重18.7个百分点。

三是结构进一步优化。服务业吸收外资占比上升，达到55.4%，高出制造业22个百分点，达662.3亿美元，成为吸收外资新增长点。资金密集度进一步提升。2014年新设企业平均合同外资金额812万美元，比2013年（713万美元）提高13.9%。外资区域布局日趋合理。在外向型产业转移的带动下，中部地区吸收外资增长7.5%，实际使用外资金额占比升至9.1%。中西部地区实际使用外资占比为18.1%，比2013年提高了0.5个百分点。

四是各项改革取得明显成效。注册资本登记制度改革促进外商投资企业在内的市场主体数量显著增长。2014年新设外商投资企业2.38万家，同比增长4.4%，扭转了自2012年以来连续两年下降的局面。自贸试验区试点取得重大阶段性成果。大力推进了上海自贸试验区建设，建立了“准入前国民待遇加负面清单管理”外资管理模式，提高了投资便利化水平，极大地激发了市场投资热情。2014年上海自贸试验区合同外资金额约占上海市的三成，金融、文化等自贸试验区扩大开放措施引领上海市引资快速增长，服务业利用外资占比超过九成。

五是外商投资企业经营状态稳定，盈利和纳税好于全国平均水平。2014年，外商投资企业进出口总额同比增长3.4%，占全国总额的46.1%。根据国家统计局和税务总局数据，2014年1—11月，规模以上外商投资工业企业实现利润总额1.37万亿元，增长10.3%，高于全国平均增幅5个百分点。2014年1—9月，外商投资企业缴纳税收1.9万亿元，增长8.6%，比全国税收增幅高1个百分点，占全国税收收入的比重为19.4%，比2013年同期提高0.2个百分点。

六是国家级经开区总体发展态势良好。2014年1—9月，215家国家级经开区地区生产总值、第二产业增加值、第三产业增加值、财政收入、税收收入、固定资产投资同比均为两位数增长（分别为12.7%、13.5%、14.7%、15%、13.3%、15.5%）。

第三，相对于外资的大量流入，中国对外投资也随着经贸实力的增强而扩增。中国商务部、国家统计局、国家外汇管理局联合发布的《2013年度中国对外直接投资统计公报》指出，中国2013年对外直接投资金额创下1 078.4亿美元历史新高，年增22.8%，连续两年为全球第三大对外投资国，对外直接投资累计净额达6 604亿美元。2014年全年，中国境内投资者共对全球156个国家和地区的6 128家境外企业进行了直接投资，累计实现非金融类对外直接投资6 320.5亿元人民币；以美元计，全年累计实现非金融类对外直接投资1 028.9亿美元，同比增长14.1%。其中12月当月，实现非金融类对外直接投资804.1亿元人民币；以美元计为130.9亿美元，同比增长31.8%。截至2014年底，中国累计非金融类对外直接投资3.97万亿元人民币（折合6 463亿美元）。2014年中国对外投资主要有以下特点：

一是中国双向投资首次接近平衡。据商务部和国家外汇管理局统计，2014年中国共实现全行业对外直接投资1 160亿美元，同比增长15.5%：其中金融类131.1亿美元，同比增长27.5%；非金融类1 028.9亿美元，同比增长14.1%。全国对外直接投资规模与同期中国吸引外资规模仅差35.6亿美元，这也是按现有统计口径，中国双向投资首次接近平衡。

二是企业海外并购取得突破。2014年中国大型对外投资并购项目投资领域呈现多元趋势。能矿领域继续成为投资热点：五矿资源等企业联营体以58.5亿美元收购秘鲁拉斯邦巴斯铜矿；国家电网公司以21.01亿欧元（折合25.4亿美元）收购意大利存贷款能源网公司35%股权。制造业领域并购活跃：联想集团以29.1亿美元收购美国摩托罗拉公司移动手机业务；东风汽车有限公司以10.9亿美元收购法国标致雪铁龙集团14.1%股权。农业领域跨国并购取得突破：中粮集团以15亿美元并购新加坡来宝农业公司，以12.9亿美元并购荷兰尼德拉公司，它们是迄今农业领域对外投资最大的两个项目。

三是对外直接投资产业结构继续优化。2014年对外直接投资产业门类广泛，涉及租赁和商务服务业、采矿业、批发和零售业、建筑业、制造业、房地产业、交通运输、仓储和邮政业等15大类，其中租赁和商务服务业为372.5亿美元，采矿业为193.3亿美元，批发零售业为172.7亿美元：上述3个行业成为对外直接投资的主要领域。

四是地方企业对外直接投资发展迅速。2014年，地方企业对外直接投资451.1亿美元，同比增长36.8%，占同期对外直接投资总额的43.8%，较上年比重增加7.2个百分点。其中广东、北京、山东位列前三，对外直接投资额分别为96.01亿美元、55.47亿美元、44.11亿美元。

五是企业更加注重当地利益融合，积极履行社会责任。例如中建集团在阿尔及利亚雇用当地分包队伍近300支，住房领域项目本地化采购率达85%，年当地采购额近4亿美元，该集团承揽的巴哈马海岛度假村项目已累计授予当地承包商和供应商合同额3.5亿美元，占总承包额的20%。南车集团在马来西亚设立了东盟制造中心和维保中心，制造、销售和服务全产业链属地化。中铝集团在秘鲁的铜矿项目，开工前先投资建设污水处理厂，解决了困扰矿区居民70年的水污染问题，还斥资2亿多美元为矿区建设了系列现代化城镇设施。

中国开放政策在吸引外资与对外投资方面都取得了成果，国家的经济实力显著增强。中国一再强调，未来将坚持对外开放政策。

第四，对外承包工程方面。2014全年，中国对外承包工程业务完成营业额8 748.2亿元人民币。以美元计为1 424.1亿美元，同比增长3.8%，新签合同额1.18万亿元人民币；以美元计为1 917.6亿美元，同比增长11.7%。新签合同额在5 000万美元以上的项目662个，合计1 578.2亿美元，占新签合同总额的82.3%。其中上亿美元的项目365个，同比减少27个。截至2014年底，对外承包工程业务累计签订合同额1.4万亿美元，完成营业额9 351.6亿美元。

对外劳务合作方面。2014年中国共派出各类劳务人员56.2万人，较2013年同期增加3.5万人，同比增长6.6%；其中承包工程项下派出26.9万人，劳务合作项下派出29.3万人。12月当月，派出各类劳务人员6.3万人，较2013年同期减少2.9万人。12月末在外各类劳务人员100.6万人，较2013年同期增加15.3万人。截至2014年12月底，对外劳务合作业务累计派出各类人员748万人。

第五，关于服务外包情况。2014年，中国经济发展进入新常态，服务外包领域新技术、新业态、新应用模式不断涌现，服务外包产业逐步从规模快速扩张向量质并举转变，呈现出以下特点：

一是服务外包合同金额首次突破千亿美元。2014年，中国企业共签订服务外包合同20.4万份，合同金额和执行金额分别为1 072.1亿美元和813.4亿美元，分别同比增长 12.2% 和 27.4%。其中，承接离岸服务外包合同金额和执行金额分别为 718.3 亿美元和 559.2 亿美元，分别同比增长 15.1% 和 23.1%。

二是累计吸纳大学生就业超过 400 万人。2014 年，中国服务外包新增从业人员 71.1 万人，其中大学（含大专）以上学历 48.8 万人，占从业人员总数 68.7%。截至 2014 年底，中国共有服务外包企业 2.81 万家，从业人员 607.2 万人，其中大学（含大专）以上学历 404.7 万人，占从业人员总数 66.7%。

三是知识流程外包比重稳步提升。2014 年，中国承接离岸信息技术外包（ITO）、知识流程外包（KPO）和业务流程外包（BPO）执行金额分别为 293.5 亿美元、186.7 亿美元和 79 亿美元，占比分别为 52.5%、33.4% 和 14.1%，同比分别增长 18.3%、30.9% 和 24.5%。以知识和研发为主要特征的离岸知识流程外包业务比重稳步提升。

四是离岸业务以美、欧、港、日为主。2014 年，中国承接美国、欧盟、中国香港和日本的离岸服务外包执行金额分别为 128.2 亿美元、83.4 亿美元、74.2 亿美元和 60.7 亿美元，合计为 346.5 亿美元，占执行总额的 62%。此外，我国离岸业务还向东南亚、大洋洲、中东、拉美和非洲等地区拓展。

五是与“一带一路”沿线国家合作加深。经贸合作是推进“一带一路”建设的基础和先导。2014 年，中国承接“一带一路”沿线国家服务外包合同金额和执行金额分别为 125 亿美元和 98.4 亿美元，同比增长分别为 25.2% 和 36.3%。其中承接东南亚国家的服务外包执行金额为 53.8 亿美元，同比增长 58.3%。通过开展服务外包业务合作，我国进一步加强了与“一带一路”沿线国家的经贸联系。

20 世纪 90 年代中期以来，经济全球化已成为世界经济的潮流，世界各国一方面积极致力于经济结构的调整，健全经济体制，以面对开放市场的压力；另一方面，通过各种不同的方式推动区域经济整合，进行广泛的经济合作，以提高经济竞争力，以致形成各类型区域经济合作组织和自由贸易区协议的发展，改变了国际产业分工格局，对地区的经济发展造成严重的冲击。

为因应国际经济的发展趋势，中国自 1990 年代后期以来，积极推动亚太区域经济整合的发展，推动博鳌经济论坛的发展，增加上海合作组织的经济合作功能，以及积极推动亚太地区的区域经济整合，已成为中国中国对外经济发展策略的重要组成部分，此一发展策略更明显反映于 2013 年 11 月中共十八届三中全会所提出的经济发展策略和政策上。

根据 2013 年中共十八届三中全会所审议通过的《决定》。除了强调中国将进行全面的经济改革，并以“自由化、市场化”为核心，推动中国的经济体制改革，但是在对外开放方面，中国也提出构建开放型经济体制的发展策略和方向。《决定》中有关构建开放型经济新体制的主要政策和措施包括：第一，加强服务贸易发展，主要是推进金融、教育、文化、医疗等服务领域有序开放、放开电子商务等服务业领域外资准入限制。第二，建立上海自由贸易试验区，为全面深化改革和扩大开放探索新途径，积累新经验。第三，积极推动自由贸易区战略，强调坚持世界贸易体制规则，坚持双边、多边、区域次区域开放合作，扩大同各国各地区利益汇合点，以周边为基础加快实施自由贸易区战略。第四，全方位推进区域经济合作，主要是要加快沿边开放步伐，建立开发性金融机构，加快同周边国家和区域基础设施互联互通建设，形成全方位开放新格局。在此一对外经济发展策略中，积极推动亚太区域经济整合，已成为中国中国当前对外经贸发展的主要工作。

第二节　中国社会经济变革的“火车头”

首先我们想指出的是：对外贸易在带动中国社会经济的现代化过程中起到了“火车头”的作用。而进口和出口，就相当于火车头的两个“轮子”。

据有关专家的研究，中国的大规模对外贸易开始于2 000多年前的秦朝，鼎盛于1 000多年前的唐宋，衰落于200多年前的晚清①。

这一点，正如马克思在《共产党宣言》中指出的那样：由于欧洲的资产阶级开拓了世界市场，因此，一切国家的生产和消费都便成为世界性的了。“过去那种地方的和民族的自给自足和闭关自守状态，被各民族的各方面的互相往来和各方面的互相依赖所代替了。”在这一过程中，对外贸易发挥了有力的作用。马克思用文学性的语言指出，发达国家“商品的低廉价格，是它用来摧毁一切万里长城、征服野蛮人最顽强的仇外心理的重炮。它迫使一切民族——如果他们不想灭亡的话——采用资产阶级的生产方式”。② 中国的外贸资料为此提供了佐证：从1887年开始中国海关统计中增加了机械进口专项，在其后数年间该项进口额每年约有40万海关两（白银）。③

就这样，在英国军队的重炮和对外贸易的“重炮”的双重轰击下，中国封建王朝的统治基础土崩瓦解。它惊慌失措地、被生拉硬拽地卷进了当时的全球化和世界经济一体化的大潮，“洋务运动”就是一个结果。根据现代国际贸易理论，由满清政

① 徐复，刘文华．中国对外贸易概论［M］．第二版．天津：南开大学出版社，2002：2－6.

② 马恩选集：第一卷．中文版．北京：人民出版社，1996：243.

③ 中国的对外贸易和工业发展［G］//章开沅，朱英．对外经济关系与中国近代化［M］．武汉：华中师范大学出版社，1990：378.

府主导的洋务运动，可以被看作是中国现代化过程中的第一个“进口替代”高潮。

随着外国机器设备的进口和技师的引进，西方的企业管理、商业习惯、思想方法、文学艺术等等也随之进入了中国，并且引起了中国社会广泛而深刻的变化。而那些从事对外贸易和洋务运动的官员、商人和企业家们，也就在中国历史上首次构成了一个超越狭隘民族主义局限的、具有较强国际主义意识的社会精英集团。① 在这个意义上，封建的清朝政府与其说是被1911年辛亥革命推翻的，不如说是被一个已经发生了实质变化的中国和世界所共同抛弃的。在这个意义上，鸦片战争之后出现的、与对外贸易密切相关的近代中国社会精英集团，应当得到高度的评价。他们起到了促进社会变革的作用，尽管当时他们本人可能对此毫无意识、而现在我们有人又有意回避。

中国大规模进口替代的第二个高潮，出现在第一次世界大战结束和第二次世界大战之前的相对和平时期。随着国外先进机器设备的进口，中国的纺织、面粉火柴、卷烟、矿山、铁路等产业获得了长足的发展。据统计，1913年中国进口的各种机械设备总值仅800万海关两；但到1936年则增加到了3 800万海关两，其中来自英国、日本、美国和德国的纺织机械和电力设备名列前茅。② 当时对上海270家企业进行的一个调查显示：其中146家使用进口机器，8家使用仿制的进口机器，77家兼用中外机器，而使用中国旧式机器的仅有39家。③

1949年新中国成立以后，对外贸易一直受到党中央和毛主席的高度重视，为了打破西方国家的“封锁”和“禁运”政策，我国积极开展了进出口贸易。其中，第一个五年计划时期从当时苏联东欧引进的156个大型建设项目以及大量机械设备，为新中国的工业化奠定了坚实的物质基础。④ 这就是近代中国历史上第三次大规模进口替代的高潮。

1979年实行改革开放以来，在邓小平的指导下，外贸部门解放思想，积极主动地参与新的全球化浪潮，对外贸易也终于迎来了自唐宋以来的、千载难逢的鼎盛时期。我们敢斗胆地断言，这第四次进口替代的规模之大、时间之长、涉及的地区之广、产业部门之多、效果之显著，不仅在中国历史上空前绝后，而且在世界工业史

---

① 何清涟．社会经济结构的二元化［G］//许纪霖，陈达凯．中国现代化史：第一卷（1800—1949）［M］．上海：上海三联书店，1995：156－183.

② 中国的对外贸易和工业发展［G］//章开沅，朱英．对外经济关系与中国近代化［M］．武汉：华中师范大学出版社，1990：378.

③ 上海近代社会经济发展概况（1882—1931）［G］//丁日初．近代中国的现代化与资本家阶级［M］．昆明：云南人民出版社，1994：19.

④ 秦文．建立工业化的初步基础［G］//彭敏．当代中国的基本建设．北京：中国社会科学出版社，1989：22－74.

上也实属罕见。它的意义远远超出了中国的范围，它标志着经济全球化和世界经济一体化进入了一个更高阶段。现在 Made in China 的产品已经遍及全世界，原先引进的某些工厂（如上海宝钢）已经进入世界 500 强。倘若马克思仍在，他可能会惊奇地发现：在硝烟弥漫的国际“商战”战场上，廉价商品这门“重炮”依然在轰鸣，不过这次的“炮手”换成了中国——依靠对外贸易的迅速扩大，中国已经成为了名副其实的“世界工厂”。

第三节　中国外贸的主要特点

在进行了上述简要回顾之后，我们想根据若干统计数据，说明一下中国外贸的几个特点。

一、进出口额变化

从表 2 - 1 中可以明显看出，新中国的进出口贸易大体以 1980 年为分水岭：前期小幅增长，后期突飞猛进。特别是近几年，中国进出口规模扩张之猛、速度之快，几乎令所有的中外专家出乎意料。2003 年中国进出口总值高达 8 511 亿美元，2014 年中国进出口总值 4.30 万亿美元。如果与 1950 年的 10 来亿美元相比，增长了大约 100 倍（如果按照不变价格计算，增长约 30 多倍）。

表 2 - 1　　**中国进出口额**　　（单位：亿美元）

	出口	进口	合计
1950	5.52	5.83	11.35
1960	18.56	19.53	38.09
1970	22.6	23.26	45.86
1980	182.72	195.5	378.22
1990	620.9	533.5	1 154.4
2000	2 492.1	2 251	4 743.1
2003	4 383.7	4 128.2	8 511.9
2010	15 777.5	13 962.4	29 740.0
2013	22 096.0	19 504.0	41 600.0

资料来源：中国海关统计，下同。

二、中国进出口结构和国际排名的变化

近代中国外贸结构的特点是进口大多为机器设备等生产资料、出口则大多是农产品和资源。但是，新中国成立后，特别是自从20世纪80年代以来，工业品已经占中国出口的80%以上，同时，资源能源等的进口比重也显著增加。2014年工业制成品占出口总额的95.2%，较2013年提高0.1个百分点，占比连续三年提高。装备制造业成为出口的重要增长点，铁路机车、通信设备出口增速均超过10%。七大类劳动密集型产品出口4 851亿美元，增长5%。生物技术产品、航空航天技术产品、计算机集成制造技术产品等高新技术产品进口增速均在15%以上。消费品进口1 524亿美元，增长15.3%，占进口总额的7.8%，较2013年提高1个百分点。

另外，改革开放以来中国的国际贸易地位不断提高：1981年中国在全球贸易中居第22位，中国出口额在世界出口总额的比重为1%，目前这两个数字分别为第3位和5%左右。2014年中国出口占全球份额达12.2%左右。

三、中国出口地区的变化

与上述进出口结构变化同时发生的是中国外贸地区的变化：过去欧美发达国家一直是中国外贸的主要伙伴，现在亚洲邻国则占据了中国外贸的"半壁江山"。比如，从表2－2中可以看出：1950年亚洲在中国外贸地区分布中的比重只有30%，而欧美则占67%。

表2－2　　1950年中国进出口地区　　（单位：%）

	出口	进口	进出口合计
亚洲	33.6	27.9	30.7
非洲	1.6	0.6	1.1
欧洲	46.5	45.7	46.1
北美洲	18.0	24.9	21.6
南美洲	0.0	0.3	0.2
大洋洲	0.2	0.6	0.4
合计	100.0	100.0	100.0

但到了1980年，在中国进出口地区的比重中，亚洲上升到了50%，而欧美则降到了39%（见表2－3）。

表2－3　**1980年中国进出口地区**　（单位：%）

	出口	进口	合计
亚洲	63.2	38.0	50.1
非洲	4.1	2.0	3.0
欧洲	22.3	25.6	24.0
北美洲	6.2	23.8	15.3
南美洲	2.7	4.3	3.5
大洋洲	1.5	6.4	4.0
合计	100.0	100.0	100.0

近几年，这一趋势则更加明显，亚洲地区的比重高达58%，而欧美的比重则为34%（见表2－4，2－5）。

表2－4　**2003年中国进出口地区**　（单位：%）

	出口	进口	合计
亚洲	50.8	66.1	58.2
欧洲	20.1	16.9	18.6
北美	22.4	9.3	16.0
南美	2.7	3.6	3.1
非洲	2.3	2.0	2.2
大洋洲	1.7	2.1	1.9
合计	100.0	100.0	100.0

表2－5　**2013年中国进出口地区**　（单位：%）

	出口	进口	合计
亚洲	51.3	55.9	53.5
欧洲	18.4	16.6	17.5
北美	18.0	9.13	13.8
南美	6.1	6.5	6.3
非洲	4.2	6.0	5.1
大洋洲	2.0	5.6	3.7
合计	100.0	100.0	100.0

不过，需要说明的是，尽管欧美在中国外贸地区分布中的比重下降，它们依然是中国最重要的贸易伙伴。特别是欧盟和美国对中国贸易的重要性，在今后也只会增加，而不会减少。此外，尽管非洲、拉美和大洋洲的比重一直较低，但是从长远观点来看，也是大有潜力的。

2014 年中国与其他发展中国家进出口比重较 2013 年提高了 0.4 个百分点，其中，对东盟、印度、俄罗斯、非洲、中东欧等进出口增速均快于整体增速。实施自贸区战略效果明显，不含中国港、澳、台地区的其他 17 个自贸伙伴在中国出口总额的占比较 2013 年上升 0.6 个百分点。中国对发达国家市场的进出口保持稳定增长，全年对欧盟和美国进出口分别增长 9.9% 和 6.6%。

四、中国与亚洲贸易的地区分布

由于亚洲在中国进出口比重中的显著增加是一个引人注目的现象，因此，我们需要更加具体的资料（见表 2－6，2－7）。

表 2－6　　2003 年中国对亚洲进出口　　（单位：亿美元，%）

	出口	进口	合计	出口	进口	合计
东北亚（4）	803	1 180	1 983	36.07	43.22	40.01
东盟（10）	309	473	783	13.89	17.34	15.79
南亚（7）	72	49	120	3.22	1.79	2.43
中亚（6）	21	20	41	0.94	0.74	0.83
西亚（16）	156	150	305	6.99	5.49	6.16
中国台港澳地区	866	607	1472	38.89	22.23	29.71
其他亚洲地区	0	251	251	0.00	9.19	5.06
合计	2226	2729	4955	100.00	100.00	100.00

首先，在我们对亚洲的 4 955 亿美元的贸易中，东北亚 4 国（日本、韩国、朝鲜和蒙古）为 1 983 亿美元，比重为 40%，其中日本为 26%、韩国 13%、朝鲜和蒙古合计约 0.3%。其次是我国台港澳地区 1 472 亿美元，约占 30%，其中中国台湾为 12%、中国香港为 17%。第三位是东盟 10 国 783 亿美元，约占 16%。接下的顺序是西亚（含沙特、伊朗等 17 国）305 亿美元、南亚（含印巴等 7 国）120 亿美元以及中亚（6 国）41 亿美元，三者比重合计约 10%。

表 2－7　　2013 年中国对亚洲进出口　　（单位：亿美元，%）

	出口	进口	合计	出口	进口	合计
日本	1 502	1 622	3 125	13.24	14.88	14.05
东盟	2 440	1 995	4 436	21.50	18.30	19.94
印度	484	170	654	4.27	1.56	2.94
韩国	912	1 830	2 742	8.04	16.79	12.32
沙特	187	535	733	1.65	4.91	3.29
中国台湾	406	1 566	1 689	3.58	14.37	7.59
中国香港	3 847	263	4 010	33.90	2.41	18.02
合计	11 347	10 901	22 248	100.00	100.00	100.00

从贸易结构上看，我国与日本韩国的贸易逐渐呈现出发达国家之间贸易（即水平分工）的特点。

那么，出口结构与整个国民经济结构有什么关系？

1. 不发达的经济结构只能导致不发达的贸易和出口结构

尽管新中国成立以来，国民经济发展迅速，但是，目前我国还属于发展中国家。而且即使在“入世”以后的50年内，我们的这一“身份”也很难改变。

比如，从人均GNP来看，1997年我国为860美元，日本是3.8万美元、德国和美国分别是2.8万美元。中国与它们的差距在30～40倍左右。尽管用美元表示的经济水平未必真实，而且，假设今后10～20年间我国的经济发展速度都在20%以上，那么，要想在人均收入方面“赶上”和“超过”它们，也需要50～100年的时间。实际上，这种判断与邓小平提出的社会主义“初级阶段”要持续一百年的估计，是大体相同的。

此外，我们还有50%的劳动者是农民，有70%的人口依然居住在农村，因此，这些方面要想达到与发达国家“基本相同”的水平，更不是一件容易的事情。

既然如此，那么，当国民经济结构还基本属于发展中国家的时候，我们的贸易和出口结构又怎么可能与发达国家“基本相同”呢？那些专家们提出的“在2010（或2020）年，使我国的出口结构与发达国家基本相同”的宏伟目标，究竟是根据什么制定出来的呢？

2. 发达的经济结构也未必导致发达的贸易和出口结构

退一步说，即便我们可以在一二十年内，借助“知识经济”的东风，三步并做两步地“跨越”或“跳跃”到发达国家的水平，但是，要想与此同时使我们的贸易和出口结构达到“与发达国家基本相同”的目标，也是不大可能的。

这不仅是因为一个不发达的经济结构固然不会导致发达的贸易和出口结构，而且也是因为一个发达的经济结构也不一定会导致发达的贸易和出口结构。

一般说来，这前半句话符合常识，因此人们很少争议；后半句话“违背”常识，以至于许多专家也未必理解。为此，请看美国的例子：二战以后，美国成了世界头号经济强国，根据常识判断，似乎它的出口产品结构应当是资本密集型的，而它的进口产品结构应当是劳动密集型的。但是，经济学家里昂惕夫根据对1947年美国投入产出表的分析，却发现了一个正好相反的答案：“美国参与国际分工是以劳动力集约度高、而不是以资本集约度高的生产专门化为基础的。换句话说，这个国家进行对外贸易是为了节约它的资本并解决它的过剩劳动问题，而不是相反。”因此，尽管“许多人都认为，同世界其他国家比较，美国经济的特点是资本的相对过剩和劳力的相对不足，现在证明这种看法是错误的。事实上，情况正好相反。”①

因此，如果说50年前经济发达的美国尚且拥有“不发达”的贸易和出口结构的话，那么，对中国而言，不要说一二十年以后，即便在四五十年成为发达国家以后，其贸易和出口结构将具有什么特点，不就更值得我们进行冷静的思考与谨慎的判断吗？

3. 出口的首要目标是为了增加就业

专家们之所以匆匆忙忙地提出了调整出口产品结构的建议，还有一个重要的原因，即为了减少劳动密集型产品的出口、扩大知识和技术密集型产品的出口，以便实现所谓以质取胜、以少换多、增加外汇的目的。

从表面上看，这似乎是无可非议的。不过，他们似乎忘记了一个发展经济学的理论观点，即对发展中国家来说，增加外汇固然是扩大出口的主要目的，但它并不是唯一目的；发展中国家之所以要采取“出口导向”战略，更重要的原因是为了增加就业、特别是增加农村劳动力在非农业部门的就业机会，而增加外汇不过是扩大出口的“副产品”。

目前我国农业劳动者有3亿多人，占全国劳动者的1/2，而他们生产的产值却不足全国的1/5。加上人均耕地已经不足1亩，因此大多数农民无论怎样精耕细作，都难有更多收获。显然，这些农村富余劳动力的唯一出路是进入非农业部门，而那些劳动密集型产品的加工、特别是出口，正好为他们提供了一个脱贫致富的

① 《投入产出经济学》中译本，90-91页。

出路。

实际上，入世给中国的产业和出口部门带来的最大好处也正是：服装、鞋帽、纺织品等劳动密集型产品的生产与出口，从此可以免受歧视，可以享受到更多的优惠。而且，有关部门的预测也证实了这一点：入世以后，我们的服装业和纺织业将分别增加261万人和283万人，而资本和技术密集型的汽车业和机械及仪器业却要分别减少50万人和58万人。

因此，对于外贸部门来说，入世以后的“合理”的对策应当是，进一步鼓励和扩大劳动密集型产品的生产和出口，而不应当是相反。此外，尽管鼓励和扶植高新技术产业的出口、或者使我国出口结构达到发达国家的水平等目标和口号本身没有什么错误，但是，为了实现这一目标，我们势必要改变现有的资源配置、改变经济和产业结构，并且为了增加外汇收入而减少就业机会。可见，对外贸部门或高新技术产业部门有利可图的事情，未必对其他部门和整个国民经济有利，也未必对缩小工农差别、城乡差别和贫富差别有利。

从最有效地利用资本、最大限度地使用人力的角度来看，至少在今后50年内，中国外贸和出口战略的基本目标应当是进一步扩大劳动密集型产品的出口，进一步促进农村富余劳动力的转移。只要能够扩大就业，即便我们只能在来料加工中赚取一点“辛苦钱”、即便只能用几亿件服装或鞋子换取一架大型飞机，也是值得的。

坦率地说，从表面上看，这种“交换”似乎说明了我们的软弱无力，其实它恰恰证明了我们的强大和有力：因为用我们较少的资本换取了他们较多的资本、用我们较低的技术换取了他们较高的技术、用我们较旧的知识换取了他们较新的知识、用我们较多的就业换取了他们较少的就业——这些不是恰好说明了我们做到了扬长避短、以长攻短、以弱胜强吗？由此可见，所谓吃亏与赚钱、强大与软弱、长处与短处等等，也完全是相对的和变动的概念。

五、外资在中国贸易中的作用

由于近代中国是在外国资本的推动下加入全球化和世界经济一体化的，又由于中国外贸企业与外资有着密切的联系，因此，如果避开外资不谈的话，那么，我们对中国外贸的说明不仅是片面的，也是不公正的。因为目前中国出口额的52%来自外资企业，进口额的将近一半也是外资企业；我国每年都有高达数百亿美元的外资进入；在外资企业工作的中国员工已经超过2 000万人。这几个数字说明：外资企业为中国进出口规模扩大，提供了巨大动力和支持。此外，还有很多中国企业虽然不直接从事进出口贸易，却为从事进出口的中国的或外国的企业提供配套服务，如零部件加工、组装、运输或保险等。据前几年的粗略估计：中国每出口或进口 1 亿元工业品，即可分别产生 1. 2 万个和 8 000 个就业机会。[①] 因此，如果做一个极端的假设，即假如中国的进出口贸易停顿、或外资企业倒闭的话，那么，中国的国民经济将立即陷入混乱和危机。

不过，上述假设是根本不成立的，因为现在外资进入中国的势头不仅没有减弱，而且继续保持着高速增长。那么，外资为何对中国“情有独钟”呢？对此众说纷纭。不过，其中有一个比较接近真理的答案是：中国劳动力价格低廉。据有关研究表明：1995 年中国制造业工人的平均月工资约合 52 美元，只相当于同期马来西亚制造业工人月均工资 400 美元的大约 1/8，或泰国制造业工人 200 美元的 1/4，比印度尼西亚工人的 76 美元还要低 24 美元。1997—1998 年的东南亚金融危机和货币贬值，导致了用美元表示的该地区工人工资下降，但是他们与中国工人的收入差距依然明显存在。比如，2000 年中国制造业工人月均工资增加到了 88 美元，但依然显著低于同行业的马来西亚工人月均工资的 403 美元（2001 年）、泰国工人的 156 美元（1999 年）、以及菲律宾工人的 165 美元。换句话说，外资企业雇用一个菲律宾或马来西亚工人的钱可以雇佣 2 个或 5 个中国工人。[②] 加上中国很多地方政府把招商引资当作政绩考核指标，导致了对外资的过分优惠；同时又由于中国企业普遍缺乏强有力的工会组织和社会保障体系，因此，这些可观的“隐性利益”对外资也具有很大的吸引力。

值得注意的是，为了维护国民经济的健康和平衡发展、并避免外资大量进入带来的环境污染或重复建设等问题，在我国沿海的某些发达地区（如深圳），近年来已经开始对招商引资项目做出了一定的限制。从前那种“来者不拒、多多益善”的招商引资策略已经发生了变化。[③] 当然，在对外资的问题上，我们切忌“走极端”和“一窝蜂”。总的政策依然是欢迎外资，但是，根据国民经济的整体发展需要和各地区的具体情况，该引进的要继续积极引进，该限制的要逐步加以限制。这样才能使外资在中国维持长期的、健康的发展。

---

① 徐复，刘文华. 中国对外贸易概论［M］. 第二版. 天津：南开大学出版社，2002：2－6，37.

② 根据 Yearbook of Labor Statistics（ILO），Financial Statistics Yearbook（IMF）等资料计算。

③ 根据我们近年在深圳市实际考察的了解。

第三章　中国市场准入回顾

第一节　中国市场准入

一、基本概念

所谓市场准入（Market Access），是指一国允许外国的货物、劳务与资本参与国内市场的程度。《服务贸易总协定》第16条规定，一成员方给予其他成员方服务和服务提供者的待遇应不低于其在承诺义务的计划表中确定的期限、限制和条件。它包括在国际贸易方面两国政府间为了相互开放市场而对各种进出口贸易的限制措施，其中包括关税和非关税壁垒准许放宽的程度的承诺。

WTO一系列协定或协议都要求成员分阶段逐步实行贸易自由化，以此扩大市场准入水平，促进市场的合理竞争和适度保护。主要表现在：

(1)《1994年关贸总协定》要求各成员逐步开放市场，即降低关税和取消对进口的数量限制，以允许外国商品进入本国市场与国产品进行竞争。这些逐步开放的承诺具有约束性，并通过非歧视贸易原则加以实施，而且一成员要承诺不能随意把关税重新提高到超过约束的水平，除非得到WTO的允许。

(2) 其他货物贸易协议也要求各成员逐步开放市场。如《农业协议》要求各成员将现行的对农产品贸易的数量限制进行关税化，并承诺不再使用非关税措施管理农产品贸易和逐渐降低关税水平；这类协议还包括《海关估价协议》、《技术性贸易壁垒协议》、《动植物检疫协议》等。

(3)《服务贸易总协定》要求各成员逐步开放服务市场，即在非歧视原则基础上，通过分阶段谈判，逐步开放本国服务市场，以促进服务及服务提供者间的竞争，减少服务贸易及投资的扭曲，其承诺涉及商业服务、金融、电讯、分销、旅游、教育、运输、医疗与保健、建筑、环境、娱乐等服务业。

（4）有利于扩大市场准入的其他基本原则，即各成员还可利用争端解决机制，解决在开放市场方面纠纷和摩擦，积极保护自己；同时，贸易体制的透明度也有利于扩大市场准入。

二、中国市场准入制度的演变

我国现行的市场准入制度是20世纪70年代末期随着改革开放的实行而逐渐建立起来的。大致经历了以下几个发展时期：

1. 从计划经济到市场经济的过渡时期

这一时期大致从20世纪70年代末到80年代后期。由于处于一个改革试验的阶段，很多制度都不成熟，市场准入制度也不例外。从主体的市场准入制度来说，这一时期恢复了对工商企业的登记制度。允许个体工商户和中外合资经营企业有条件地进入市场。但由于民商法的体系尚未完全建立，关于市场主体的法人或非法人地位没有得到确认；主体的种类和数量都还较少；工商企业的登记主要是营业登记，而非资格登记，这意味着政府只对进行营业的企业进行登记，而对成为市场主体的条件和资格未加以有效管理，尤其是没有针对一些特殊行业的准入标准。从交易对象的市场准入制度来说，这一时期还没有颁布产品质量法和产品责任法，对产品和服务的许可、认证制度也才起步。关税方面，维持着较高的关税水平，控制境外产品和服务市场准入的手段主要是关税壁垒。

2. 社会主义市场经济体制确立时期

这一时期大致从20世纪80年代后期到90年代中期。政府对经济进行宏观调控的能力逐步成熟，确立了社会主义市场经济体制，法制建设取得了阶段性的成就，市场准入制度初步确立。

在主体的市场准入制度方面，首先，1988年国务院颁布了《中华人民共和国企业法人登记管理条例》，标志着我国市场主体的登记从营业登记向资格登记转变；其次，1993年，《中华人民共和国公司法》正式颁布，确立了以市场主体的组织形式为登记标准的体系；最后，1986年、1988年分别颁布《中华人民共和国外资企业法》和《中华人民共和国中外合作经营企业法》，进一步拓宽了境外主体进入我国市场的范围和组织形式。

交易对象的市场准入制度方面，在进入市场的许可和认证制度方面取得了长足进展，1988 年颁布了《中华人民共和国标准化法》。1993 年通过并实施了《中华人民共和国产品质量法》，建立了产品质量监督管理体系，确立了产品责任制度。此外，我国自 1986 年正式提出重返关贸总协定的申请后，为降低关税做了大量的工作。至 1993 年底，使中国进口关税的算术平均税率降至 36.6%。

3. 市场准入制度进一步发展时期

这一时期大致从 20 世纪 90 年代中期一直到目前。中国的经济改革进一步深化，特别是 2001 年 11 月中国最终正式加入 WTO，这一切使我国的市场准入制度得到进一步发展。

其中，主体的市场准入制度的发展主要受加入 WTO 议定书的影响，体现在：第一，中国开放了大量特殊的行业，使境外主体取得了在未来几年中逐步进入我国特殊服务经营市场的资格，如金融业、运输业、电信业、零售业、旅游业等。

第二，中国于 2000 年 8 月、10 月和 2001 年 3 月分别修改了三资企业法，使三资企业作为市场主体有更大的自由，更全面地介入了市场竞争。而交易对象的市场准入制度受加入 WTO 的影响更全面、更深入。首先，根据第 152 号减让表（中华人民共和国），我国承诺对进口产品逐年地、全面地、大幅度地减让关税，并将在 2004 年之前取消多项税号商品的进口许可证或进口配额限制，还要以年增 15% 的比率逐年增加 15 大项商品的进口配额量。这意味着大量境外产品将更自由地进入我国市场。其次，根据中国在服务贸易具体承诺减让表的承诺，大量服务也将更自由地进入我国市场。最后，中国承诺：产品和服务的认证、许可制度与产品质量制度将实现内外一致。这都使交易对象的市场准入制度更趋统一。商务部条约法律司 2013 年 12 月 9 日发出《外资三法修订意见征集通知》，指出外资三法修订已列入十二届全国人大常委会立法规划，商务部将启动法律草案的起草工作。为确保立法工作的科学性，我们欢迎社会各界就外资三法修订提出宝贵意见和建议。2015 年 1 月 9 日商务部条约法律司就《中华人民共和国外国投资法（草案征求意见稿）》公开征求意见，认为《外国投资法》应定位为一部深化体制改革的法，扩大对外开放的法，促进外商投资的法，规范外资管理的法。草案征求意见稿适应构建开放型经济新体制和实施高水平对外开放的要求，以统一内外资法律法规和创新外国投资法律制度为目标，实行准入前国民待遇加负面清单的管理模式，确立“有限许可加全面报告”的管理制度，完善外资国家安全审查制度，加强事中、事后监管，加强投资促进和保护，为外国投资者来华投资创造稳定、透明和可预期的法律环境。

第二节 我国市场准入制度的现状

我国现行市场准入制度的特点为：

其一，外部导入型与内生型相结合的市场准入制度。在改革开放的初期，如1979年我国就颁布了《中外合资经营企业法》。其二，我国一直在探索，并且也制定了一些符合中国国情的市场准入机制，如对国有企业、集体企业的改制，对个体工商户的规制等。这说明我国的市场准入制度是随着我国国内经济完善的发展而逐渐自我生成的。另外，不可否认，我国是因为申请入关的契机才初步认识了先进的市场准入制度，也是因为加入WTO的要求才以超常规的步伐发展市场准入制度。例如，我国的产品质量认证制度，逐渐采用发达国家通用的自愿认证与强制认证相结合的原则，并且认证的标准越来越与国际接轨，从这个角度上来说，我国现行的市场准入制度也受到了外部的强大影响，是外部导入型的。

其二，计划体制烙印与市场体制趋势并存的市场准入制度。比如在主体的市场准入领域，仍存在以所有制划分区别政府调控手段和标准的情况，无论在经营范围、经营方式上，非公有制经济主体的准入限制都高于公有制经济主体。但应该看到，市场化仍是大势所趋。政府减少了对主体、交易对象准入的不必要限制，越来越按照市场规律进行调控。

其三，价值取向由重交易安全向重经济效益过渡的市场准入制度。交易安全与经济效益是一对难以调和的矛盾。我国改革开放前期的市场准入制度设计明显向交易安全倾斜。如公司法规定公司成立采取法定注册资本制，并设置了相当高的最低注册资本金限额。目前，我国的市场准入制度正向更注重经济效益的方面过渡。如2000年1月1日开始实施《中华人民共和国个人独资企业法》，这种主体进入市场没有注册资本金的限制，只需一个自然人就可设立，虽然投资者对企业承担无限责任，但它进入市场的门槛很低，有利于中、小规模的主体进入市场。

第二编

基于若干行业的实证研究

第四章　中国食品市场准入

食品质量安全市场准入制度，是国家为了保证食品的质量安全，具备规定条件的生产者才允许进行生产经营活动、具备规定条件的食品才允许生产销售的监管制度。因此，实行食品质量安全市场准入制度是一种政府行为，是一项行政许可制度。

食品质量安全市场准入制度包括3项具体制度：

（1）对食品生产企业实施生产许可证制度。对于具备基本生产条件、能够保证食品质量安全的企业，发放《食品生产许可证》，准予生产获证范围内的食品；未取得《食品生产许可证》的企业不准生产食品。这就从生产条件上保证了企业能生产出符合质量安全要求的产品。

（2）对企业生产的食品实施强制检验制度。未经检验或经检验不合格的食品不准出厂销售。对于不具备自检条件的生产企业强令实行委托检验。这项规定适合我国企业现有的生产条件和管理水平，能有效地对产品出厂安全质量把关。

（3）对实施食品生产许可制度的产品实行市场准入标志制度。对检验合格的食品要加印（贴）市场准入标志——QS标志，没有加贴QS标志的食品不准进入市场销售。这样做，便于广大消费者识别和监督，便于有关行政执法部门监督检查，同时，也有利于促进生产企业提高对食品质量安全的责任感。

第一节　我国现行的进出口食品市场准入制度的基本情况

一、食品市场安全准入制度

食品质量安全市场准入制度是国家质检总局按照国务院批准的“三定”方案确定的职能，依据《中华人民共和国产品质量法》、《中华人民共和国标准化法》、

《工业产品生产许可证试行条例》等法律、法规以及《国务院关于进一步加强产品质量工作若干问题的决定》的有关规定，制定的对食品及其生产加工企业的监管制度。根据2003年7月18日公布施行的《食品生产加工企业质量安全监督管理办法》（国家质检总局局长令第52号），食品市场准入制度的核心内容主要包括以下三个方面：

1. 对食品生产加工企业实行生严许可证制度

实行生产许可证管理是指对食品生产加工企业的环境条件、生产设备、加工工艺、原材料、执行产品标准、人员资质、储运条件、检测能力、质量管理制度和包装要求等项目进行审查，并对其产品进行抽样检验。对符合条件且产品经全部项目检验合格的企业，颁发食品生产许可证，允许其从事食品生产加工。已获得出入境检验检疫机构颁发的《出口食品厂卫生注册证》的企业，其生产加工的食品在国内销售的，及获得HACCP认证的企业，在申办食品生产许可证时可简化或免于工厂生产必备条件审查。

2. 对食品出厂实行强制检验制度

其具体要求有两个：一是那些取得食品生产许可证并经质量技术监督部门核准，具有产品出厂检验能力的企业，可以实施自行检验其出厂的食品。实行自行检验的企业，应当定期将样品送到指定的法定检验机构进行定期检验；二是已经取得食品生产许可证，但不具备产品出厂检验能力的企业，按照就近就便的原则，委托指定的法定检验机构进行食品出厂检验。

3. 对实施食品生产许可制度的产品实行市场准入标志制度

获得食品生产许可证的企业，其生产加工的食品经出厂检验合格，在出厂销售之前，必须在最小销售单元的食品包装上标注由国家统一制定的食品生产许可证编号并加印或加贴食品质量安全市场准入标志。没有加贴食品质量安全标志（QS）的食品不准进入市场销售。国家质检总局统一制定食品质量安全市场准入标志的式样和使用办法。

二、违规的部分处罚规定

食品生产加工或者销售企业有下列情况之一的，由质量技术监督部门责令其停止生产、销售，限期取得食品生产许可证；并处违法生产销售产品（包括已出售和未出售的食品）货值金额15%～20%的罚款：有违法所得的，没收违法所得；造成损失的，依法追究责任。未获得食品生产许可证而擅自生产的；委托无证企业生产加工食品的：食品生产许可证超过有效期而继续生产的；超出许可范围擅自生产的；销售无证产品的。

取得食品生产许可证的企业，未按规定在食品包装上标明生产许可证编号和加印（贴）QS标志的，责令整改；情节严重的，可处3万元以下罚款，吊销食品生产许可证。

食品生产企业不具备产品出厂检验能力且未按规定进行委托出厂检验而擅自出厂销售的，或者食品生产企业具备产品出厂检验能力而未按规定实施产品出厂检验的，由质量技术监督部门责令限期改正；逾期不改的或者情节严重的，处3万元以下罚款；情节严重的，吊销食品生产许可证。

食品质量安全不符合强制性标准要求的，按照《中华人民共和国产品质量法》第四十九条的规定处罚：情节严重的，吊销食品生产许可证。

第二节　我国食品企业生产许可市场准入制度

一、我国食品企业生产许可市场准入制度变迁

2003年7月18日，质检总局发布总局令第52号，《食品生产加工企业质量安全监督管理办法》已经2003年6月19日国家质量监督检验检疫总局局务会议审议通过，现予公布，自公布之日起施行。这是我国首次颁布的对企业实施市场准入的制度。该办法第四条规定：从事食品生产加工的企业（含个体经营者），必须按照国家实行食品质量安全市场准入制度的要求，具备保证食品质量安全必备的生产条件（以下简称“必备条件”），按规定程序获取食品生产许可证，所生产加工的食品必须经检验合格并加印（贴）食品质量安全市场准入标志后，方可出厂销售。该办法还规定了食品生产企业的必备条件、食品生产许可、食品质量安全检验、食品质量安全（QS）标志、食品质量安全监督和审核办法以及相应的处罚措施。2005年9月1日，质检总局发布总局令第79号，《食品生产加工企业质量安全监督管理实施细则（试行）》经2005年8月31日国家质量监督检验检疫总局局务会议审议通过，现予公布，自2005年9月1日起施行。国家质检总局2003年7月18日颁布的《食品生产加工企业质量安全监督管理办法》同时废止。该细则第五条规定：国家实行食品质量安全市场准入制度。从事食品生产加工的企业，

必须具备保证食品质量安全必备的生产条件（以下简称“必备条件”），按规定程序获取工业产品生产许可证（以下简称食品生产许可证），所生产加工的食品必须经检验合格并加印（贴）食品质量安全市场准入标志后，方可出厂销售。该细则完善了食品质量安全市场准入标志与食品生产许可证证书以及食品生产企业应当承担的法律责任等方面的规定。2009 年 6 月 1 日，《食品安全法》正式实施。其中第二十九条规定：国家对食品生产经营实行许可制度。从事食品生产、食品流通、餐饮服务，应当依法取得食品生产许可、食品流通许可、餐饮服务许可。2010 年 4 月 7 日，质检总局发布总局令第 129 号，《食品生产许可管理办法》已经 2010 年 3 月 10 日国家质量监督检验检疫总局局务会议审议通过，现予公布，自 2010 年 6 月 1 日起施行。该办法第二条规定，在中华人民共和国境内，企业从事食品生产活动以及质量技术监督部门实施食品生产许可，必须遵守本办法。该办法还规定了获得食品生产许可的程序、证书与标识、监督检查和法律责任。同时规定，国家质检总局在本办法施行前公布的有关食品生产许可的规章、规范性文件与本办法不一致的，以本办法为准。

二、食品生产加工企业保证产品质量必备条件

根据《加强食品质量安全监督管理工作实施意见》的有关规定，食品生产加工企业保证产品质量必备条件包括 10 个方面，即：环境条件、生产设备条件、加工工艺及过程、原材料要求、产品标准要求、人员要求、储运要求、检验设备要求、质量管理要求、包装标识要求等。

不同食品的生产加工企业，保证产品质量必备条件的具体要求不同，在相应的食品生产许可证实施细则中都做出了详细的规定。

三、实行食品市场准入制度的食品，食品质量安全标志，食品生产许可证编号的方法及含义

国家质检总局依据《食品生产加工企业质量安全监督管理办法》，自 2001 年开始，首先在米、面、油、酱油、醋五类食品中推行食品质量安全市场准入制度。2008 年起所有食品须加贴 QS 标志，食品分类（28 大类）已全部实行食品质量安全市场准入制度管理：

（1）粮食加工品：小麦粉、大米、挂面、其他粮食加工品［谷物加工品（分装）、谷物碾磨加工品（分装）、谷物粉类制成品］。

（2）食用油、油脂及其制品：食用植物油、食用油脂制品［食用氢化油、人造奶油（人造黄油）、起酥油、代可可脂］、食用动物油脂（猪油、牛油、羊油）。

（3）调味品：酱油、食醋、味精、鸡精调味料、酱类、调味料产品。

（4）肉制品：肉制品（腌腊肉制品、酱卤肉制品、熏烧烤肉制品、熏煮香肠火腿制品、发酵肉制品）。

（5）乳制品：乳制品［液体乳（巴氏杀菌乳、高温杀菌乳、灭菌乳、酸乳）、乳粉（全脂乳粉、脱脂乳粉、全脂加糖乳粉、调味乳粉、特殊配方乳粉、牛初乳粉）、其他乳制品（炼乳、奶油、干酪、固态成型产品）］、婴幼儿配方乳粉（湿法工艺、干法工艺）。

（6）饮料：瓶（桶）装饮用水类（饮用天然矿泉水、饮用纯净水、其他饮用水）、碳酸饮料（汽水）类、茶饮料类、果汁及蔬菜汁类、蛋白饮料类、固体饮料类、其他饮料类。

（7）方便食品：方便面、其他方便食品。

（8）饼干：饼干。

（9）罐头：畜禽水产罐头、果蔬罐头、其他罐头。

（10）冷冻饮品：冰淇淋、雪糕、雪泥、冰棍、食用冰、甜味冰。

（11）速冻食品：速冻面米食品（生制品、熟制品）、速冻其他食品（速冻肉制品、速冻果蔬制品、速冻其他类制品）。

（12）薯类和膨化食品：膨化食品、薯类食品。

（13）糖果制品（含巧克力及制品）：糖果制品（糖果、巧克力及巧克力制品）、果冻。

（14）茶叶及相关制品：茶叶（茶叶、边销茶）、含茶制品和代用茶。

（15）酒类：白酒、葡萄酒及果酒、啤酒、黄酒、其他酒。

（16）蔬菜制品：酱腌菜、蔬菜干制品（自然干制蔬菜、热风干燥蔬菜、冷冻干燥蔬菜、蔬菜脆片、蔬菜粉及制品）、食用菌制品（干制食用菌、腌渍食用菌）、其他蔬菜制品。

（17）水果制品：蜜饯、水果制品（水果干制品、果酱）。

（18）炒货食品及坚果制品：烘炒类、油炸类、其他类。

（19）蛋制品：再制蛋类、干蛋类、冰蛋类、其他类。

（20）可可及焙烤咖啡产品：可可制品、焙炒咖啡。

（21）食糖：白砂糖、绵白糖、赤砂糖、冰糖、方糖、冰片糖等。

（22）水产制品：水产加工品［干制水产品、盐渍水产品、鱼糜制品（即食类、非即食类）］、其他水产加工品（水产调味品、水生动物油脂及制品、风味鱼制品、生食水产品、水产深加工品）。

（23）淀粉及淀粉制品：淀粉及淀粉制品、淀粉糖（葡萄糖、饴糖、麦芽糖、异构化糖等）。

（24）糕点：烘烤类糕点、油炸类糕点、蒸煮类糕点、熟粉类糕点、月饼。

（25）豆制品：发酵性豆制品、非发酵性豆制品、其他豆制品。

（26）蜂产品：蜂蜜、蜂王浆（含蜂王浆冻干品）、蜂花粉、蜂产品制品。

（27）特殊膳食食品：婴幼儿及其他配方谷粉（婴幼儿配方谷粉、其他配方谷粉）。

（28）其他食品。

食品生产许可证编号和标志均属企业获得食品生产许可的标识。食品生产许可证编号规则和标志式样由国家质检总局统一规定。食品质量安全市场准入标志是生产许可证标志。该标志以“企业食品生产许可”的拼音“Qiyeshipin Shengchanxuke”的缩写“QS”表示，并标注“生产许可”中文字样。国家总局统一制定食品质量安全市场准入标志（简称“QS”标志）。

食品生产许可证编号采用英文字母音 QS 加 12 位阿拉伯数字编码组成：QS××××－××××－××××。其中，XK 代表许可，前四位（××××）代表受理机关编号，中间四位（××××）代表产品类别编号，后四位（××××）代表企业序号。

第五章　中国葡萄酒进出口实证分析研究

第一节　葡萄酒产品定义

根据国际葡萄与葡萄酒组织的规定（International Office of Vine and Wine，简称 OIV），葡萄酒只能是破碎或未破碎的新鲜葡萄果实或葡萄汁，经完全或部分酒精发酵后获得的饮料，其酒精度不能低于 8.5 度；按照中国最新的葡萄酒标准 GB15037 - 2006 规定，葡萄酒是以鲜葡萄或葡萄汁为原料，经全部或部分发酵酿制而成的，酒精度不低于 7.0% 的酒精饮品。

一、产品分类

根据海关税则的分类，本书中所提及的葡萄酒产品分类见表 5 - 1。

表 5 - 1　　海关对葡萄酒的分类　　（单位：千克）

HS 代码	产品名称	英文名称
2204	鲜葡萄酿造的酒，包括加酒精的；税目 20.09 以外的酿酒葡萄汁	Wine of fresh grapes，including fortified wines；Grape must other than that of heading No. 20. 09
22041000	汽酒；其他酒；加酒精抑制发酵的酿葡萄酒汁	Sparkling wine；other wine；grape must with fermentation prevented or arrestded by the addition of alcohot
22042100	装入 2 升及以下容器的鲜葡萄酿造的酒	In containers holding 2L or less
22042900	装入 2 升及以上容器的鲜葡萄酿造的酒	In containers holding 2L or more
22043000	其他酿酒葡萄汁	Other grape must

二、相关产品

表 5－2　　葡萄酒相关产品　　（单位：千克）

HS 代码	产品名称	英文名称
0806	鲜的或干的葡萄	Grapes, fresh or dried
2205	味美思酒及其他加植物或香料的用鲜葡萄酿造的酒	Vermouth and other wine of fresh grapes flavoured with plants or aromatic substances
22051000	装入 2 升及以下容器的味美思酒等酒	In containers holding 2L or less
22059000	装入 2 升及以上容器的味美思酒等酒	In containers holding 2L or more
22082000	蒸馏葡萄酒制得的烈性酒	Spirits obtained by distilling grape wine or grape marc
20095000	葡萄汁，包括酿酒葡萄汁	Grapes juice (including grape must)

第二节　中国葡萄酒市场概述

一、中国经济基本情况

表 5－3　　2012 年中国国民经济主要指标

	绝对额（亿元）	比去年同期增长（%）
国内生产总值	519 322	7. 8
第一产业	52 377	4. 5
农林牧渔业	52 377	4. 5
第二产业	235 319	8. 1
工业	199 860	7. 9
建筑业	35 459	9. 3
第三产业	231 626	8. 1
交通运输、仓储和邮政业	24 960	7. 0
批发和零售业	50 246	11. 9
住宿和餐饮业	10 434	7. 8
金融业	28 601	9. 9

续表

	绝对额（亿元）	比去年同期增长(%)
房地产业	29 005	3.8
其他服务业	88 380	7.3

注：1. 绝对额按现价计算，增长速度按不变价计算；
2. 三次产业分类依据国家统计局2012年制定的《三次产业划分规定》；
3. 行业分类采用《国民经济行业分类（GB/T 4754－2011）》。

二、当前中国国内宏观经济环境介绍

2012年在全球经济低速增长的大环境下，中国国内经济环境总体良好。一方面是“十二五”规划第二年进入投资项目集中建设阶段，中西部成为带动经济增长的新亮点；另一方面，经济发展也存在一些不利的因素，城镇化水平明显落后于工业化水平，同时中国面临经济粗放的发展受资源供给、劳动力生产率下降、市场资源配置效率下降等诸多因素的限值的环境，经济潜在增速开始下降。

据国家统计局初步核算，2012年全年国内生产总值519 322亿元，同比增长7.8%，增速比上年回落1.5个百分点。其中，第一产业增加值52 377亿元，增长4.5%；第二产业增加值235 319亿元，增长8.1%；第三产业增加值231 626亿元，增长8.1%。第一产业增加值占国内生产总值的比重为10.1%，第二产业增加值比重为45.3%，第三产业增加值比重为44.6%。

全年居民消费价格比上年上涨2.6%。其中食品价格上涨5.40%，固定资产投资价格上涨1.1%，工业生产者出厂价格下降1.7%，工业生产者购进价格下降1.8%，农产品生产者价格上涨2.7%。

2012年全年社会消费品零售额增速快于2011年，全年社会消费品零售总额210 307亿元，比上年增长14.3%，增速比2011年降低2.8个百分点，扣除价格因素，实际增长12.1%。按消费地域统计，城镇消费品零售额182 414亿元，增长14.3%；农村消费品零售额27 893亿元，增长14.5%。按消费形态统计，商品零售额186 859亿元，同比增长15.09%；餐饮收入额23 448亿元，同比增长13.6%。

2012年城镇居民人均可支配收入24 565元人民币，比上年增长12.6%，增速比2011年回落1.5个百分点。城镇居民人均消费支出增长10%，城镇居民食品消费支出占消费总支出的比重为36.2%。全年农村居民人均纯收入7 917元，人均生活消费支出增长13.3%，农村居民食品消费支出占消费总支出的比重为39.3%。

2012年世界经济明显减弱，为保持经济平稳发展，中国政府以扩大内需为战略基点，重点放在保障和改善民生、加快发展服务行业、提高中等收入者的比重上来。随着中国人均收入水平得到了较大幅度的增长，提高了消费者可支配收入，尤其是中产阶层的发展壮大以及消费结构升级，葡萄酒作为健康饮品的价值观被广泛认同，伴随着葡萄酒市场的规范化、消费的成熟化，品牌、品质成为葡萄酒消费的主要因素，中国葡萄酒的需求规模还将逐步扩大。

三、2012年中国葡萄酒行业发展状况

根据国家统计局数据显示，2012年中国葡萄酒产量13.82亿升，同比增长16.90%，增幅比上年增加1.43个百分点。葡萄酒工业生产值达到58.77亿美元，同比增加10.3%，增幅比上年回落10.3个百分点。全年葡萄酒行业规模以上生产企业有200家，总销售额约69.71亿美元，比上年增长15.09%。从业人数约3.07万人，同比增长7.3%（见表5-4）。

表5-4　　2008—2012年中国葡萄酒产量和销售额变化趋势

年　份	2010年	2011年	2012年
葡萄酒生产量（千升）	1 023 570	1 181 923	1 381 615
同比增长率（%）	—	15.47%	16.90%
销售额（千美元）	4 773 273	6 056 934	6 970 695
同比增长率（%）	—	26.89%	15.09%
利润总额（千美元）	669 045	815 251	859 269
同比增长率（%）	—	21.85%	5.40%

2012年中国葡萄酒行业规模以上企业利润总额约8.59亿美元，同比增长5.40%，比上年回落11.1个百分点，总资产利润率约为14.50%。规模以上企业亏损数量为17家，占行业内总企业数的8.50%。从整体分析可以看出，2010—2012年中国葡萄酒产销量和利润额均呈上升的趋势，但葡萄酒销售额增长率逐渐降低，增速明显放缓。

中国葡萄酒进出口贸易呈现增长态势。2012年中国进出口总额达到16.59亿美元，同比增长13.71%。累计进口葡萄酒约4.25亿升，同比增长8.9%；进口金额增至15.82亿美元，同比增长10.10%。从中国葡萄酒进口额增长的情况来看，增幅明显低于前几年，进口贸易增速放缓。2012年中国出口葡萄酒金额约为0.77亿美元，同比增长244.04%，增长幅度尤为明显。近年来中国葡萄酒产量稳定提

升，国内部分葡萄酒企业逐渐把酒庄定位在优质和高端上，提升了中国葡萄酒的整体品质，葡萄酒产量的增加和品质的提升拉动了2012年中国葡萄酒出口额的大幅度增长。

据中国农学会葡萄分会介绍，到2010年年底中国葡萄栽培总面积达到828万亩，跃居世界第四位，酿酒葡萄酒种植面积达到了80万余亩，约占全国葡萄总面积的1/10。赤霞珠栽培面积超过了30万亩，是中国第一主栽品种，其次是蛇龙珠、美乐、贵人香、吕丽珠，西拉和黑比诺等品种。酿酒葡萄酒品种以红葡萄品种为主，约占79%，白葡萄酒约占20%。

行业已经逐步由品牌阶段向品质阶段迈进，中国葡萄酒市场已经表现出比较高的行业集中度。中国葡萄酒生产主要分布于26个省、市、自治区，2012年葡萄酒销售额居前五位的山东、吉林、河北、辽宁、河南，占全国销售总额的85.35%。在国家地方政府的扶持下，一批大规模的产业园区和特色区域的建设促进了行业集中度的进一步提高。从2012年中国葡萄酒市场销售情况来看，目前中国葡萄酒市场主要是由张裕、王朝、中粮等一线品牌占据，这三家国产品牌销售量占据了中国葡萄酒市场的半壁江山，一线品牌的品牌形象和销售网络在中国各大中小城市均具有明显优势，而二线品牌葡萄酒生产企业的实力也不容小觑，势力正在不断发展壮大。

四、未来中国葡萄酒市场发展趋势

从中国葡萄酒行业的整体发展态势来看，当前的中国是世界葡萄酒消费量增长最强劲的市场之一。未来中国的葡萄酒市场将呈现出产区资源全球化、葡萄酒文化本土化、消费高端化和中低档市场进一步扩大化三大趋势。

中国的葡萄酒市场正以每年30%左右的速度递增，由于中国巨大的消费能力和庞大的人口基数，中国在今后相当长的一段时间都将是全球最有潜力的葡萄酒市场。据国际葡萄酒烈酒研究机构（IWSR）统计数据，中国市场在2012年共计消费了21.66亿瓶葡萄酒。目前中国已经成为世界上第五大葡萄酒消耗国、第六大葡萄酒生产国、第八大葡萄酒进口国。

中国本土的葡萄酒骨干企业通过与外资联合或并购等方式来扩大自身在葡萄酒市场的份额。例如烟台张裕葡萄酿酒股份有限公司通过和法国卡斯特集团联合，将张裕品牌推向国际市场；中法合营王朝葡萄酿酒有限公司也通过与法国人头马公司资本联合，为进军国际市场打下基础。近些年，中国资本大势收购国外葡萄酒庄园，还有大批的中国资本投资外国葡萄酒产区，同时，众多的国际葡萄酒商也在中国选址建酒庄、直销中国市场。由此说明，中国葡萄酒产区出现资源全球化的趋势，中国葡萄酒市场已经进入了快速发展的黄金时期。

葡萄酒一向被定义为舶来品，随着中国消费者对葡萄酒认识的加深，以及受到同台竞技的进口葡萄酒的影响，近年来整个国产葡萄酒行业无论是在口感还是技术质量上都有了很大的改善。以蓬莱为代表的部分中国葡萄酒产区已经开始摆脱波尔多模式，发掘出当地的风土条件，具有中国特色的葡萄酒产业正在以迅猛的姿态崛起。中国的葡萄酒文化是基于中国传统酒文化，在与西方葡萄酒文化相结合的基础上，将纷繁复杂的中国菜式与种类繁多的葡萄酒做出完美的搭配，属于中国文化独特的葡萄酒文化即将形成。

随着中国东南沿海地区的葡萄酒市场逐渐趋于饱和，葡萄酒商们开始把重心转向内陆、西部地区市场，中国一些二三线城市对优质高端葡萄酒的推崇已经超越了东南部沿海经济发达城市，这些地区的葡萄酒进口量近年来也呈现大幅度的上升态势。2013 年各类葡萄酒品鉴会、葡萄酒主题文化活动纷纷到中国内陆地区的武汉、长沙、重庆、成都等二三线城市、中西部城市设立战略据点，开展一系列的推广活动。中国的葡萄酒市场正由沿海发达地区向内陆地区推进。未来中小城市将成为葡萄酒市场的“后起之秀”，是中国葡萄酒市场上新一轮消费增长点。

近年来越来越多价廉物美的中低档葡萄酒开始在中国市场涌现，在行业资产快速增加的同时，葡萄酒行业结构也进一步得以调整，市场显示出逐渐平稳回落到适度增长区间的良好趋势。中国葡萄酒消费市场逐渐趋于理性，市场上的葡萄酒产品品种将日益丰富，价格逐渐呈现向下游延伸的趋势。中高端市场将逐渐向中低市场扩展，中低档产品市场会得到逐步增强，同时高档、中档葡萄酒和佐餐酒将实现同步发展。根据中国工信部和农业部联合制定的《葡萄酒行业“十二五”发展规划》发展目标，到 2015 年，中国葡萄酒产量将达到 22 亿升，比 2010 年增长 100%，年均增长 15%；葡萄酒行业的销售收入将达到 600 亿元以上，比 2010 年增长 85%，年均增长 13%。

第三节　国内葡萄酒产业环境介绍

一、葡萄酒行业政策

2011 年 12 月，国家发改委、工信部联合发布了《食品工业“十二五”发展规划》，对包括葡萄酒在内的食品、饮料质量安全问题作出了明确要求，对包括葡萄酒在内的酿酒工业提出了明确的发展方向与重点：优化产业结构，注重葡萄酒原料基地建设，逐步实现产品品种多样化，促进高档、中档葡萄酒和佐餐酒同步发展。中国政府鼓励和规范酿酒产业特设区域的发展，到2015年，非粮原料（葡萄及其他水果）酒类产品比重提高1倍以上。

2012年工业部发布《葡萄酒行业“十二五”发展规划》和《中国酿酒产业“十二五”规划》，对未来五年间葡萄酒产业的发展提出了目标和要求。“十二五”期间中国葡萄酒产量将保持年均15%的增速，销售额保持年均13%的增速；将通过兼并重组、品牌建设等手段，将培育两家销售收入100亿元以上的大企业集团。同时，要求加强酿酒葡萄种植基地的建设，在苗木培育、栽培模式、农药使用、产量控制等发面实行全过程标准化管理，从源头保障葡萄酒产品质量安全，以促进葡萄酒行业结构调整和转型升级，实现持续健康发展。

2012年7月1日起，由国家工信部颁布的《葡萄酒行业准入条件》开始实施。该政策对国内新建和改扩建的葡萄酒生产企业（项目）的准入条件提出了硬性门槛要求，直接提高了国产与进口葡萄酒生产型企业的资本准入条件，对生产企业（项目）布局和规模、原料保障、工艺与装备、质量安全、节能降耗等方面都设置了硬性条件。这项准入条件迈出了葡萄酒行业监管的第一步，进一步加强了葡萄酒行业管理，规范葡萄酒行业投资行为，防止盲目投资和低水平重复建设，引导产业合理布局，促进行业良性发展。

二、相关法律法规

2013年5月，商务部发布国内酒类流通行业标准——《酒类行业流通服务规范》。该规范规定了酒类流通的术语，界定了酒类流通流程和全过程，提出了销售全过程的质量控制重点，对宣传推介以及服务规范提出了要求。对重新包装或预包装的行为，提出了“生产企业授权、全程记录、标签明示”三项要求。在销售环节，强调了酒类流通信息的记录，并对酒类电子商务提出了规范化要求。

目前，中国涉及葡萄酒行业的法律文件有《酒类卫生管理办法》、《葡萄酒厂卫生规范》、《中华人民共和国产品质量法》、《中国葡萄酿酒技术规范》、《中国葡萄酒酿酒技术规范》、《山葡萄酿酒技术规范》、《中华人民共和国农产品质量安全法》、《酒类流通管理办法》、《葡萄酒消费税管理办法》、《国务院关于加强食品等产品安全监督管理的特别规定》、《酒类行业流通服务规范》等政策法规。

涉及进口葡萄酒产品的法律法规主要有《进口酒类国内市场管理办法》、《中华人民共和国进出口商品检验法》、《中华人民共和国进出口税则》、《中华人民共和国海关进出口货物优惠原产地管理规定》、《食品标识管理规定》、《中华人民共和国食品安全法实施条例》、《进出口食品安全管理办法》、《进出口预包装食品标签检验监督管理规定》、《进口食品进出口商务备案管理规定》、《食品进口记录和销售记录管理规定》、《关于规范进口葡萄酒有关事项》以及各地区的《酒类专卖管理条例》等。

三、对外合作协议

2010 年 11 月，中国质检总局与智利农业部签署了《中华人民共和国国家质量监督检验检疫总局与智利共和国农业部关于进出口葡萄酒管理合作的谅解备忘录》。依据备忘录，双方将进一步加强葡萄酒进出口管理合作，在交换并及时通报各自关于葡萄酒法律、法规、政策、程序、标准、标签、管理和进出口证书约定方面变化的信息等十三个方面达成谅解。中国对智利产品的关税也逐年降低，2013 年关税已降到 2.8%，到 2015 年智利葡萄酒关税将降低为零。

2011 年 7 月，中国质检总局和阿根廷农业部签署了两国有关葡萄酒合作协议，加强两国在葡萄酒方面的检测检疫和进出口，以进一步推动阿根廷葡萄酒进入中国市场。目前中国已经成为阿根廷第六大葡萄酒出口市场，占该国瓶装葡萄酒出口总额的 2.2%，同时中国也成为亚洲进口阿根廷的葡萄酒数量最多的国家。

从 2012 年 1 月 1 日起，中国对进口新西兰葡萄酒等多种产品实行“零关税”，新西兰葡萄酒进口量进入新一轮的增长期。根据《中国新西兰自由贸易协定》，新方承诺将在 2016 年 1 月 1 日前取消全部自华进口产品关税，其中 63.6% 的产品从《中国新西兰自由贸易协定》生效时起即实现零关税；中方承诺将在 2019 年 1 月 1 日前取消 97.2% 自新进口产品关税，其中 24.3% 的产品从《中国新西兰自由贸易协定》生效时起即实现零关税。

四、政策趋势预测

中国政府一直鼓励发展葡萄酒产业，酒类制造业的总体政策为“限制高度酒的发展，鼓励发酵酒和低度酒的发展，支持水果酒和非粮食原料酒的发展，优化工业用粮生产结构，推广非粮作物替代粮食作物，对高度酒进行控制，鼓励发展葡萄酒、果酒等加工品”。中国政府倡导消费葡萄酒和果酒，推崇健康的消费理念。另一方面，中国是粮食消耗大国，因此，政府对非粮酿酒的葡萄酒产业在今后都将长期保持鼓励其发展的政策，这一项总体政策在今后相当长的一段时间不会改变。

2012 年国家工业和信息化部颁布的《葡萄酒行业准入条件》中，对葡萄酒生产、质量安全、行业投资和建设、产业布局等提出了明确要求，提高了整个行业标准，以引导葡萄酒产业稳定有序发展的趋势。中国政府长期以来保障葡萄酒市场的长期稳定、健康发展，可以预测随着中国葡萄酒市场的不断扩大，国家对葡萄酒市场的管理愈加严格。

此外，根据《葡萄酒行业准入条件》中有关节能环保和环境保护的规定，要求企业遵守《中华人民共和国节约能源法》和《中华人民共和国清洁生产促进法》，对葡萄酒生产全过程实施有效控制、清洁生产审核；并对新建和改扩建的葡萄酒生产企业（项目）在能耗、水耗方面提出了严格限额指标。中国政府一直高度重视节能环保事业，对葡萄酒生产企业的节能环保给予积扶持鼓励政策。预计未来，随着中国对葡萄酒制造业生产过程的充分了解，行业内的清洁生产、节能减排标准将会不断得以完善，对葡萄酒生产企业节能生产要求将会进一步提高。

近年来，中国进口葡萄酒的数量有大幅度的增长，对中国国内葡萄酒行业造成了冲击。部分进口葡萄酒借助其政府对该国葡萄酒产业的补贴政策，以低价位大量进入中国市场，向中、低端市场渗透，使中国国内葡萄酒企业在 2012 年陷入了利润整体下滑的低谷。2013 年 6 月，中国商务部对欧盟葡萄酒进行反倾销和反补贴调查，以规范葡萄酒价格体系，增加正规进口葡萄酒的市场空间。由于中国葡萄酒市场上低价竞争引起的贸易摩擦严重影响整个行业的发展，中国政府对此高度重视，预计政府将适时加大对市场宏观调控力度，引导和规范市场，以保障整个行业的稳定、有序发展。

五、葡萄酒市场细分分析

根据消费者社会阶层和消费习惯生活方式的不同，可以将当前中国葡萄酒市场划分为高端市场、中端市场和低端市场，中、低端市场基本被国产品牌统治，而进口葡萄酒则占据行业高端领域。

随着中国消费者的购买能力的提高，中高端葡萄酒市场不断扩大，进口中高端葡萄酒的热潮仍将持续。同时，消费者市场正逐步趋于理性，国内市场中进口葡萄酒的消费结构也有所改变，进口葡萄酒的价格更趋于大众化，质高价廉的进口葡萄酒更受市场青睐。未来，中国葡萄酒市场上将会呈现“中间大、两头小”的发展态势，高端市场规模将逐渐向中端市场转移，中端市场的份额将进一步扩大。

六、高端市场

在中国高端葡萄酒市场，国产葡萄酒难得一见，进口葡萄酒占据绝对的优势。特别是以法国波尔多产区为代表的名庄奢侈品及高端葡萄酒，以其优秀的品质、独特的口感和品牌优势在中国高端葡萄酒市场占有重要的份额。另外来自意大利和德国等国的优质进口葡萄酒在中国高端葡萄酒市场也占有一定的市场份额。

高档葡萄酒由于价格因素，主要是在专卖店、会员制店、高级酒店等高级场所销售。据调查，高档葡萄酒多用于社交、商业等活动，主要消费对象是高收入人群、新兴成长型消费人群等等，消费者对名牌年份酒和庄园酒比较青睐。高端葡萄酒市场主要分布在中国东部、南部沿海地区的经济发达地区，随着中国内陆地区经济飞速发展，人均消费能力的提高，对高端葡萄酒的需求有所增加。在现有葡萄酒消费区域渐显饱和的趋势下，市场正逐步向内陆二三线大城市渗透。

高端市场一直保持着强劲的势头，利润率相对较高，是众多实力型葡萄酒企业竞争的主要市场。自 2013 年以来，中国政府大力推行的“削减政府支出”和限制“三公”消费政策，以及国际金融局势低迷，给中国高端葡萄酒市场带来了不利的影响，销售量明显降低，高端奢侈型葡萄酒逐渐向中高端市场转移。但随着中国进口关税的下降，中国葡萄酒市场巨大潜力吸引还将持续，仍将会有更多的国际高端葡萄酒进入中国市场。未来，中国高端葡萄酒市场将会向多元化发展，将会是各个国家的顶级葡萄酒共同发展的新局面。

七、中端市场

伴随着中国葡萄酒消费理念逐渐走向成熟，中国消费者对葡萄酒的口味、价格等均有了一定的见解，而不再一味以价格高低来判断产品质量的好坏。中端葡萄酒较高端产品更具价格优势，能够满足大众人群的消费需求。中端葡萄酒市场是中国葡萄酒市场发展最为迅速、市场份额最多的市场，也将是未来最具潜力的市场。主要消费地区集中以长江三角洲和珠江三角洲为中心的东南沿海地区和中西部发达城市，并扩大到二、三线城市，甚至可以发展到经济发展比较好的县级市。

随着中国消费者对葡萄酒需求的日益多元化，未来进口葡萄酒产品将趋于多样化并逐步开始走低价营销路线，向中、低端市场不断渗透。优质、低廉的高性价比的葡萄酒将会占据中国中端葡萄酒市场，并将会在中国市场迅速崛起。

八、低端市场

低端市场的葡萄酒产品主要是以价格因素获得一定的市场份额（产品单价多在30元以下），主要消费对象是一般中低收入阶层。该阶层的消费水平有限，但对葡萄酒有一定的兴趣，可以作为潜在的消费市场予以引导。在中国，国产的葡萄酒和部分低端的进口葡萄酒占据着中国葡萄酒低端市场。

随着中国政府对进口葡萄酒关税的下调和进口种类不断增加，进口葡萄酒也开始进入中、低端市场，试图与中国国内的葡萄酒生产商争夺该领域的市场份额。但由于大部分的市场销售渠道均已经中国本土葡萄酒厂商以买断方式垄断，进口葡萄酒商难以轻易进入。加之进入中国葡萄酒市场的外国品牌众多、进入时间都比较短，在价格和品牌方面也无法和国产葡萄酒相抗衡，行业之间的竞争也比较激烈。因此在中低端市场，后进入的进口葡萄酒很难在一个销售大区里占据优势市场份额。

国内葡萄酒投资、消费需求两旺，带动中国葡萄酒进口规模近年来不断扩大。2012年中国葡萄酒进口额达到了15.82亿美元，同比增长10.10%，与2011年葡萄酒进口金额相比较并无太大变化，但增速明显放缓，同比下降了69.89个百分点。全年累计进口葡萄酒4.25亿升，比上年增加8.9%。中国进口葡萄酒商已由几年前的800家大幅度增加至4 000余家，2012年年底专门从事进口葡萄酒经销与流动业务的企业达到34 137家，其中约73%的企业是从事法国葡萄酒经营活动。

第四节　中国葡萄酒历年进口情况分析

一、近三年中国进口葡萄酒金额变化及原因

中国进口葡萄酒的特点是以小包装鲜酿葡萄酒为主导。2012年，中国进口“装入2升及以下容器的鲜葡萄酿造酒”（原瓶装葡萄酒）为2.66亿升，同比增加10.37%，占同期中国葡萄酒进口总量的62.59%；进口总额约13.8亿美元，同比增长8.1%。进口“装入2升以上容器的鲜葡萄酿造酒”（散装葡萄酒）1.22亿升，同比增加1.33%；进口总额约1.44亿美元，同比上涨15.6%。由此看出，中国葡萄酒瓶装进口要明显高于散装进口，说明中国进口葡萄酒正趋于理性发展，

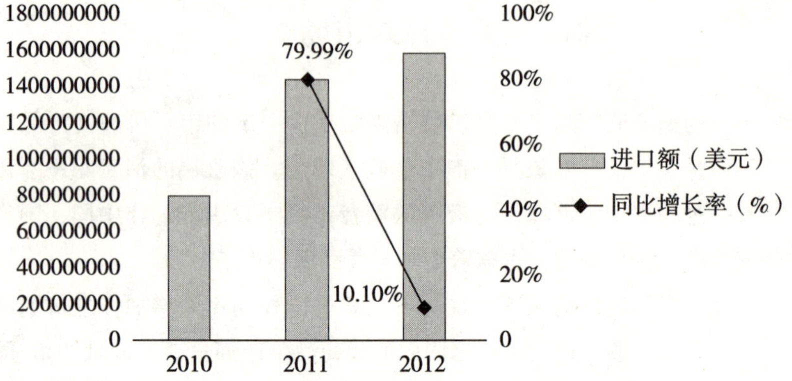

图 5－1　2010—2012 年中国进口葡萄酒金额变化

进口葡萄酒市场消费结构表现出高端化趋势。

近年来中国政府一直鼓励促进葡萄酒进口与消费，降低其进口税率与消费税率。中国从 2005 年 1 月 1 日起，瓶装葡萄酒的进口关税从 43% 下调至 14%，散装葡萄酒的进口关税也从 43% 下调至 20%。2006 年 7 月，中国对进口葡萄酒开始实施新的《消费税管理办法》，进口葡萄酒消费税可用进口环节已纳消费税抵减，进一步降低了进口成本。这都对中国市场的进口葡萄酒消费有积极的促进作用。

目前中国葡萄酒的进口额仍呈上升状态，说明国内葡萄酒市场需求存在缺口，还需要通过进口来弥补，进口葡萄酒和国产葡萄酒在价格、品种上的错位竞争，进口葡萄酒仍处在高速发展阶段。可以预见未来几年，中国葡萄酒进口仍将呈现结构性增长的趋势。

表 5－5　　2010—2012 年中国葡萄酒进口金额变化

年份	2010 年	2011 年	2012 年
葡萄酒进口总额（美元）	798 167 722	1 436 639 188	1 581 797 406
同比增长率（%）	—	79. 99%	10. 10%

二、中国进口葡萄酒的主要原产地

从葡萄酒的进口金额来看，2012 年中国进口葡萄酒产品的主要金额原产地为法国、澳大利亚、智利、西班牙、意大利、美国等国。2012 年中国自法国、澳大利亚与智利进口的葡萄酒产品金额达到了 11. 64 亿美元，已占到中国葡萄酒进口总额的 73. 56%。其中，中国自法国进口的葡萄酒产品价值达到 7. 88 亿美元，约占中国进口葡萄酒总金额的49.84%。中国进口葡萄酒的原产地集中度以达到较高的程度（见图5-2，5-3及表5-6）。

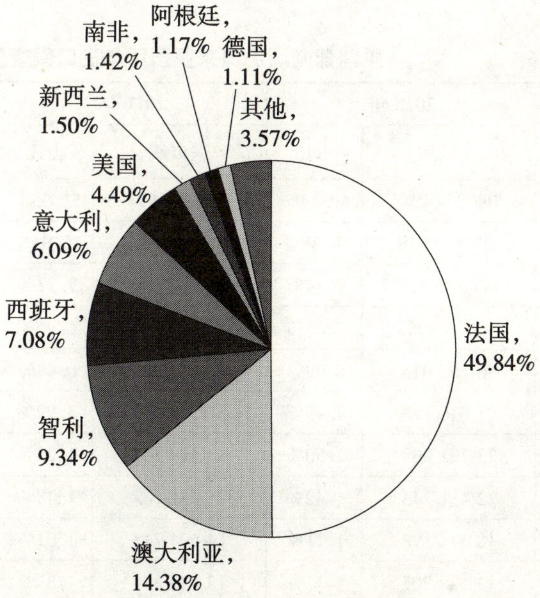

图5-2　2012年中国进口葡萄酒十大金额原产地

2010—2012年，自法国进口葡萄酒一直居首位，进口额增长较快，始终占据50%左右的份额。自澳大利亚、智利葡萄酒进口额所占比例有下降的趋势，自西班牙和意大利进口葡萄酒所占份额基本稳定。

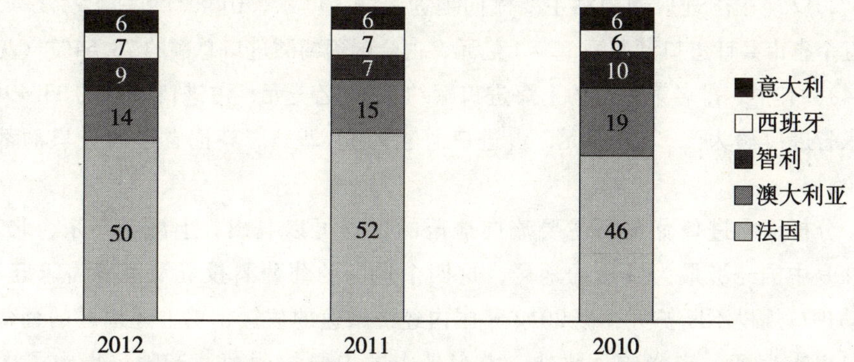

图5-3　中国进口葡萄酒产品主要金额原产地历年变化趋势图（单位：%）

从进口价格来看，2012年中国葡萄酒进口平均价为每升6美元，同比上涨8.5%。结合进口总额来算，在中国扩大葡萄酒进口来源国的同时，法国高档葡萄酒的地位没有受到影响；智利、西班牙葡萄酒以其价格优势对华出口量大增，在中高档市场也占据一定的份额；其他来自美国、新西兰、南非、阿根廷等国的进口量也有不同程度的增长，以中低档葡萄酒为主。

表 5－6　　中国葡萄酒进口来源国历年进口额变化　　（单位：美元）

排名	进口原产地	2012 年		2011 年		2010 年	
		进口额	占比	进口额	占比	进口额	占比
1	法国	788 332 250	49.84%	746 263 644	51.95%	367 859 000	46.09%
2	澳大利亚	227 443 919	14.38%	215 656 594	15.01%	148 317 512	18.58%
3	智利	147 798 139	9.34%	103 779 723	7.22%	77 129 362	9.66%
4	西班牙	112 066 082	7.08%	100 051 463	6.96%	47 546 240	5.96%
5	意大利	96 264 056	6.09%	93 261 806	6.49%	48 616 571	6.09%
6	美国	71 016 173	4.49%	57 320 590	3.99%	37 210 849	4.66%
7	新西兰	23 702 065	1.50%	18 449 304	1.28%	11 168 445	1.40%
8	南非	22 481 744	1.42%	21 251 702	1.48%	10 135 770	1.27%
9	阿根廷	18 542 198	1.11%	14 504 743	1.01%	9 543 584	1.30%
10	德国	17 629 207	1.11%	19 720 899	1.37%	13 931 928	1.75%
	其他	56 521 573	3.57%	46 378 720	3.23%	26 708 461	3.35%

三、中国进口葡萄酒的主要国内流向

2012 年中国进口葡萄酒主要流向地为上海、广东、山东、北京、浙江等地，这五个省市共计进口葡萄酒 12.44 亿元，占全国葡萄酒进口总额的 78.64%（见图 5－4）。其中，排名第一位的上海进口额约 5.30 亿美元，占进口总额的 33.49%；广东省进口额为 3.37 亿美元，占进口总额的 21.29%。其他省市的进口额都比较小。

分析国内进口葡萄酒主要流向地区的特点可以看出，上海、广东、北京、浙江是中国经济最为发达的地区，这四个地区的葡萄酒投资及消费需求旺盛，带动进口规模不断扩大，但 2012 年国内经济增速的放缓，对上述地区的葡萄酒进口也产生了一定影响。此外，山东是中国主要的葡萄酒产地，集中了中国 40% 以上的葡萄酒生产企业，同时也是葡萄酒消费大省，市场对进口葡萄酒也有一定的需求（见表 5－7）。

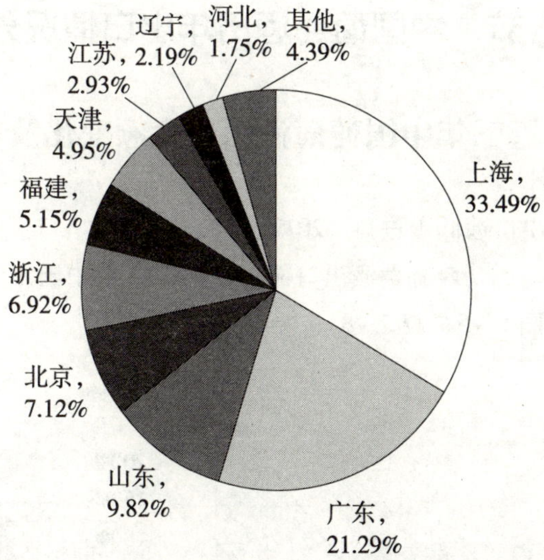

图 5－4　2012 年中国进口葡萄酒产品十大金额流向地

表 5－7　　中国进口葡萄酒产品十大金额流向地　　（单位：美元）

排名	进口流向地	2012 年		2011 年		2010 年	
		进口额	占比	进口额	占比	进口额	占比
1	上海	529 711 127	33.49%	547 073 722	38.08%	247 802 646	31.05%
2	广东	336 725 326	21.29%	264 536 315	18.41%	168 497 473	21.11%
3	山东	155 287 673	9.82%	120 494 666	8.39%	56 944 020	7.13%
4	北京	112 691 963	7.12%	93 614 539	6.52%	42 427 822	5.32%
5	浙江	109 434 089	6.92%	123 231 090	8.58%	55 278 924	6.93%
6	福建	81 405 801	5.15%	80 013 391	5.57%	43 593 310	5.46%
7	天津	78 376 853	4.95%	63 628 205	4.43%	46 820 953	5.87%
8	江苏	46 373 302	2.93%	41 003 919	2.85%	7 685 276	0.96%
9	辽宁	34 631 732	2.19%	15 312 024	1.07%	3 515 178	0.44%
10	河北	27 645 630	1.75%	37 768 767	2.63%	35 521 353	4.45%
	其他	69 513 910	4.39%	49 962 550	3.48%	90 080 767	11.29%

注：由于统计口径不同等原因，2010 年的统计数据比实际数值偏小。

第五节　中国葡萄酒历年出口情况分析

一、近三年中国葡萄酒出口金额变化及原因

中国葡萄酒的出口远低于进口，2012 年中国葡萄酒出口额约为 0.77 亿美元，同比增长 244.04%。与历年葡萄酒出口额相比，2012 年中国出口葡萄酒金额呈现大幅度的增长（见图 5－5，表 5－8）。

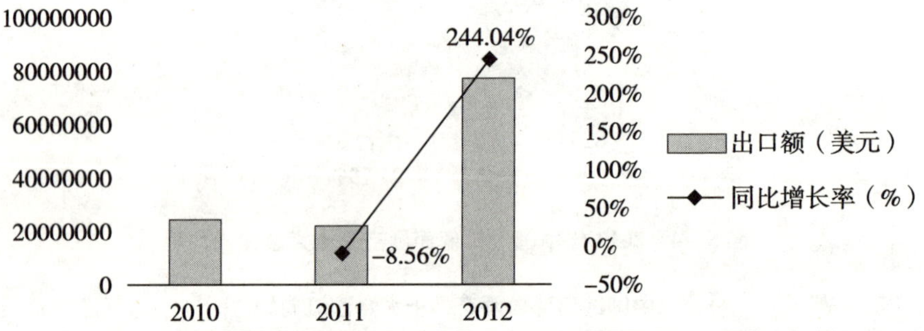

图 5－5　2010—2012 年中国葡萄酒出口金额变化

目前中国已经晋升为全球第六大葡萄酒生产国。中国葡萄酒的产量和质量正在迅速提高，其优秀品质也得到国际市场的高度认可。同时在口感和风味上更具中国地域特色，赋予"东方文化"象征的中国葡萄酒，也为世界葡萄酒市场所需求，不少优质国产葡萄酒在国外市场在也有一定的空间。未来，在扩大出口的同时，中国葡萄酒有望在质量上进一步提升。

表 5－8　　2010—2012 年中国葡萄出口金额变化

年　份	2010 年	2011 年	2012 年
葡萄酒出口总额（美元）	24 416 850	22 327 375	76 814 632
同比增长率（%）	—	－8.56%	244.04%

二、中国葡萄酒的主要出口目的地

2012 年中国葡萄酒产品主要出口目的地为中国香港、法国、阿拉伯联合酋长国、2012 年中国葡萄酒产品主要出口目的地为中国香港、法国、阿拉伯联合酋长国、比利时、澳大利亚、中国澳门、新加坡等国家（地区）。

香港是祖国内地出口葡萄酒产品的主要流向地。2012 年，祖国内地面向香港地区的出口额为 0.72 亿美元，占到出口总额的 93.74%，出口同比增长 319.91%，增速尤为明显。近年来中国香港已逐渐发展成为全球性的葡萄酒交易中心，对葡萄酒的需求趋于旺盛，而中国香港对葡萄酒进出口免征关税的优惠政策，极大地有利于中国内地的葡萄酒出口（见图 5 - 6，表 5 - 9）。

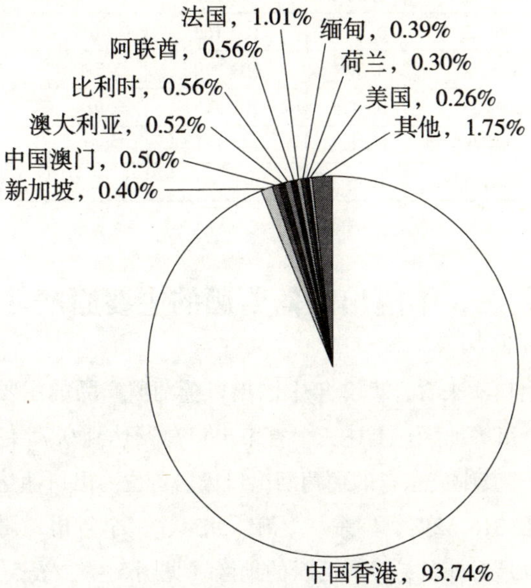

图 5 - 6　2012 年中国葡萄酒十大金额出口目的地

此外，由于近年来中国葡萄酿酒工艺技术水平的提高，以张裕、王朝为代表的一线国产品牌国际声誉的提升，其优秀品质得到高度认可，产品也出口到法国、澳大利亚等葡萄酒生产国，而阿拉伯、比利时、新加坡等国对中国出口的相对价廉物美的葡萄酒也比较青睐。

表 5 - 9　中国葡萄酒出口主要目的地历年金额变化（按 2012 年出口金额排序）

（单位：美元）

排名	出口目的地	2012 年		2011 年		2010 年	
		出口额	占比	出口额	占比	出口额	占比
1	中国香港	72 009 459	93.74%	17 148 889	76.81%	20 956 989	85.83%
2	法国	775 937	1.01%	668 666	2.99%	953 932	3.91%
3	阿拉伯联合酋长国	432 163	0.56%	141 504	0.63%	101 024	0.41%

续表

排名	出口目的地	2012 年		2011 年		2010 年	
		出口额	占比	出口额	占比	出口额	占比
4	比利时	430 572	0.56%	409 800	1.84%	127 547	0.52%
5	澳大利亚	402 038	0.52%	547 847	2.45%	1 062	0.01%
6	澳门	385 180	0.50%	444 718	1.99%	417 262	1.71%
7	新加坡	309 292	0.40%	102 165	0.46%	96 120	0.39%
8	缅甸	295 927	0.39%	603 279	2.7%	537 249	2.20%
9	荷兰	234 259	0.30%	201 315	0.9%	192 129	0.79%
10	美国	198 780	0.26%	144 111	0.65%	117 233	0.48%
	其他	1 341 025	1.75%	1 915 081	8.58%	916 303	3.75%

三、中国出口葡萄酒的主要原产地

从葡萄酒的出口额来看，2012 年中国出口葡萄酒产品的主要金额原产地是广东省、上海市、北京市等地区。上述三个省市出口总额达到 0.75 亿美元，占到全国出口总额的 97.40%。其中广东省的葡萄酒出口额居首位，出口额达到占到出口总额的 91.76%，同比增长 316.52%。广东、上海、北京这三个省市均属于中国经济最为发达的地区之一，也是对外贸易最为活跃的地区（见图 5－7，表 5－10）。

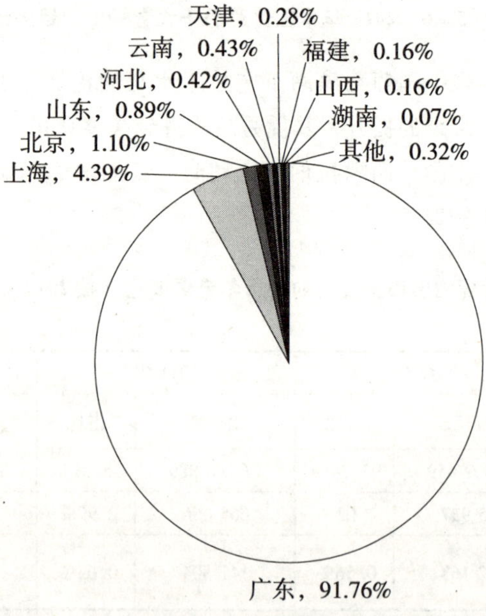

图 5－7　2012 年中国出口葡萄酒十大金额原产地

此外，山东省、河北省、云南省三个省份作为中国主要的葡萄酒产区，出口额位居次之，2012 年上述三省的出口比重均较往年有所下降。究其原因，2012 年中国受到宏观经济增速放缓葡萄酒和自然环境等因素影响，导致生产地的葡萄酒产量减少，大部分产品仍直销国内市场，出口比例较上年有所降低。

表 5－10　中国出口葡萄酒的主要原产地金额历年变化（按 2012 年出口金额排序）

（单位：美元）

排名	出口原产地	2012 年		2011 年		2010 年	
		出口额	占比	出口额	占比	出口额	占比
1	广东	70 488 330	91.76%	16 923 042	75.8%	20 131 064	82.45%
2	上海	3 372 279	4.39%	1 365 694	6.12%	1 597 459	6.54%
3	北京	848 035	1.10%	1 155 672	5.18%	723 483	2.96%
4	山东	682 032	0.89%	586 839	2.63%	393 433	1.61%
5	河北	328 775	0.43%	334 331	1.5%	278 737	1.14%
6	云南	319 601	0.42%	603 279	2.7%	577 955	2.37%
7	天津	217 810	0.28%	665 049	2.98%	169 484	0.69%
8	福建	126 577	0.16%	61 966	0.28%	80 095	0.33%
9	山西	125 909	0.16%	133 321	0.6%	78 462	0.32%
10	湖南	56 398	0.08%	5 917	0.01%	738	0.01%
	其他	248 886	0.32%	492 265	2.20%	385 940	1.58%

注：由于统计口径不同等原因，2010 年的统计数据比实际数值偏小。

第六节　税负状况

一、进口关税

中国葡萄酒产品的进口税率分为最惠国进口税率和普通进口税率两种。

对原产于共同适用最惠国待遇条款的世界贸易组织成员的进口货物，原产于与中国签订含有相互给予最惠国待遇条款的双边贸易协定的国家或地区的进口的货物，以及原产于中国境内的进口货物，适用于最惠国税率。

对原产于上述国家或地区以外的国家或地区的进口货物，以及原产地不明的进口货物适用于普通税率（见表 5－11）。

表 5 – 11　　　　中国葡萄酒细分产品进口关税率

HS 代码	产品名称	普通关税（%）	最惠国关税（%）
2204	鲜葡萄酿造的酒，包括加酒精的；税目 20.09 以外的酿酒葡萄汁	180	14
22041000	汽酒；其他酒；加酒精抑制发酵的酿葡萄酒汁	180	14
22042100	装入 2 升及以下容器的鲜葡萄酿造的酒	180	14
22042900	装入 2 升及以上容器的鲜葡萄酿造的酒	180	20
22043000	其他酿酒葡萄汁	90	30

二、增值税

根据《中华人民共和国增值税暂行条例》的规定，在中华人民共和国境内进口货物的单位和个人，为增值税的纳税义务人（以下简称纳税人），应当缴纳增值税。进口货物的增值税由海关代征。进口货物的增值税纳税义务发生时间为报关进口的当天。纳税人进口货物，应当自海关填发海关进口增值税专用缴款书之日起 15 日内缴纳税款（见表 5 – 12）。

表 5 – 12　　　　中国葡萄酒细分产品增值税率

HS 代码	产品名称	增值税
2204	鲜葡萄酿造的酒，包括加酒精的；税目 20.09 以外的酿酒葡萄汁	17%
22041000	汽酒；其他酒；加酒精抑制发酵的酿葡萄酒汁	17%
22042100	装入 2 升及以下容器的鲜葡萄酿造的酒	17%
22042900	装入 2 升及以上容器的鲜葡萄酿造的酒	17%
22043000	其他酿酒葡萄汁	17%

三、消费税

依据国家税务总局《关于印发〈葡萄酒消费税管理办法（试行）〉的通知》（国税发〔2006〕66 号）第二条规定，在中华人民共和国境内生产、委托加工、进口葡萄酒的单位和个人，对其征收 10% 的税率，消费税由税务机关征收，进口葡萄酒的消费税由海关代征。

第七节 葡萄酒检验检疫与标准体系

一、进口葡萄酒检验检疫程序

葡萄酒是被列入中国强制检验检疫商品目录的产品，在进口前应首先就有关产品生产标准、产品成分等事项咨询中国国家质量监督检验检疫总局，准备输出国或地区的检验检疫证明等相关文件。其次，应向报关地所在的出入境检验检疫机构提交“进口食品标签审核申请”，经审查合格后取得《进出口食品标签审核证书》。进口食品如果无此证书，则不得在中国大陆地区销售。再次，向报关地所在的出入境检验检疫机构报检，并在检验检疫机构指定的时间与地点进行检验检疫。最后，由出入境检验检疫机构根据检验检疫结果出具证明文件，如果检验检疫合格则凭此证明文件通关；如果检验检疫不合格则根据实际情况进行货物重新处理、退回或销毁。

二、进口葡萄酒食品标签审核

根据《中华人民共和国进出口食品标签管理办法》规定，国家质量监督检验检疫总局主管全国进出口食品标签管理工作，并负责食品标签的审核、批准、发证工作。国家质量监督检验检疫总局指定的检验检疫机构（以下简称指定检验检疫机构）负责食品标签的初审及检验工作。进口葡萄酒必须事先经过审核，取得《进出口食品标签审核证书》，由国家质量监督检验检疫总局统一对外公布。

进口葡萄酒的经营者或其代理人在进口前，应当向指定检验检疫机构提出食品标签审核申请，并提交下列材料：

提交材料：

（1）《进出口食品标签审核申请书》。

（2）生产商和经销商的营业执照。

（3）食品标签的样张7套。

（4）标签中特别强调某一内容或涉及年份、酒龄、荣誉证明等特征性指标的应提供有效说明材料。

（5）进口食品标签加审：产品在生产国（地区）官方允许销售的证明文件或原产地证明。

（6）所有申请材料均需加盖申请单位公章，外文内容均需翻译成中文。

（7）主要检测指标。

（8）葡萄酒主要卫生指标（见表5－13）。

表5－13　　　　葡萄酒主要卫生指标

项　目	指　标
细菌总数（个/mL）	≤50
大肠菌群（个/100mL）	≤3
铅（mg/L，cPb计）	≤1

（9）葡萄酒主要理化指标（见表5－14）。

表5－14　　　　不同类型葡萄酒的主要理化指标

项　目			要　求
酒精a（20℃）（体积分数）/%			≥7.0
总糖d（以葡萄糖计）g/L	平静葡萄酒	干葡萄酒b	≤4.0
		半干葡萄酒c	4.1～12.0
		半甜葡萄酒	12.1～45.0
		甜葡萄酒	≥45.1
	高泡葡萄酒	天然型高泡葡萄酒	≤12.0（允许差为3.0）
		绝干型高泡葡萄酒	12.1～17.0（允许差为3.0）
		干型高泡葡萄酒	17.1～32.0（允许差为3.0）
		半干型高泡葡萄酒	32.1～50.0
		甜型高泡葡萄酒	≥50.1
干浸出物（g/L）	白葡萄酒		≥16.0
	桃红葡萄酒		≥17.0
	红葡萄酒		≥18.0
挥发酸（以乙酸计），/（g/L）			≤1.2
柠檬酸/（g/L）	干、半干、半甜葡萄酒		≤1.0
	甜葡萄酒		≤2.0
二氧化碳，（20℃）/MPa	低泡葡萄酒	<250 mL/瓶	0.05～0.29
		≥250 mL/瓶	0.05～0.34
	高泡葡萄酒	<250 mL/瓶	≥0.30
		≥250 mL/瓶	≥0.35

续表

项 目		要 求
铁/（mg/L）		≤8.0
铜/（mg/L）		≤1.0
甲醇/（mg/L）	白、桃红葡萄酒	≤250
	红葡萄酒	≤400
苯甲醇或苯甲酸钠（以苯甲酸计）/（mg/L）		≤50
山梨酸或山梨酸钾（以山梨酸挤）/（mg/L）		≤200

注：总算不作要求，以实测值表示（以酒石酸计，g/L）：

a. 酒精度标签标示值与实测值不得超过 ±1.0%（体积分数）；

b. 当总糖与总酸（以酒石酸计）的时差小于或等于 2.0g/L 时，含糖最高为 9.0g/L；

c. 当总糖与总酸（以酒石酸计）的时差小于或等于 2.0g/L 时，含糖最高为 18.0g/L；

d. 低泡葡萄酒总糖的要求同平静葡萄酒。

三、葡萄酒相关标准

进口葡萄酒卫生标准按《食品安全国家标准 发酵及其配制酒》（GB2758－2012）执行，发酵酒按照《发酵酒及其配制酒卫生标准的分析方法》（GB/T 5009.49－2008），白兰地属于蒸馏酒，参考国家《蒸馏酒及配制酒卫生标准》执行（见表 5－15）。

表 5－15　　　　葡萄酒产品相关标准

标准名称	标准编号	标准英文名称
葡萄酒厂卫生规范	GB 12696－1990	Hygiene regulation of factory for wine
葡萄酒	GB 15037－2006	Wines
葡萄酒、果酒通用分析方法	GB 15038－2006	Analytical methods of wine and fruit wine
食品安全国家标准 发酵及其配制酒	GB 2758－2012	
蒸馏酒及配制酒卫生标准	GB 2757－1981	Hygienic standard for distilled liquor and formulated liquor
《蒸馏酒及配制酒卫生标准》第 2 号修改单	GB2757－1981/XG2－2008	
食品安全国家标准 蒸馏酒及其配制酒	GB 2757－2012	
原产地域产品 贺兰山东麓葡萄酒	GB 19540－2004	Product of designation of origin or geographical indication—Wine in Helan mountain east region

续表

标准名称	标准编号	标准英文名称
发酵酒及其配制酒卫生标准的分析方法	GB/T 500949 - 2008	Method for analysis of hygienic standard of fermented alcoholic beverages and their integrated alcoholic beverages
地理标志产品 烟台葡萄酒	GB/T 18966 - 2008	Product of geographical indication—Yantai wines
地理标志产品 昌黎葡萄酒	GB/T 19049 - 2008	Product of geographical indication—Changli wine
地理标志产品 沙城葡萄酒	GB/T 19265 - 2008	Product of geographical indication—Shacheng wine
地理标志产品 贺兰山东麓葡萄酒	GB/T 19504 - 2008	Product of geographical indication—Wine in Helan mountain east region
地理标志产品 通化山葡萄酒	GB/T 20820 - 2007	Product of geographical indication—Tonghua amur - wine
葡萄酒企业良好生产规范	GB/T 23543 - 2009	Good manufacturing practice for wine enterprises
葡萄酒储藏柜	GB/T 23777 - 2009	Wine cooler
葡萄栽培和葡萄酒酿制设备 葡萄收获机 试验方法	GB/T 25393 - 2010	Equipment for vine cultivation and wine making—Grape - harvesting machinery—Test methods
葡萄栽培和葡萄酒酿制设备 果浆泵 试验方法	GB/T 25394 - 2010	Equipment for vine cultivation and wine making—Mash pumps—Methods of test
葡萄栽培和葡萄酒酿制设备 葡萄压榨机 试验方法	GB/T 25395 - 2010	Equipment for vine cultivation and wine making—Grape presses—Methods of test
冰葡萄酒	GB/T 25504 - 2010	Icewines
山葡萄酒	GB/T 27586 - 2011	Vitis amurensis wines
蒸馏酒与配制酒卫生标准的分析方法	GB/T 5009. 48 - 2003	Method for analysis of hygienic standard of distilled wines and mixed wines

四、主要监管机构

表 5 - 16 主要监管机构

中国海关总署	国家质量监督检验检疫总局
地址：北京建国门内大街 6 号 邮编：100730 电话：+8610 - 65194114 传真：+8610 - 65195884 网址：www. customs. gov. cn	地址：北京市海淀区马甸东路 9 号 邮编：100088 电话：+8610 - 82262182 传真：- 网址：www. aqsiq. gov. cn

续表

中国海关总署	国家质量监督检验检疫总局
国家工商行政管理总局	国家卫生计生委食品安全标准与监测评估司
地址：北京市西城区三里河东路8号 邮编：100820 电话：+8610－88650000 传真：+8610－68057992 网址：www. saic. gov. cn	地址：北京市西城区西直门外南路1号 邮编：100044 电话：+8610－68792114 传真：－ 网址：www. moh. gov. cn
中国酒业协会	中国食品安全协会
地址：中国北京海淀区阜成路14号11层外大街乙22号 邮编：100048 电话：+8610－68193006 传真：+8610－68193015 网址：www. cada. ccNanpu Food（Shanghai）Co.，Ltd. Address： Tel：+8621－61923399 Fax：+8621－61923130 Zip：201601 Website：www. nanpufood. com Ruifuhang Food Trade Co.，Ltd. Address：16th Floor，Yuedu Hotel，Jia 1，Liuliqiao Beili，Fengtai District，Beijing Tel：+8610－63391294 Fax：+8610－63427559 Zip：100073 Website：www. ruifuhang. com	地址：北京市丰台区太平桥东里5号 邮编：100073 电话：+8610－63265394 传真：+8610－67313712 网址：www. cnfia. cn Address：43/F，Hang Seng Bank Tower，No. 1000，Lujiazui Loop Rd.，Pudong，Shanghai Tel：+8621－68411932 Fax：+8621－68412378 Zip：200120 Website：www. marubeni. com. cn Xindebao Food（Foshan）Co.，Ltd. Address：Xiaxi Industrial Park，Nanhai Town，Foshan，Guangdong Tel：+86757－86783888 Fax：+86757－86783030 Zip：528251 Website：www. xdb. com. cn

第八节　葡萄酒产品进口中国流程

在进口前，首先选择中国大陆葡萄酒进口商与代理销售商，同时向中国国家质量监督检验检疫总局咨询有关产品生产标准、产品成分等事项，并准备输出国或地区的卫生审查合格证明等文件（见图5－8）。

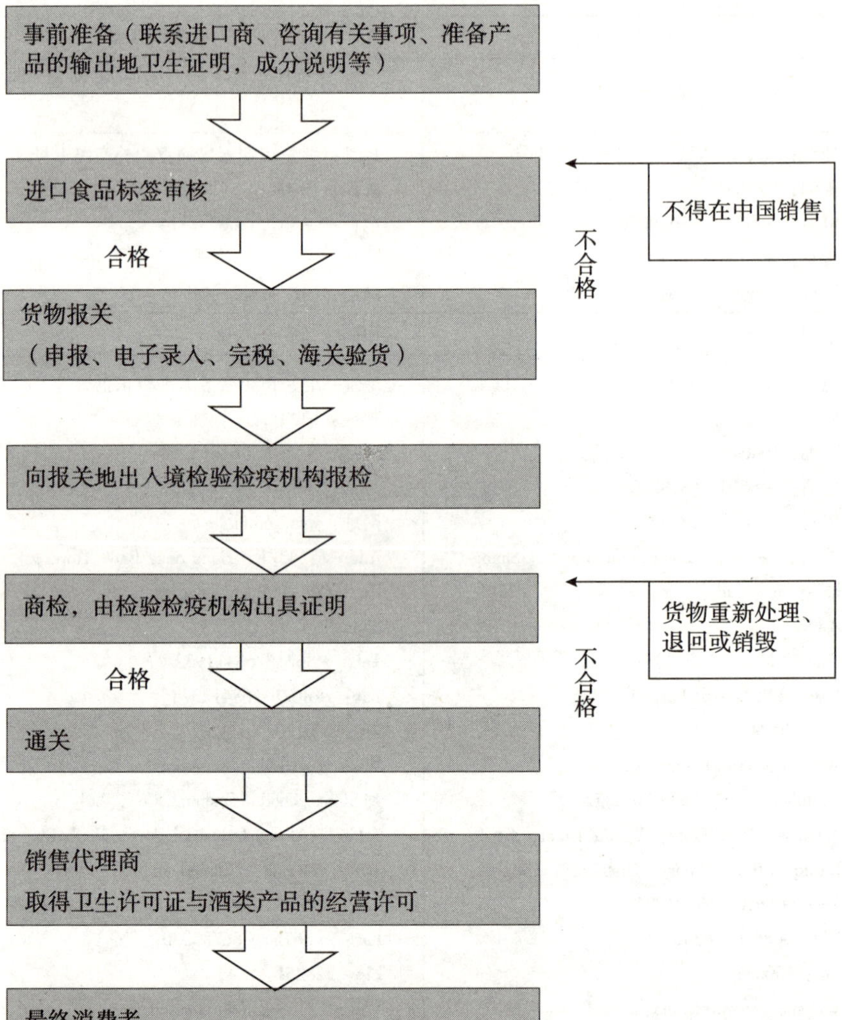

图 5-8　葡萄酒进口中国流程图

根据《中华人民共和国进出口食品标签管理办法》和《2013 年进口许可证管理货物目录》规定，向报关地出入境检验检疫机构提交进口葡萄酒食品标签审核申请及相关产品资料（中文）。经审查合格取得《进出口食品标签审核证书》后，进行进口货物报关，并向报关地出入境检验检疫机构报检。如未取得《进出口食品标签审核证书》，则不得在中国市场上销售。

进口葡萄酒经检验检疫机构按照相关卫生标准检验合格后，颁发检验合格证明，海关凭此合格证明放行。如果进口葡萄酒未通过检验检疫机构检验，则可根据实际情况进行对货物进行重新处理后再次检验，或者进行退回、销毁处理。

进口葡萄酒的销售代理商必须具有卫生部颁发的卫生许可证，在实施酒类专卖制度的地区要具有“酒类批发许可证”和“酒类零售许可证”。

另外，为了进一步规范葡萄酒《中华人民共和国进出口税则》，便利企业通关和海关管理，根据《海关进出口货物申报管理规定》海关总署令第103号及其他有关规定，还需注意如下事项：

一、申报要素

进口货物收货人及其代理人应严格按照《海关进出口商品规范申报目录》的要求填报，并应当根据实际进口葡萄酒的酒标，在“商品名称”栏目填报品名、品牌（中、外文）；在“规格型号”栏目中填报葡萄酒的容器容积、年份和产区，如果酒标上已注明等级的（如AOC、VDQS、VIN DE PAYS等），应当在该栏目如实填报。

二、附随资料

在申报进口时，除提交合同、发票、装箱单等海关规定的相关单证及资料外，还应提交下列资料：

（1）内容完整、文字清晰的进口葡萄酒酒标（包括正标、背标）彩色照片或不低于300万像素的电子照片彩色打印件。

（2）原厂商发票。对于通过境外贸易商进口无法提交原厂商发票的，进口货物收货人及其代理人申报进口时应提交由境外贸易商制发的商业发票，发票上应当包括生产厂商名称和原厂商发票的编号。

（3）对于不能提交上述资料的，海关按相关规定处理；对于报关单申报的内容与酒标内容不符的，海关将按申报不实处理。

第九节　国内葡萄酒市场竞争状况

一、分企业销售收入集中度分析

从企业销售额来看，2009年中国葡萄酒行业规模以上企业销售收入排名前十家企业销售额达到150.37亿元人民币，占行业总销售额的58.51%。排名前三位企业（张裕、王朝、中粮长城）销售总额达到99.34亿元人民币，占行业销售总额的38.65%（见图5－9，表5－17）。

分析葡萄酒行业的几家大型企业特点可以看出，悠久的历史（张裕），强大品牌影响力、大型国企的优势地位（中粮长城），外资带来的先进技术与强大的资本（王朝）等因素是形成目前葡萄酒行业高企业集中度的原因。这几家企业经过长期积累，在酿酒葡萄种植、葡萄酒酿制、运输、销售等方面已经形成了成熟的体制与网络。国内葡萄酒企业抓住国家政策利好和人们消费理念转变的条件，占据了国内大部分的市场份额，初步构成寡头竞争的格局。

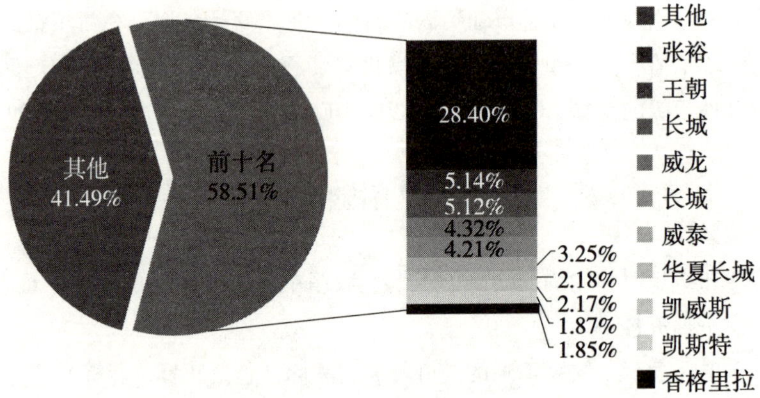

图5－9　十家主要企业销售额占全行业规模以上企业销售总额的比例

表5－17　　中国葡萄酒行业十家主要企业销售额及其占行业份额

企业名称	销售收入（亿元人民币）	占全国份额（%）
烟台张裕葡萄酿酒股份有限公司	73	28.4%
中法合营王朝葡萄酿酒有限公司	13	5.14%
中粮长城葡萄酒（烟台）有限公司*	13	5.12%
烟台威龙葡萄酒股份有限公司	11	4.32%
中国长城葡萄酒有限公司	11	4.21%
烟台威泰庄园葡萄酒有限公司	8	3.25%
中粮华夏长城葡萄酒有限公司	6	2.18%
山东凯威斯葡萄酒业有限公司	6	2.17%
烟台凯斯特酒庄葡萄酿酒有限公司	5	1.87%
云南香格里拉酒业股份有限公司	5	1.85%

注：中粮长城葡萄酒（烟台）有限公司现改名为烟台中粮葡萄酒酿酒公司

二、分地区销售收入集中度分析

2012 年中国葡萄酒行业规模以上企业总销售额约为 69.71 亿美元，排名前三位的山东省、吉林省、河北省的销售总额约 54.09 亿美元，占全行业销售总额 77.60%。仅山东省规模以上企业销售额就达到了 45.12 亿美元，约占行业销售总额的 64.72%（见图 5－10，表 5－18）。

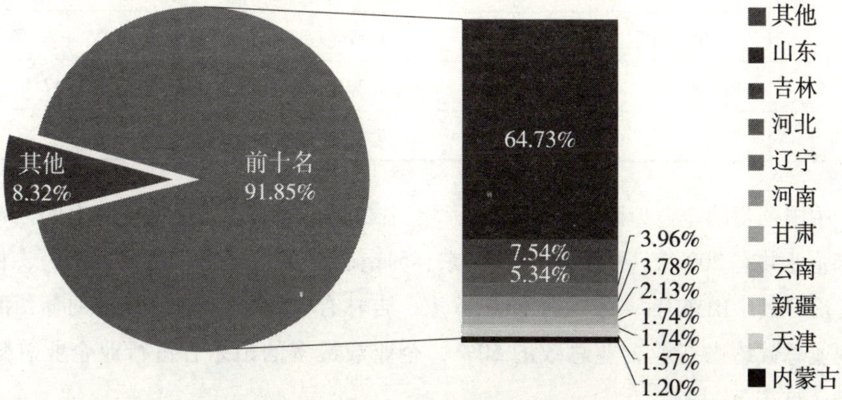

图 5－10　前十位地区销售额占全国规模以上企业销售总额的比例

这种状况主要是由酿酒葡萄产地分布以及葡萄酒行业自身特点所决定的。在酿酒工艺水平相近的情况下，葡萄酒产品的品质主要受酿酒葡萄的品种和产地制约，气候条件与土壤成分等自然因素的变化会对葡萄酒的酿造产生较大影响。山东、吉林、河北、辽宁等地区是中国传统酿酒葡萄的产地，汇集了众多酿酒葡萄的优秀品种，当地的企业自然成为中国葡萄酒行业的主力，由此形成了当前的地区高集中度的状况。

表 5－18　2012 年中国葡萄酒制造业主要生产地区内规模以上企业经济运行情况（按销售额排序）

（单位：千美元）

排名	地区	产品销售收入	占全国销售份额	利润总额	销售利润率
	全国	6 970.695	—	859 269	—
1	山东	4 511 659	64.72%	625 170	13.9%
2	吉林	525 339	7.54%	36 658	7.0%
3	河北	372 085	5.34%	41 247	11.1%

续表

排名	地区	产品销售收入	占全国销售份额	利润总额	销售利润率
4	辽宁	276 300	3.96%	28 748	10.4%
5	河南	263 816	3.78%	36 986	14.0%
6	甘肃	148 403	2.13%	7 577	5.1%
7	云南	121 108	1.74%	16 001	13.2%
8	新疆	121 100	1.74%	22 949	19.0
9	天津	109 343	1.57%	-3 069	-2.8%
10	内蒙古	83 808	1.20%	10 590	12.6
	其他	437 734	6.28%	36 412	—

中国葡萄酒企业地区集中度达到了相当高的程度。2012 年规模以上的葡萄酒生产企业共有 200 家，主要集中在山东、河南、吉林、河北、辽宁、新疆、甘肃等省份。其中山东有 54 家、河南有 26 家、吉林有 20 家，上述三地区的葡萄酒生产企业总数约占行业企业总数的 50%，企业数最多的山东省占行业企业总数的 27%（见表 5-19）。

表 5-19　2012 年葡萄酒生产行业 20 个省份规模以上企业数量列表

排名	地区	企业数量	排名	地区	企业数量
	全国	200	11	北京	4
1	山东	54	12	天津	4
2	河南	26	13	安徽	4
3	吉林	20	14	湖南	2
4	河北	16	15	黑龙江	1
5	辽宁	15	16	福建	1
6	新疆	13	17	广东	1
7	甘肃	7	18	重庆	1
8	湖北	5	19	山西	1~3
9	云南	5	20	内蒙古	1~3
10	宁夏	5			

第十节　外资葡萄酒企业在中国市场的状况

一、外资企业经营状况分析

比较近三年的销售额，中国葡萄酒行业的外资企业销售额呈逐年上升态势。2012 年葡萄酒行业规模以上外资企业销售总额约为 10.29 亿美元，同比增长 2.30%，占当年全国葡萄酒行业销售总额的 14.75%。从外资企业的利润总额来看，2012 年利润总额为 1.13 亿美元，同比下降 25.35%，占当年利润总额的 13.16%，总资产利润率较 2011 年下降 3.9 个百分点。外资企业三年销售额和利润总额均高于股份制企业和国有企业（见图 5－11，表 5－20）。

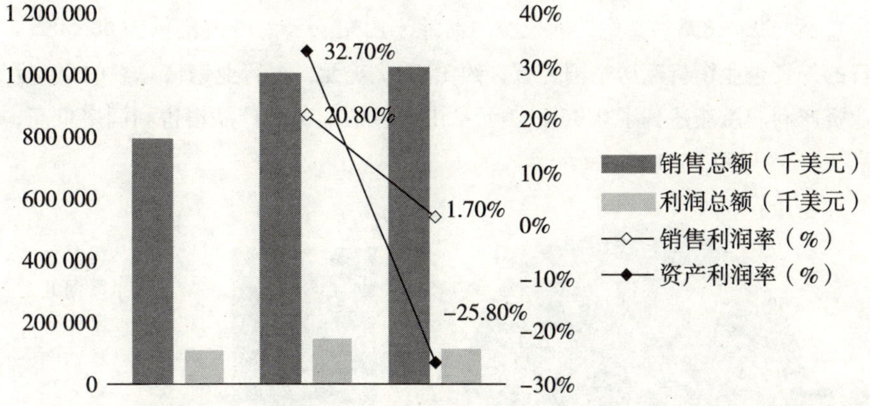

图 5－11　2010—2012 年葡萄酒行业外资企业销售额和总资产利润率的比例图

外资企业的葡萄酒产品销售额在 2012 年增速缓慢较前几年的高速增长形成明显对比。这主要是受到中国经济发展放缓和国内同行业竞争的影响。同时，中国政府加严了一系列行业规范和准入条件，加强了对外资企业的规范管理，以抑制其市场过分膨胀。

表 5－20　葡萄酒行业外资企业与其他类型企业经营状况比较　（单位：千美元）

企业类型	销售额			利润总额			总资产利润率(%)		
	2012	2011	2010	2012	2011	2010	2012	2011	2010
全国	6 970 695	6 056 934	4 773 273	859 261	815 251	669 045	14.5	15.7	15.8
外资企业	1 028 522	1 005 397	792 029	113 114	151 519	108 653	8.9	12.8	10.3

续表

企业类型	销售额			利润总额			总资产利润率(%)		
	2012	2011	2010	2012	2011	2010	2012	2011	2010
私营企业	2 359 478	1 836 840	1 405 479	224 886	179 439	131 444	22.1	19.7	22.5
股份制企业	301 434	338,695	264 078	23 655	35 109	24 651	6.6	12.3	11.5
国有企业	278 769	27 305	246 157	52 981	29 729	31 263	15.1	15.7	15.8
集体企业	—	—	—	—	—	—	—	—	—
股份合作制企业	—	—	—	—	—	—	—	—	—
其他类别	2 993 492	2 602 397	2 065 530	444 723	419 454	373 034	15.2	16.6	17.4

二、外资企业分地区销售收入集中度分析

2012 全年外资企业分地区排名前十位的销售额为 10.20 亿美元，占外资企业销售总额的 99.18%。其中，前三位的河北、山东、云南所占比例为 68.50%。河北省的外资企业销售额居全国之首，约 3.03 亿美元，占行业销售总额的 29.47%，企业资产利润总额达到了 0.36 亿美元；山西省的葡萄酒产品销售利润率最高，达到了 36%（见图 5－12）。

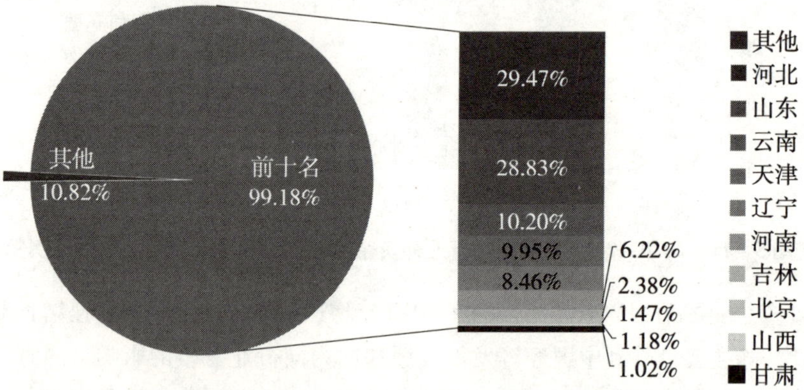

图 5－12　2012 年外资企业地区销售额占全国规模以上企业销售总额的比例

2012 年，中国葡萄酒行业规模以上外资企业 32 家，占行业规模以上企业总数的 16%，有 5 家亏损企业，亏损面达 15.63%。外资企业的地区集中度已达到较高水平，河北、山东、云南三省集中了行业内 50% 的规模以上外资企业（见表 5－21）。

中国是世界上葡萄酒市场发展最快的国家，外商纷纷看好这种持续增长的趋

势和不断成长的市场潜力，并设法通过各种渠道竞相进入中国拓展市场。河北、山东、云南、辽宁是中国重要的葡萄酒产区所在地，葡萄酒种植具有天然的自然环境和有利的生产条件，由此形成了外资企业高度集中的状况。

表 5－21　2012 年外资企业销售收入分地区数据统计　（单位：千美元）

排名	地区	外资企业数	产品销售收入	占全行业销售份额	利润总额	销售利润率
	全国	32	1 028 522	—	113 114	11.0%
1	河北	6	303 092	29.47%	36 083	11.9%
2	山东	6	296 520	28.83%	31 929	10.8%
3	云南	4	104 884	10.20%	15 366	14.7%
4	天津	3	102 387	9.95%	－3 149	－3.1%
5	辽宁	4	86 983	8.46%	19 877	22.9%
6	河南	2	64 023	6.22%	7 638	11.9%
7	吉林	1	24 474	2.38%	554	2.3%
8	北京	2	15 135	1.47%	188	1.2%
9	山西	1	12 129	1.18%	4 361	36.0%
10	甘肃	1	10 475	1.02%	－35	－0.3%
	其他	2	8 420	0.82%	302	—

三、进口葡萄酒在中国市场的地位

随着中国葡萄酒市场持续快速发展，国际葡萄酒商纷纷将中国市场作为重要增长点来大力扩展。目前，进入中国市场的国外葡萄酒产品主要来自法国、澳大利亚、智利、西班牙、意大利、美国、新西兰、南非、阿根廷、德国等国家，以进口额来计算，进口葡萄酒约占到中国葡萄酒消费市场的20%左右。

2012 年中国自法国进口葡萄酒分别占到全国葡萄酒进口总量的40%和进口总额的49.84%，以绝对优势稳占“头把交椅”。澳大利亚居第二，其次是智利、西班牙、意大利、美国、德国等国。上述国家的葡萄酒产品在消费者心目中普遍具有良好的国家品牌形象。

从消费品种来看，中国进口葡萄酒的各品种销量排序依次是干红葡萄酒、干白葡萄酒、半甜型起泡类白葡萄酒、甜型红葡萄酒和其他种类。其中，干红和干白销量约占全部的90%以上，起泡酒、雪莉酒等还处在市场发展萌芽阶段。中国市场的进口葡萄酒趋于多元化，品种不再局限于红葡萄酒等传统酒类，汽酒、味美思等非传统葡萄酒进口增势明显。

从消费层次来看，多年来，以波尔多产区为首的法国佳酿在中国市场持续升温，法国葡萄酒产品仍主导着高端葡萄酒市场。智利和澳大利亚的葡萄酒以质高价廉的优势销量大增，新西兰葡萄酒的销售量也呈现出爆发式增长。不同种类的葡萄酒被人们所接受，顶级名庄酒的价格也有较大幅度的下降，百元以下的中低端进口葡萄酒在中国市场销售旺盛，消费群体也逐步呈现多元化并不断扩大，进口葡萄酒将进入蓬勃发展期。随着市场更加成熟，网络技术日益发达，进口葡萄酒的价格越来越透明，进口葡萄酒行业或将告别暴利时代，走向成熟。

预计未来，进口葡萄酒快速流入中国市场的趋势仍将持续，随着更多葡萄酒商聚焦中国市场的巨大潜力，未来进口葡萄酒将面临更严峻的考验，在建立产品品牌的同时，更重要的是如何在中国市场长期稳定地占据一定的市场份额。

第十一节　产品销售渠道分析

一、国内葡萄酒销售主要终端渠道概述

目前国内葡萄酒销售的主要终端渠道有商场、超市、零售店、葡萄酒专卖店、批发与零售市场等商品零售场所，高级酒店、俱乐部、会所、饭店、酒吧、歌厅等娱乐消费场所，此外还有企、事业单位、政府机关团购、展销会等辅助渠道（见图5－13）。

二、国内葡萄酒销售渠道分析

在中国葡萄酒市场传统销售渠道中，葡萄酒生产企业主要有两种销售途径：一是自有渠道，包括下属各级经销公司（部门），分公司、办事处等，实现对底层经销商的直接控制；二是外部渠道，包括总经销商、大区经销商、底层经销商等（进口葡萄酒还应包括进口商）。

中小型葡萄酒生产企业及国外企业对外部渠道（经销商、进口商）比较倚重，在国内除产地以外的各个地区主要由总经销商或大区经销商来拓展当地市场。大型企业一般采取以自有渠道为主，外部渠道为辅的方式拓展各地区市场。

按产品档次来说，高档葡萄酒一般是以俱乐部会所模式、葡萄酒专营店销售、夜场销售以及葡萄酒收藏投资等方式销售，中低档葡萄酒主要在酒店、超

市、大型商场和便利店销售。

目前国外葡萄酒在中国市场的合作方式主要有国际葡萄酒商直接和中国本土代理商合作，以及沿用传统进口酒商的模式，通过开设专卖店、酒窖或会所的形式展开销售。近年来，大的进口酒商开始更多的拓展直供渠道，通过进口葡萄酒驻地机构直营形式，在核心区域采取产品直接供应的方式把终端控制权控制在自己手里。此外，也有部分进口葡萄酒通过国内经销商买断专柜经营的形式，与国内葡萄酒大卖场单一陈列、单一促销形式形成隔离。在外区（驻地机构地区以外）则需要利用分销商分销。

除了直销方式外，目前，不管是国产葡萄酒还是进口葡萄酒，葡萄酒商都在尝试利用网络进行销售，并且已经在一些大中城市初见成效。随着电子商务和移动互联网在中国的快速发展，将互联网作为葡萄酒购买渠道的消费者数量也在呈现不断上升趋势，而且份额越来越大，未来网络将成为葡萄酒销售的不可忽视的重要渠道。

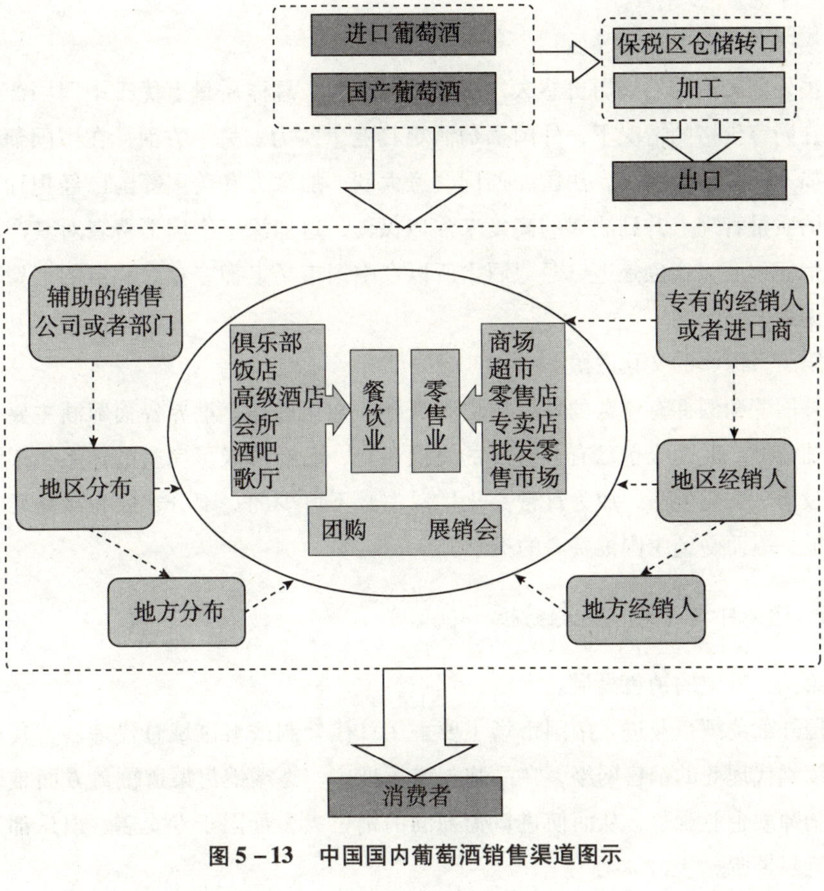

图5－13　中国国内葡萄酒销售渠道图示

第十二节 中国市场进入分析

一、中国市场进入分析

1. 进入中国市场的优势分析

第一，良好的品牌形象。

随着中国葡萄酒市场的迅猛发展，越来越多的国外葡萄酒进入中国市场。据调查，法国、澳大利亚、意大利、德国、美国等国的葡萄酒在中国消费者心中普遍具有良好的国家品牌形象，这些来自不同国家的葡萄酒各具特色，具有很强的市场竞争力。

第二，优秀的产品品质。

国外葡萄酒的发展历史悠久，在技术创造力、总体质量上优于中国国产葡萄酒，在同等价格的情况下，外国葡萄酒更具竞争实力。另一方面，在中国葡萄酒标准尚不健全的情况下，法国、德国、意大利、加拿大和美国等国已经把葡萄酒产品的质量管理上升到法律的高度来加以保证，这加深了中国消费者对其产品质量的信任程度，这也是进口葡萄酒之所以在中国市场上拥有相对稳定的消费群体的原因。

第三，深厚的文化底蕴。

外国葡萄酒拥有悠久的发展历史和深厚的文化底蕴。世界各葡萄酒主要生产国的葡萄酒产业距今也已有几百年的发展历史，已经形成了完整的体系，逐渐进入了政治、文化生活，成为日常文化生活中必不可少的一部分，成为高品质文化的象征，因而受到中国消费者的推崇。

2. 进入中国市场的劣势分析

第一，有限的销售渠道。

国外葡萄酒企业进入中国市场主要采用总代理制或者区域总代理制，其销售主要依靠代理商的销售网络，在品牌与市场推广、终端销售渠道覆盖方面难以与国内葡萄酒企业竞争，从而使进口葡萄酒的销售大多局限于专卖店、俱乐部、酒吧等有限场所。

第二，模糊的品牌认知。

虽然进口葡萄酒拥有良好的国家品牌形象，但是近年来中国市场上的外来葡萄酒品牌逐渐增多，再加上其产品在中国市场上的宣传不到位，国外优秀的葡萄酒无法在中国消费者中建立起相应的品牌认知。消费者在选择国家的同时却对单个品牌的葡萄酒缺乏认知，因此单个的品牌在整体销量中占据不了主导地位。

另外，进口葡萄酒的标识与说明，一般采用本国语言及英语，缺乏醒目的中文标识与说明（通常中文仅作为“背标”），难以被中国消费者所理解，不利于进口葡萄酒品牌在中国消费者中建立起相应的品牌认知。

第三，价格处于竞争劣势。

外国葡萄酒产品要进入中国市场，必须通过进口酒商、经销商、代理商、批发商、零售商等一系列的渠道才能最后进入中国消费者手中。在众多环节的运转中，“进场费”、“上架费”也不断抬升，最后到消费者手中的价格就翻了好几倍，这和中国本土生产的一些性价比相对较好、成本较低的葡萄酒相比，存在明显的竞争劣势。

二、进入中国市场的时机分析

第一，消费理念的转变。

葡萄酒作为一种健康饮品，含有甘油、高级醇、多酚化合物等多种营养物质，具有保护心血管、预防癌症、降低血脂、美容养颜等作用。健康饮酒的主流思想和葡萄酒本身的优良品质在无形中推动了葡萄酒的发展，消费者出于对健康的考虑，对酒精含量高的白酒、黄酒的需求量逐渐减少，在品种上将对葡萄酒保健酒的需求有所提高。

第二，消费能力的提高。

随着中国中产阶级的迅速扩大，大众消费者平均购买能力不断提高，对葡萄酒的需求也趋于旺盛。在中国东、南沿海经济发达地区的葡萄酒消费需求一直处于快速增长阶段，近年来，随着发达地区的市场逐渐趋于饱和，在广大的二三线城市和部分富裕的农村地区将成为葡萄酒消费市场新的增长点。

目前中国已有超过 3 400 万人的葡萄酒消费群体，其中有 90% 的人群对进口酒的喜爱超过了国产酒。近年来，随着进口葡萄酒的价格日趋大众化，中低价位的进口葡萄酒均在大众消费水平的范围之内，极大程度上刺激了中国进口葡萄酒市场的扩容。

第三，鉴别能力的提升。

随着中国葡萄酒市场的不断发展和成熟，对进口葡萄酒的品牌和品质有一定的认知，不再是盲目推崇进口的名庄葡萄酒，越来越注重其口感和品质，其他产地口感好的葡萄酒，如澳大利亚、智利和意大利等国的葡萄酒产品在中国市场的份额逐渐增加。中国消费者选购葡萄酒开始向理性与成熟发展。

第四，良好的政策氛围。

随着中国关税政策的调整，中国对进口葡萄酒的税率逐步下调，到 2015 年包括葡萄酒在内的农产品关税将降至 5% 以下。加上近年来人民币汇率不断升值，和中国政府长期鼓励消费葡萄酒的政策影响，未来，中国葡萄酒市场规模有望进一步扩大，为进口葡萄酒预留出更大空间。

三、进入中国市场的威胁点分析

第一，经济增速放缓。

目前中国正处在城镇化明显落后与工业化、市场资源配置效率下降、经济转型困难时期，中国国内经济环境总体上虽保持良好的增长态势，但经济潜在增速明显开始放缓。相应的，中国葡萄酒市场的发展速度也开始放缓，这对进军中国市场的葡萄酒商来说是极其不利的发展因素。

第二，来自政策和行业标准的威胁。

近年来，世界经济缓慢发展，外国政府鼓励本国企业扩展海外市场。从产业政策上讲，很多国家的葡萄酒行业隶属于农业部门，在生产时有农业补贴，出口时有退税优惠，尤其是欧盟葡萄酒大势进入中国市场，对中国本土葡萄酒产业造成了严重的冲击。因此中国政府先后出台了一系列行业政策和标准，提高了葡萄酒企业（项目）在内的行业准入条件，加强了对进口葡萄酒质量监控和价格监控。该举措对葡萄酒企业来说，无疑提高了进入中国市场的门槛。

第三，同行竞争的加剧。

一方面，在国际葡萄酒市场低速增长的情况下，中国葡萄酒市场大幅度的增长态势，使中国迅速成为世界葡萄酒市场的热点，吸引了来自世界各地的葡萄酒厂商的目光，这为准备进入中国市场的外国葡萄酒商提出了巨大的挑战。

另一方面，是来自中国国内葡萄酒行业的威胁。目前中国国内葡萄酒发展迅速，年产量达万吨的企业已经超过 20 个，而称得上是行业生产巨头的有张裕、王朝、中粮等，这三家国产品牌销量约占全行业市场的 50% 左右。由葡萄酒丰厚的利润回报，可以预测中国国内也将有越来越多的企业投身到葡萄酒行业。因此，未来行业之间的竞争将会愈加激烈。

第四，市场的把握和产品替代威胁。

与中国本土企业相比，外国企业对中国葡萄酒市场缺乏全方位的细致了解，具体表现在对中国市场结构、消费行为、饮食文化、口味差异等多个方面的了解和把握上不够全面、具体和真实。另外，在中国酒精饮品类市场，如白酒、黄酒、啤酒等受中国消费者饮食习惯影响的酒类产品对葡萄酒存在一定可替代性的威胁。

四、主要结论

从近年来中国葡萄酒市场规模大幅度增长的态势来看，未来几年中国市场的葡萄酒需求还将进一步增长，对进口葡萄酒的需求也有望持续增加。从进口关税、消费能力与观念等几个方面来看，未来 8 ~ 10 年内是国外资企业进入中国葡萄酒消费市场的有利时机。

根据当前中国经济增速放缓的趋势，和行业内一系列标准规范的颁布来看，进口葡萄酒的消费市场增速将逐渐趋于缓和，行业发展趋于规范化。

从消费趋势来看，葡萄酒的价格趋于大众化，尤其是百元以下的进口葡萄酒销量将会大增，高端葡萄酒市场将逐渐回归理性。中国葡萄酒消费市场正在由沿海不断向内陆蔓延，市场消费量将会明显增加。

未来中国葡萄酒市场将向多元化趋势发展，各个国家的优质葡萄酒在中国市场上均会占有一定的市场份额。国外葡萄酒企业需要在中国市场上树立自身清晰的品牌印象，使中国消费者“喝的明白”。

随着中国葡萄酒市场竞争力日益激烈，对进口葡萄酒来说，市场竞争的焦点将提升到终端营销渠道的把握上来。未来，行业竞争将国外葡萄酒企业需要尽快改善已有的销售渠道，加强对底层经销商的控制力，抢占中国终端市场。未来网络直销将会是葡萄酒销售不可忽视的重要渠道。

第六章　中国鞋类进出口实证分析研究

第一节　鞋类产品相关概述

鞋类产品一般按制鞋材料可分为皮鞋、胶鞋、布鞋及其他合成材料的鞋或胶鞋类和非胶鞋类。从款式和用途可分为正装鞋、休闲鞋、运动鞋、及拖鞋等。另外，按照穿着对象的不同还可分为男鞋、女鞋和童鞋。

本次研究所涉及的鞋类产品包括纺织面料鞋、皮鞋、塑料鞋、橡胶鞋以及综合材质鞋。

纺织面料鞋是指用纺织面料、木材、棕草等原料缝制、模压或编制的鞋。

皮鞋是指全部或大部分用皮革、人造革、合成革为面料，以橡胶、塑料等合成材料为外底，按缝绱、胶粘、模压、注塑等工艺方法制作的鞋。

塑料鞋是指以聚氯乙烯、聚乙烯、聚氨酯和乙烯醋酸乙烯等树脂为原料生产发泡或不发泡的塑料鞋。

橡胶鞋是指以橡胶作为鞋底、鞋帮的橡胶鞋及其橡胶鞋部件制作的鞋。

一、产品分类

根据中国海关进出口税则，本章中所提及鞋类产品包括表 6 – 1 中的类别。

表 6 –1　　**鞋类产品的分类**　　（单位：千克/双）

海关编码	中文名称	英文名称
6401	橡胶或塑料制外底及鞋面的防水鞋靴，其鞋面不是用缝、铆、钉、旋、塞或类似方法固定在鞋底上的	Waterproof footwear with outer soles and uppers of rubber or plastics, the uppers of which are neither fixed to the sole nor assembled by stitching, riveting, nailing, screwing, plugging or similar processes

续表

海关编码	中文名称	英文名称
6402	橡胶或塑料制外底及鞋面的其他鞋靴	Other footwear with outer soles and uppers of rubber or plastics
6403	橡胶、塑料、皮革或再生皮革制外底、皮革制鞋面的鞋靴	Footwear with outer soles of rubber, plastics, leather or conposition leather and upers of leather
6404	橡胶、塑料、皮革或再生皮革制外底，用纺织材料制鞋面的鞋靴	Footwear with outer soles of rubber, plastics, leather or composition leather and upper of textile materials
6405	其他鞋靴	Other footwear
6406	鞋靴零件（包括鞋面，不论是否带有除外底以外的其他鞋底）；活动室鞋内底、跟垫及类似品；护腿、裹腿和类似品及其零件	Parts of footwear (including uppers whether or not attached to soles other than outer soles); removable in-soles, heel cushions and similar aritcles; gaiters, leggings and similar articles, and parts thereof

第二节　中国鞋类产业环境

一、当前国民经济数据概览

2012 年中国国内生产总值核算数据请见第五章第二节表 5－3。

二、当前经济数据分析

国家统计局数据显示，2012 年中国国内生产总值为 519 322 亿元，比 2011 年增长 7.8%，增速比上年回落 1.5 个百分点。工业增加值为 199 860 亿元，比 2011 年增长 7.9%，规模以上企业工业增加值同比上升 10.0%，外资及港澳台规模以上企业工业增加值同比增长 6.3%（见图 6－1）。

2012 年，虽然国民经济增速继续回落，但国内消费增长一直比较稳健，居民消费结构不断升级、新兴消费业态的不断涌现延续了消费增长的动力。据统计，2012 年社会消费品零售总额 210 307 亿元，同比增长 14.3%，比 2011 年回落 2.8 个百分点，扣除价格因素，实际增长 12.1%，比 2011 年提高 0.5 个百分点。

2012 年以来全社会固定资产投资增速先降后升，投资额为 374 676 亿元，全年增长 20.3%。制造业投资名义增速为 22%，实际增长 20.7%，投资增长平稳。2012 年虽然中国利用外资的规模依然居世界前列，但在固定资产投资中利用外资

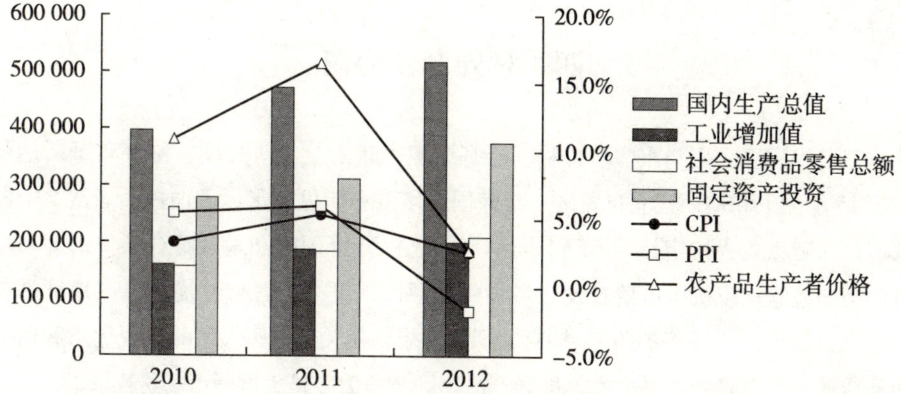

图 6-1 2010—2012 年中国国民经济重要指标变化趋势（单位：100 百万人民币）

呈现不断萎缩态势，从中国利用外资方式和进出口方式来看，固定资产投资利用外资的不断减少，可能主要与外需不振有很大关系。

2012 年城镇居民人均可支配收入 24 565 元，比上年名义增长 12.6%，实际增长 9.6%；农村居民人均现金收入为 7 917 元，比上年名义增长 13.5%，实际增长 10.7%。收入的稳定增长是消费能力持续提升的保证。

据中国海关统计，2012 年，中国进出口总值 38 667.6 亿美元，比上年同期增长 6.2%，但货物贸易进出口总体增速出现了回落。其中，出口 20 498.3 亿美元，同比增长 7.9%，比 2011 年增速回落了 12.4 个百分点；进口 18 178.3 亿美元，同比增长 4.3%，比 2011 年增速回落了 20.6 个百分点。贸易顺差为 2 311 亿美元，同比增长 48.1%，比 2011 年增加 762 亿美元。

三、相关法律法规

目前中国涉及进口鞋类产品的法律包括《中华人民共和国进出口商品检验法》、《中华人民共和国产品质量法》、《中华人民共和国进出境动植物检疫法》、《中华人民共和国国境卫生检疫法》等。

涉及进口鞋类产品的相关行政法规包括《中华人民共和国进出口商品检验法实施条例》、《中华人民共和国进出境动植物检疫法实施条例》、《中华人民共和国国境卫生检疫法实施细则》、《中华人民共和国进出口关税条例》、《进出口抽查检验管理办法》等。

中国国内与鞋类产品相关的法律法规包括：《中华人民共和国产品质量法》、

《中华人民共和国消费者权益保护法》、《产品标识标注规定》等。

四、对外合作协议

目前中国已分别与东盟、智利、巴基斯坦、新西兰、新加坡、秘鲁和哥斯达黎加等15个国家和地区建立自贸区；与韩国、印度、斯里兰卡、孟加拉、老挝5个国家签订《亚太贸易协定》(ECFA)；出口到上述20个国家和地区符合条件的商品均可向当地检验检疫机构申请签发区域性优惠原产地证书。区域性优惠原产地证书相当于出口商品的“经济护照”，持有它即可享受到相关进口国大幅的关税优惠和通关便利待遇，有效降低贸易成本，提升产品国际竞争力，扩大国际市场份额。

1. 中国东盟签署《中国—东盟全面经济合作框架协议》

2002年11月4日，中国与东盟10国共同签署了《中国—东盟全面经济合作框架协议》。2010年，中国—东盟自贸区全面建成，90%以上的货物实现了零关税。2010年10月，中国—东盟领导人会议期间，商务部长与东盟各国经贸部长签订《〈中国—东盟全面经济合作框架协议货物贸易协议〉第二议定书》，指出中国与东盟的绝大多数产品将来会实行零关税，并取消非关税措施，双方将实现自由化贸易。

2. 中国新西兰签署《自由贸易协定》

中国新西兰自由贸易协定谈判于2004年11月正式启动，2008年4月7日正式签署，是中国与其他国家签署的第一个全面的自由贸易协定，涵盖了货物贸易、服务贸易、投资等诸多领域。根据协定，新西兰承诺将在2016年1月1日前取消全部自中国进口产品关税，其中63.6%的产品从协定生效时（2008年10月1日）起即实现零关税。中国承诺将在2019年1月1日前取消97.2%自新西兰进口产品关税，其中24.3%的产品从协定生效时起即实现零关税。

3. 中国智利签署《中智自贸协定》

《中国—智利自由贸易协定》自2006年10月1日起开始实施。根据《协定》，经过两个阶段的关税减让，我国先后取消4 753种智利产品的关税，智利也将我国5 891种产品的关税降为零，主要涉及化工品、纺织品和服装、农产品、机电产品、车辆及零件、水产品、金属制品和矿产品等。

4. 中国新加坡签署《中新自由贸易协定》

2008 年 10 月 23 日，《中华人民共和国政府和新加坡共和国政府自由贸易协定》签署。根据协定，新方承诺在 2009 年 1 月 1 日取消全部自华进口产品关税；中方承诺将在 2012 年 1 月 1 日前对 97.1% 的自新进口产品实现零关税，其中 87.5% 的产品从协定生效时起即实现零关税。双方还在医疗、教育、会计等服务贸易领域做出了高于 WTO 的承诺。

5. 中国秘鲁签署《中国—秘鲁自由贸易协定》

2009 年 4 月 28 日，中国与秘鲁签署了《中国—秘鲁自由贸易协定》。中秘自贸协定是我国与拉美国家签署的第一个一揽子自贸协定，是两国关系发展史上新的里程碑。在货物贸易方面，中秘双方将对各自 90% 以上的产品分阶段实施零关税，我们轻工、电子、家电、机械、汽车、化工、蔬菜、水果等众多产品和秘方的鱼粉、矿产品、水果、鱼类等产品都将从降税安排中获益。

6. 中国哥斯达黎加签署《中国—哥斯达黎加自由贸易协定》

2010 年 4 月 8 日，《中国—哥斯达黎加自由贸易协定》正式签署，这是中国与中美洲国家签署的第一个一揽子自贸协定，协议于 2011 年 8 月 1 日起正式生效。在货物贸易领域，中哥双方将对各自 90% 以上的产品分阶段实施零关税，共同迈进“零关税时代”。

7. 中国瑞士签署《中国—瑞士自由贸易协定》

2013 年 7 月 6 日，中国与瑞士签署《中国—瑞士自由贸易协定》（以下简称《协定》）。《协定》是我国与欧洲大陆国家签署的第一个一揽子自贸协定，是一个高质量、内涵丰富、互利共赢的协定。瑞方将对中方 99.7% 的出口立即实施零关税，中方将对瑞方 84.2% 的出口最终实施零关税。如果加上部分降税的产品，瑞士参与降税的产品比例是 99.99%，中方是 96.5%。工业品方面，瑞方对我们降税较大的产品有纺织品、服装、鞋帽、汽车零部件和金属制品等。这些都是我国的主要出口利益产品，瑞方均承诺自协定生效之日起立即实施零关税。

8. 中国冰岛签署《中华人民共和国政府和冰岛政府自由贸易协定》

2013 年 4 月 15 日，中国与冰岛签署了《中华人民共和国政府和冰岛政府自由贸易协定》。该协定是我国与欧洲国家签署的第一个自由贸易协定，涵盖货物贸易、服务贸易、投资等诸多领域。根据自贸协定规定，冰岛自协定生效之日起，对从中国进口的所有工业品和水产品实施零关税，这些产品占中国向冰岛出口总额的99.77%；与此同时，中国对从冰岛进口的7 830个税号产品实施零关税，这些产品占中方自冰进口总额的81.56%，其中包括冰岛盛产的水产品。中冰自贸区建成后，双方最终实现零关税的产品，按税目数衡量均接近96%，按贸易量衡量均接近100%。

9. 祖国内地与香港、澳门分别签署《内地与香港关于建立更紧密经贸关系的安排》和《内地与澳门关于建立更紧密经贸关系的安排》

2003年6月29日，《内地与香港关于建立更紧密经贸关系的安排》（CEPA）正式签署。同年的10月17日，《内地与澳门关于建立更紧密经贸关系的安排》也得以签署，并于2004年、2005年、2006年、2007年、2008年又分别签署了《补充协议》、《补充协议二》、《补充协议三》、《补充协议四》、《补充协议五》。自2004年1月1日起，祖国内地放宽香港及澳门的多个货物贸易和服务贸易行业的市场准入，逐步对进入祖国内地市场的符合原产地原则的香港和澳门产品实行零关税，其中包括纺织服装、咖啡、肉类产品等产品。

第三节　中国鞋行业发展状况

一、中国制鞋行业运行状况

制鞋行业是典型的劳动密集型行业，从全球化的视野来看，这个行业的产能总是向着劳动力成本低廉的国家和地区迁移。目前，中国已经成为全球最大的制鞋中心，每年生产各种鞋超过100亿双，占全球制鞋总量的近70%。

2012年，中国制鞋业规模以上企业销售收入达到571 980.28百万元，同比增长9.55%，增幅比上年下降了5.47个百分点，是2010年的1.26倍。企业利润为35 768.64百万元，同比增长5.67%，增幅比上年下降了12.35个百分点，是2010年的1.25倍。企业总资产达到294 631.29百万元，同比增长11.42%，增幅下降5.62个百分点，是2010年的1.30倍（见图6-2）。

2012年行业的平均销售利润率和资产回报率都出现了不同程度的降低。其中，平均销售利润率为6.25%，同比下降0.23个百分点，比2010年下降了0.06个百分点；资产回报率为12.14%，同比下降0.66个百分点，比2010年下降了0.55个百分点（见表6-2）。

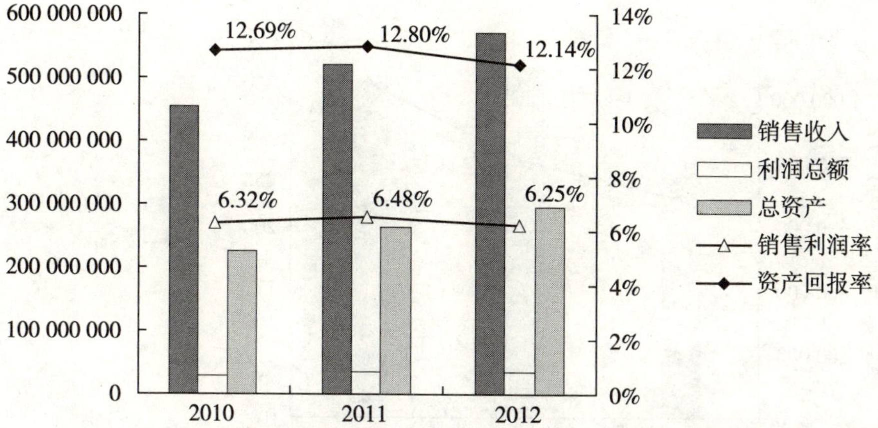

图 6-2　2010—2012 年中国制鞋业规模以上企业销售收入、利润及总资产对比图（单位：1 000 元人民币）

表 6-2　2010—2012 年中国制鞋业规模以上企业销售收入、总资产、利润及销售利润率和资产回报率对比列表

（单位：1000 元人民币）

	2012	增长率	2011	增长率	2010
销售收入	571 980 283	9.55%	522 121 797	15.02%	453 957 206
总利润	35 768 642	5.67%	33 850 423	18.02%	28 682 901
总资产	294 631 286	11.42%	264 440 145	17.04%	225 947 507
销售回报率	6.25%	—	6.48%	—	6.32%
资产回报率	12.14%	—	12.80%	—	12.69%

2012 年，中国制鞋业规模以上企业共有 4 008 家，比上年增加 129 家，增长率为 3.33%。纵观整个制鞋行业，2012 年共有 351 家亏损企业，同比增长 29.52%；总亏损额达到 1 057.50 百万元，同比下降了 4.39%；行业亏损面达到 8.76%，同比上升了 1.77 个百分点（见图 6-3，表 6-3）。

表 6-3　2010—2012 年中国制鞋业规模以上企业亏损数量及亏损额年度对比列表

（单位：1 000 元人民币，家）

	2010	2011	2012
亏损额	774 332	1 106 049	1 057 501
亏损额增长率	—	42.84%	-4.39%
亏损企业数量	231	271	351
亏损企业数量增长率	—	17.32%	29.52%

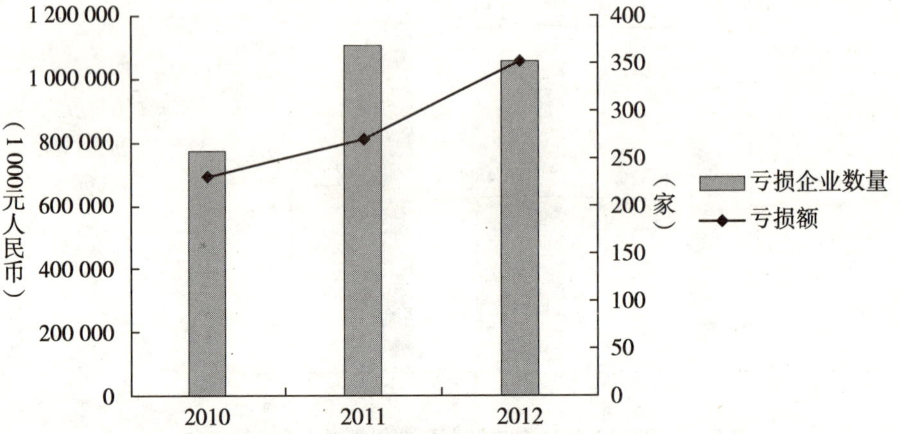

图6－3　2010—2012年中国制鞋业规模以上企业亏损企业数及亏损额年度对比图（单位：1 000元人民币；家）

综上所述，2012年中国制鞋行业各运行指标整体较2011年有所回落，企业利润增长落后于资产的增速。综合成本上升和市场需求不旺是影响制鞋行业利润增长的主要问题（见图6－4）。

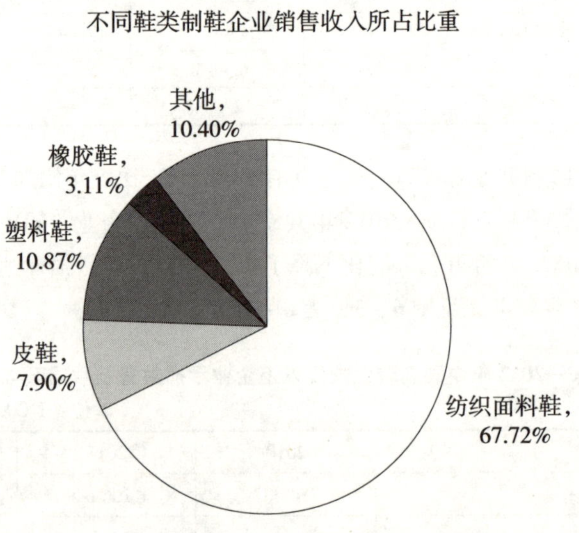

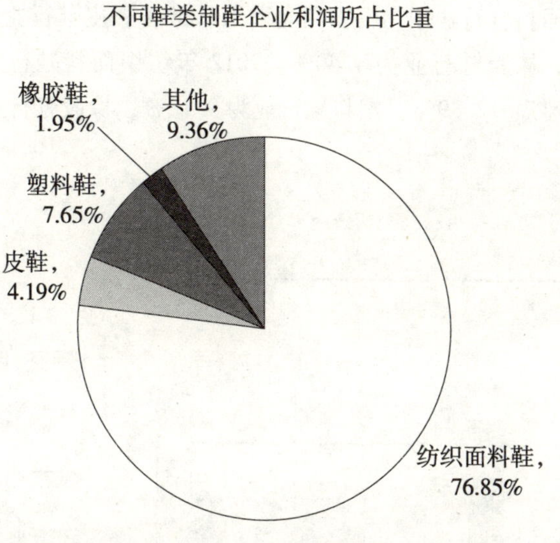

图 6-4 2012 年不同鞋类制鞋企业销售收入和利润所占比重

据大量的实地调查研究，全国人大常委会委员辜胜阻得出的结论是，目前中国中小企业大概有 10% 在升级，20% 在转型，60% 至 70% 则面临着严重的生存困境。中国制鞋行业内以中小型企业居多，这些企业主要为国内外知名鞋类企业提供加工定制和贴牌服务，由于利润空间非常有限，因此对产业综合成本的波动高度敏感。近年来，中国国内劳动力成本优势渐失、原材料价格上升、土地价格上涨、人民币升值等使制鞋企业综合经营成本持续抬升，企业利润率持续下滑。加之国内用工荒，国外市场环境需求不振，使得中小型企业，特别是位于沿海地区的中小型制鞋企业处于“假倒闭、真停摆”的状态。

对本次研究所涉及的鞋类品种进行细分研究可知，2012 年中国纺织面料鞋行业规模以上企业的销售收入达到 59 494. 78 百万人民币，利润总额为 3 348. 93 百万人民币；皮鞋行业规模以上企业销售收入达到 387 342. 69 百万人民币，利润总额为 27 487. 80 百万人民币；塑料鞋行业规模以上企业销售收入达到 45 184. 63 百万人民币，利润总额为 1 497. 85 百万人民币；橡胶鞋行业规模以上企业销售收入达到 62 177. 87 百万人民币，利润总额为 2 735. 87 百万人民币。

无论是销售收入还是利润总额，皮鞋行业都占据了中国制鞋业较大的比重，分别为 67. 72% 和 76. 85%，纺织面料鞋和橡胶鞋所占比重差别不大，塑料鞋所占比重最小。说明中国制鞋业还是以皮鞋行业为主。

2012 年纺织面料鞋行业平均销售利润率为 5.63%；皮鞋行业为 7.10%；塑料鞋行业为 3.31%；橡胶鞋行业为 4.40%。2012 年纺织面料鞋行业资产回报率为 13.62%；皮鞋行业为 12.89%；塑料鞋行业为 9.12%；橡胶鞋行业为 8.01%（见图 6－5）。

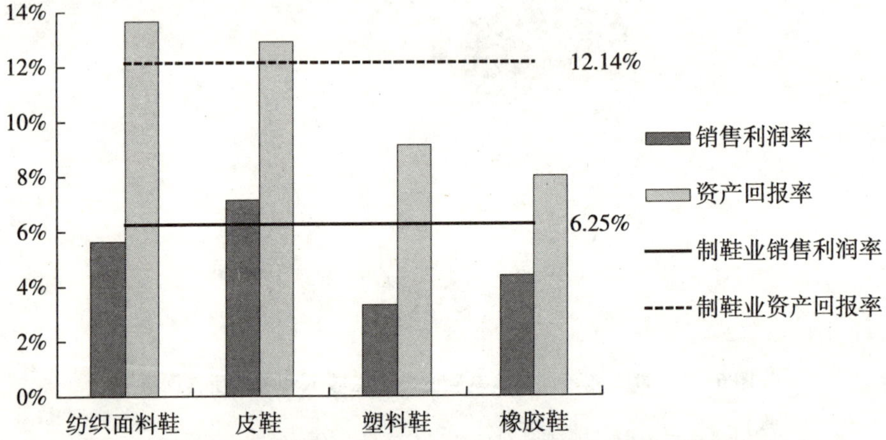

图 6－5　2012 年中国纺织面料鞋、皮鞋、橡胶和塑料鞋制鞋业规模以上企业销售利润率及资产回报率对比图

综上所述，2012 年，就销售利润率而言，仅皮鞋行业高于全国制鞋业销售利润率（6.25%）。说明在中国最主要的四大鞋类产品中，皮鞋行业的销售获利水平较高。就资产回报率而言，除纺织面料鞋和皮鞋行业高于全国制鞋业资产回报率（12.14%）外，塑料鞋和橡胶鞋行业均低于全国水平。说明纺织面料鞋和皮鞋企业的资产利用效益高于全国平均水平（见表 6－4）。

表 6－4　　Table 5　2012 年中国纺织面料鞋、皮鞋、橡胶和塑料鞋制鞋业规模以上企业销售收入、总资产及利润对比列表

（单位：1 000 人民币）

分类	销售收入	总资产	总利润	销售回报率	资产回报率
纺织面料鞋	59 494 775	3 348 931	24 595 622	5.63%	13.62%
皮鞋	387 342 687	27 487 803	213 281 151	7.10%	12.89%
塑料鞋	45 184 625	1 497 847	16 418 679	3.31%	9.12%
橡胶鞋	62 177 868	2 735 865	34 176 892	4.40%	8.01%

二、中国制鞋业行业发展特征及趋势

1. 中国制鞋业行业特征分析

（1）生产企业众多，以私营企业为主，规模普遍不大。

制鞋业在中国仍属于传统的劳动密集型产业，对技术和资金的要求普遍不高，企业进入的门槛低。因此，中国制鞋企业数量众多，但企业规模整体偏小。以2009年制鞋企业发展为例，在3 199家规模以上企业中，销售收入排名第一的企业销售额也仅为69.47亿元人民币，排名前十的企业销售收入合计也仅为295.24亿元人民币，约占全国鞋类行业规模以上企业销售总额的7.88%。企业规模小，使得企业对技术或营销等方面的可投入资金较少，而只能采取低价格微利润的保本经营。

（2）产品集中在中低档，缺乏国际知名品牌。

中国鞋类产品的销售收入的增长基本是依靠数量的增长拉动的，产品质量普遍不高，主要集中于中、低档鞋类产品，缺乏国际知名品牌。以企业出口贸易为例，2012年我国鞋类出口100.7亿双，而出口额仅为444亿美元，其平均出口单价约为4.41双/美元，仅高于东南亚等国的出口单价，而相比欧美等国的鞋类平均出口单价差距较大。企业创立品牌需要有时间、经验、资本及规划，而在中国，制鞋企业规模普遍较小，大部分制鞋企业年产值在几十万元到几千万元，年产值上亿元的为数不多，较小的企业规模抑制了企业的开发设计能力，没有创立国际知名品牌的能力。

（3）同类别产品同质化现象严重。

近几年，虽然我国对知识产权的保护不断提高，但受惯性思维的影响，整体保护意识仍然比较薄弱。对国内众多小型制鞋企业而言，由于管理部门打击力度不够，企业维权成本过高，企业创新不如仿制，这极大地抑制了企业自主创新的积极性，致使鞋类产品同质化的现象比较严重。这种同质化存在于产品品牌LOGO、宣传理念、产品设计、营销模式等等各个层面，基本是拿着别人的产品进行改版，从而导致生产的产品在样式、用料、档次、目标、市场方面基本雷同。

（4）产品以外销为主，出口市场过于集中。

除少数企业注重品牌创立外，中国大部分制鞋企业主要为国内外知名鞋类企业提供加工定制和贴牌服务，或直接开展海外贸易，产品以外销为主。中国鞋类出口市场主要集中在美国、日本、俄罗斯、德国和英国。2012年中国对这5个国家的出口占中国出口鞋类产品总额的46.40%，而且仅对美国的出口就占到了中国出口鞋类产品总额的27.60%。出口市场的过于集中，导致贸易摩擦频繁发生。

（5）完全竞争的市场。

中国制鞋企业由于进入门槛低，企业数量众多，分企业销售收入集中度较低，是典型的原子型市场，制鞋企业处于完全竞争的状态。同时，企业主要集中分布于东部、南部沿海地区，分地区销售收入集中度较高，较高的区域集中度在一定程度上加剧了同行业间的市场竞争。近年来，由于鞋类企业对未来发展过于乐观，盲目扩大生产规模、库存高位，导致整个制鞋行业的产品过度供给和生产能力严重过剩。加之产品主要集中于中低档，企业多以价格竞争为主要竞争手段，因此导致市场面临“三低”（低档次、低质量、低价格）问题，造成市场上和经营中的无序竞争。

（6）企业生产经营模式落后，行业利润率偏低。

在中国整个制鞋产业链中，优质原料、核心技术、研发设计以及市场营销、国际品牌等增值较大的部分主要依赖外国。国内大部分制鞋企业是根据国外订单进行来料加工，即OEM的生产经营模式。采用这种生产经营模式，不仅使企业的生产经营失去了主动权，更重要的是利润的最丰厚部分被上游国外品牌厂商拿走，因此中国制鞋行业的整体利润率偏低。

2. 中国制鞋业行业发展趋势

（1）产业转型和转移是大势所趋。

受到土地资源、劳动力成本、原材料供应、环境保护以及销售市场等多方面因素的影响和制约，传统低成本生产的优势逐渐削弱，出口导向模式的基础严重动摇，以中小企业为主的中国制鞋业普遍面临增长瓶颈开始进行产业转型和转移。一部分有创新能力和规范性较强的企业，走向产业升级的转型之路；一部分依靠生产成本取胜的企业开始把生产车间向西部地区转移，以期利用西部资源丰富、价格低廉的原料和劳动力资源，降低生产成本，实现二次创业。制鞋业能带来庞大的就业人群，有强大的产业带动作用，因此经济发展相对较为落后的内陆地方政府也纷纷对产业转移给予了极大地政策支持。中国中西部地区目前正在加紧规划园区，出台优惠政策，承接产业转移。

（2）产品内销市场不断扩大。

近年来由于世界经济的不景气，各国为保护国内市场，于是频繁运用反倾销措施来限制外国产品进入，使得以出口为主的中国制鞋企业受到不小的冲击。反观国内，美国鞋业零售及批发商协会前主席皮特在第四届世界鞋业发展论坛透露，中国公民目前平均每人每年消费鞋为2.5双，远远低于美国公民每人每年平均7.5双的消费水平，“中国国内市场增加一半，就将达到年消费鞋子70亿双，未来五到十年内，中国将成为世界最大的鞋消费市场”。在外销遇阻，内销较弱的情况下，很多依靠接单生产的出口贸易型制鞋企业，打破以出口为主的禁锢，转而加强开发国内市场。

(3) 企业更加注重品牌塑造，接轨国际展开深入合作。

近年来，中国制鞋企业对产品的质量和款式设计的重视已有所提高，但由于企业间同质化严重、产品结构趋同，长期不注重自身品牌的创建，产品缺少品牌附加价值，因此出口增长仍主要依靠价格竞争和数量的扩张。随着产业结构的调整和市场竞争的加剧，中国制鞋企业的品牌塑造意识开始觉醒，积极在国内国际市场创立自己的品牌和行销管道，以获取更大的利润空间，创造更大的产业优势。

并且，国内制鞋企业开始注重接受国际时尚元素，并积极搭建国际平台与国际品牌商开展合作。像森达、百丽、奥康、康奈等国内知名品牌都在创建高端产品研发平台，在国内外设立研发中心，聘请世界著名设计大师，根据社会和时代的变化加入时尚流行元素，力求与国际时尚同轨。部分企业还积极搭建国际商务平台，使中国的鞋类产品消费市场从原来的依靠低价拉动市场购买，转变为主动引导市场需求拉动产品的销售。如森达集团投资6亿多元在上海建成了国内现代化、国际化程度最高的出口皮鞋生产基地，与40个国家的100多家国际鞋商建立起合作关系。

(4) 市场集中度不断提升。

随着中国制鞋业的产业转型和转移，制鞋行业格局出现调整，许多小型企业出现倒闭或被兼并的现象。在中国制鞋业成长过程中，一部分逐渐失去竞争力的中小企业逐渐倒闭，并不完全是坏事，符合优胜劣汰、新陈代谢的自然规律，淘汰一部分是必然的。淘汰落后产能和遏制产能过剩行业的盲目扩张，在一定程度上提高了制鞋行业市场集中度。2012年，中国制鞋行业规模以上企业亏损企业共有351家，比上年增加80家，同比增长29.52%。

第四节 中国鞋类消费市场分析

一、鞋类产品市场规模分析

根据瑞士银行一项统计显示，随着人均消费能力特别是农村消费水平的提高，全球鞋类消费重心正向亚洲，特别是中国转移。中国消费鞋类数量在2011年首次超过美国，成为世界第一大鞋类消费国。目前中国公民目前平均每人每年消费鞋为2.5双，远低于美国公民每人每年平均7.5双的消费水平。由此可见，是中国的13亿人口消费基数造就了庞大的鞋类消费市场，而消费者不断提升的消费能力，则显示出中国鞋类消费未来巨大的市场增长空间。来自国家统计局和海关总署的统计数据显示，2012年中国制鞋行业规模以上企业销售收入达到571 980.28百万元，鞋类产品进出口额分别为1 785.46百万美元和46 818.11百万美元。由此我们推算，2012年中国鞋类产品市场规模约为4 423亿元，同比增长9.66%，增幅下降了12.19个百分点，是2010年市场规模的1.34倍，复合增长率达到15.60%。2010—2012年，中国鞋类产品市场规模仍保持稳定增长，但增幅有所放缓（见图6－6，表6－5）。

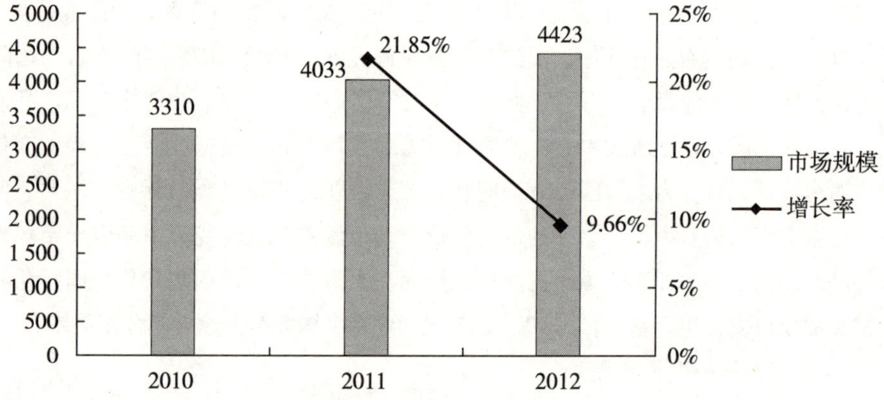

图6－6　2010—2012年中国鞋类产品市场规模（Unit：RMB 100 Million）

表6－5　　2010—2012年中国制鞋业市场规模变化列表

（单位：100百万元人民币）

	2010	2011	2012
市场规模	3 310	4 033	4 423
增长率	—	21.85%	9.66%

对本次研究所涉及的鞋类细分品种进行研究可知，皮鞋是中国制鞋业最主要的细分品种。2012年，皮鞋行业规模以上企业销售收入为387 342.69百万人民币，占中国鞋类产品全行业销售收入的67.72%。结合当年皮鞋产品进出口数据和行业销售收入进行分析后，我们推算，2012年中国皮鞋行业的市场规模为2 950亿元人民币。

根据近三年的市场数据分析，2010—2012年，中国纺织面料鞋、皮鞋、橡胶和塑料鞋的市场规模增长放缓，特别是2011年之后。皮鞋、橡胶和塑料鞋的增幅迅速下滑，纺织面料鞋的增幅略有上升。针对皮鞋产品来说，2011年中国皮鞋行业市场规模为2 727亿元人民币，2012年为2 950亿元人民币，同比仅增长8.17%，增幅下降9.98个百分点（见图6-7，表6-6）。

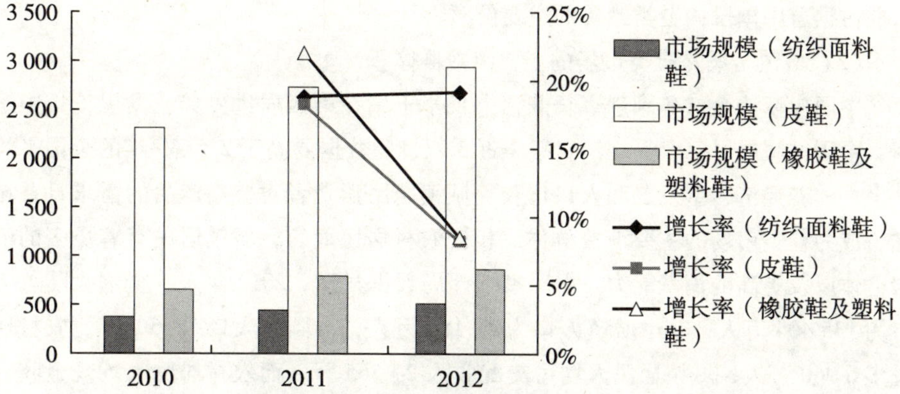

图6-7　2010—2012年中国纺织面料鞋、皮鞋、橡胶和塑料鞋的市场规模（单位：100百万元人民币）

表6-6　2010—2012年中国纺织面料鞋、皮鞋、橡胶鞋和塑料鞋的市场规模变化列表　（单位：100百万元人民币）

	2012		2011		2010	
	市场规模	增长率	市场规模	增长率	市场规模	增长率
纺织面料鞋	517	19.23%	433	18.85%	365	—
皮鞋	2 950	8.17%	2 727	18.15%	2 308	—
橡胶鞋及塑料鞋	867	8.58%	798	21.93%	655	—

注：皮鞋行业2010年市场规模数据包含除纺织面料、橡胶、塑料鞋以外的其他鞋类产品。

二、鞋类产品市场消费特点及趋势分析

1. 鞋类产品市场消费特点分析

（1）低档鞋类产品占据销量主要份额。

中国市场上的高档鞋类产品主要来自欧美的进口品牌及部分国产国际品牌，中档鞋类产品主要来自国内知名品牌，低档鞋类产品则主要为国内杂牌或无品牌产品。虽然近年来高中档产品的市场在大中城市发展迅速，但低档产品在销量上仍占据相当的份额，国产鞋类产品仍然是市场主导力量。据中国百货商业协会在

2010年调查结果显示，中国城镇居民的年人均鞋类消费仅为323元，即鞋类的平均消费单价为129元/双（以年人均消费鞋2.5双计算），并且从消费能力可推测出农村居民的人均鞋类消费单价相比城镇居民还要低。也就是说，低档鞋类产品目前占据着中国国内鞋类销量的主要份额。

（2）城镇居民是鞋类市场的主要消费群体。

中国皮革协会常务副理事长兼秘书长李玉中在第四届世界鞋业发展论坛中透露，中国城镇居民每年人均消费鞋类近3双，此数据要高于2.5双/年的全国平均水平。随着经济转型发展和人口增长，城镇居民消费者对鞋类产品的需求日益增加，成为鞋类市场的主要消费群体。相比农村居民而言，城镇居民有着更多的消费群体以及更高的消费能力。据国家统计局数据显示，2012年末，全国大陆总人口为135 404万人，其中城镇人口为71 182万人，占到总人口52.6%，比农村居民多6 960万人；城镇居民人均可支配收入24 565元，而农村居民人均现金收入仅为7 917元。

（3）鞋类产品消费具有季节性和地域性。

中国独特的气候条件、广阔的地域，使中国的鞋类产品消费有其独特的特点。首先，中国大部分区域四季更替明显，不同的季节，人们对鞋类产品的需求不同，这使得中国鞋类产品的消费具有明显的季节性。消费者会随季节更替对鞋类产品进行消费更新，同时，季节的更替也会激发人们的新的消费欲望。

其次，中国地域广阔，由于东西南北跨度较大，拥有热带季风气候、亚热带季风气候、温带季风气候、温带大陆性气候、高山高原气候五种主要的气候类型。即使在同一季节，不同地域的消费者对鞋类产品需求的侧重点也不尽相同。例如在夏季，东南地区的消费者更加注重鞋类产品的防水性，而西北地区由于常年气候较为干旱，则对鞋类的防水性没有太大要求；冬季，中国大陆越往北的地区对鞋子的保暖性、鞋底厚度及皮毛一体等的需求会越来越高。

（4）针对不同产品类型，消费者的消费心理各异。

据调查显示，消费者在购买皮鞋时，品质、材料、价格是消费者依次考虑的主要因素，对品牌的关注度还不高。但在买运动鞋时，消费者普遍首要关注的是鞋类的品牌。这一方面是因为国际及国内知名运动品牌在广告宣传上的投入巨大，知名品牌的产品在款式、品质、材料和价格方面匹配的较好。另一方面，因为运动鞋是根据人们参加运动或旅游的特点设计制造的，不仅要求具有一般鞋类的舒适、保护、美观等特性外，更加注重如何避免运动伤害、增强运动功能、提高运动成绩，所以制造运动鞋的用料及设计的科学性十分重要，而品牌产品往往具有这样的产品优势。

2. 鞋类产品消费发展趋势分析。

(1) 鞋类产品的消费量将保持快速增长。

世界鞋类消费的主战场正由传统的欧美市场向新崛起的亚洲、特别是中国市场转移。根据瑞士银行预测，未来10年，亚洲人均鞋类消费量有可能突破3.5双，鞋类消费总量达到100多亿双。按此计算，未来十年亚洲的鞋类消费量年均增长为3.6%，而中国的鞋类消费量年均增速为7.5%（假设2020年中国鞋类人均消费量达到亚洲水平），远高于亚洲消费市场的平均水平，未来中国鞋类产品的消费量将保持快速增长。

(2) 鞋类产品功能消费细化，消费向中高档产品发展。

随着中国经济的发展，消费者消费能力的提升带来鞋类消费两方面的变化：

一是鞋类消费由中低档向中高档产品发展。收入水平的提高，使人们更加注重鞋类产品的质量、品牌以及时尚性，对鞋类产品的消费由需求型向享受型转变，消费的层次由中低档向中高档发展。

二是消费者对鞋的功能性需求更加细化。人们越来越注重生活品质，讲究穿着用途和穿着场合。现代社会的社交场合越来越丰富，不同的生活形态对鞋类产品产生了不同的需求，鞋被细化为正装鞋、休闲鞋、运动鞋及拖鞋等。消费者在购买鞋类产品时越来越关注鞋类产品的健康、轻松、娱乐、方便等的功能。

(3) 消费理念趋向个性化、时尚化。

作为装饰外表形象的重要服饰品，人们越来越多的重视鞋类产品所带来的审美价值和审美享受。随着人们精神生活的丰富，中国消费者的消费时尚化表现愈加突出。针对鞋类产品，时尚化消费主要表现在人们对鞋靴的楦型、结构式样、材质、色彩、图案、装饰工艺、装饰配件和新功能的不断追逐。此外，在这个强调个性化的时代，消费者越来越喜欢能够体现自我们存在的个性化商品，鞋类产品作为外在装饰和必需物品，更容易让人感受到自我们存在感和体现个性化。鞋类产品消费个性化的趋势在青年消费群体中表现得尤为突出。

(4) 儿童成为具有潜力的消费群体。

国家统计局数据显示，2012年中国0~14岁（含不满15周岁）人口22 287万人，占总人口的16.5%。随着人们生活水平的提高，家庭的开支有40%是围绕孩子消费，特别是中国独特的独生子女政策决定了这个特殊年龄段的消费者是当今社会最具潜力的消费群体。独生子女家庭的倒金字塔结构强化了子女在家庭消费中的地位，消费不再是子女个人的行为，而是以整个家庭为单位的家庭消费行为，子女的消费能力无形中大幅提高。

以整个家庭为单位的家庭消费行为对童鞋的消费产生巨大的影响。首先，对童鞋的消费需求从基本量的满足转向品质的提高，消费者更加关注童鞋的健康、安全，同时因为使用者为儿童，所以会关注鞋类产品的趣味性，外表的时尚和卡通性。其次，消费者开始越来越关注童鞋的品牌，许多成人鞋类品牌商已经开始关注并进入童鞋市场。

（5）销售重心由原来的城市逐渐转移到农村。

国家对“三农”（农业、农村、农民）问题的重视，使得农村经济发展迅速，农村面貌日新月异，农村居民的消费水平有了质的提高，2012 年中国农村居民人均现金收入为 7 917 元，比上年名义增长 13.5%，实际增长 10.7%。收入的增长带动了消费能力的提升。农村鞋类产品的消费需求越来越大，对鞋的认知不仅仅停留的生活必需上，对鞋的质量、美观、舒适、品牌都有了较大的认知，因此，有不少企业调整市场定位，销售重心由原来的城市逐渐转移到农村。

第五节　中国鞋类产品进口状况分析

一、近年来中国鞋类产品进口变化分析

2012 年中国鞋类产品的进口金额为 1 785.46 百万美元，同比增长 14.88%，是 2010 年进口金额的 1.60 倍。2012 年的进口数量为 50 865.23 吨，是 2010 年产品进口数量的 1.14 倍。2010—2012 年，中国鞋类产品的进口金额及数量不断增长，但增幅出现下降的趋势，三年间进口金额和进口数量年均增长率分别为 26.93% 和 6.84%（见图 6－8）。

2012 年中国国内经济增速放缓，直接利用外资规模下降，使中国的进口需求呈减弱的趋势。加之，中国鞋类产品，特别是运动鞋产品的库存量较大，造成 2012 年中国鞋类企业销售压力攀升，对鞋类产品的进口量及进口金额都造成了一定的影响。

从细分产品的进口金额的所占比例来看，2012 年中国进口鞋产品的主要细分品种为皮鞋制品（HS－code：6403），进口金额达到 1 049.87 百万美元，约占当年中国鞋类产品进口总额的 58.80%。其次为鞋靴零配件、及护腿、裹腿等相关配件

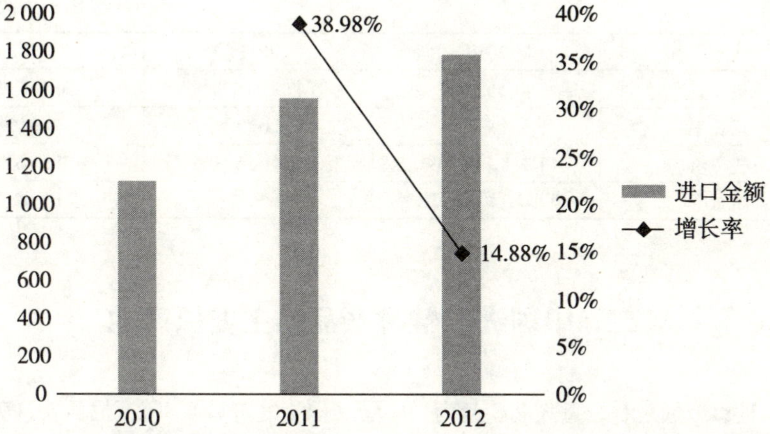

图 6 -8 2010—2012 年中国鞋类产品历年进口金额变化趋势（单位：百万美元）

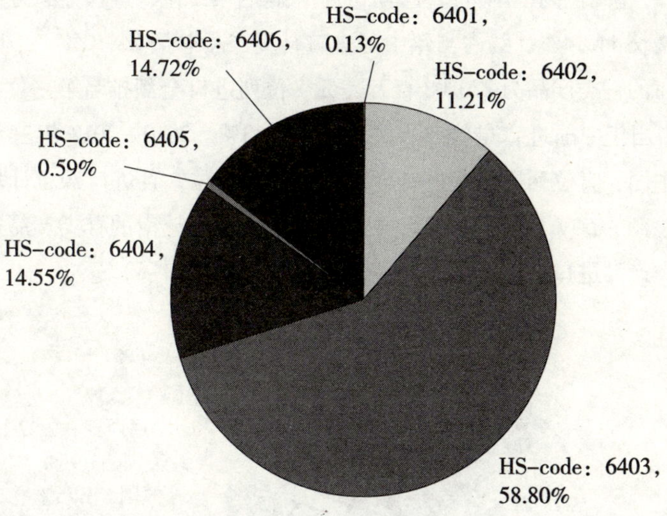

图 6 -9 2012 年中国进口鞋类产品主要细分品种所占比例（按进口金额划分）

（HS-code：6406），进口金额为 262. 78 百万美元，约占当年中国鞋类产品进口总额的 14. 72%。此外，纺织面料鞋（HS - code：6404）的进口金额为 259. 72 百万美元，约占当年中国鞋类产品进口总额的 14. 55%，成为第三大进口细分种类（见表 6 -7，图 6 -9）。

表 6－7　2010—2012 年中国鞋类产品进口量、进口金额及增长率变化

（单位：千克，美元）

	2010	2011	2012
进口量	44 563 890	47 969 428	50 865 234
增长率	—	7.64%	6.04%
进口值	1 118 278 349	1 554 188 567	1 785 463 210
增长率	—	38.98%	14.88%

二、中国进口鞋类产品的主要原产地

从进口金额来看，意大利、越南、中国（国货复进口）、印度尼西亚、美国、韩国、西班牙、中国台湾、斯洛伐克、葡萄牙是中国进口鞋类产品的主要来源地（见图 6－10）。意大利是中国进口鞋类产品最大的来源地，2012 年，中国从意大利进口鞋类产品金额为 472.09 百万美元，同比增长 38.77%，约占当年中国进口鞋类产品总额的 26.44%；越南位列中国进口鞋类产品金额排名第二位，进口金额为 430.37 百万美元，同比增长 44.14%，约占当年中国进口鞋类产品总额 24.10%；中国以国货复进口形式进口的鞋类产品为 270.08 百万美元，位列进口金额排名第三位，同比增长 7.84%，约占当年中国进口鞋类产品总额的 15.13%。2010—2012 年三年间，意大利、越南、中国一直位列原产地进口金额排名的前三位，且进口额合计均占当年鞋类产品进口总额的 50% 以上。2012 年中国仅在意大利和越南的鞋类产品进口金额就占了当年鞋类产品进口总额的 50.54%（见图 6－11，表 6－8）。

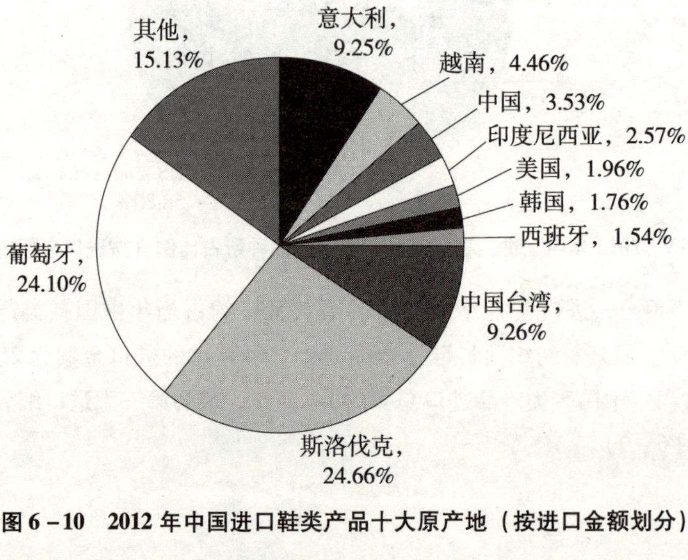

图 6－10　2012 年中国进口鞋类产品十大原产地（按进口金额划分）

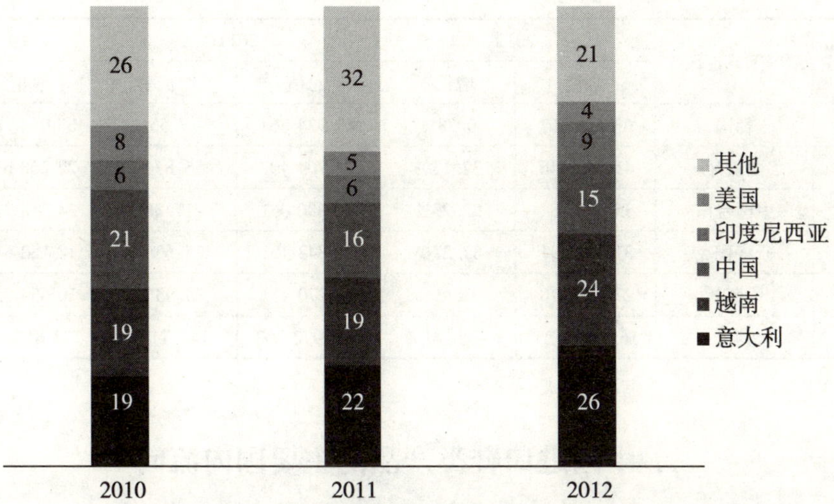

图 6－11　2010—2012 年中国进口鞋类产品的主要原产地历年变化趋势（按进口金额划分 单位:%）

制鞋业是意大利的传统优势行业，其制造的鞋类产品品质优良，在世界范围内享有盛誉。中国从意大利进口的鞋类产品数量并不是最多的，但进口金额却位居首位，可看出中国从意大利进口的鞋类是以高档产品为主。

进出口数据显示，中国从越南进口的大部分为橡胶鞋类制品。由于越南发达的橡胶产业、低廉的劳动力价格等，使得越南橡胶价格相对较低，而且中国与越南有橡胶产业合作的项目，涉及橡胶产品的双方贸易较多。加之，近年来耐克、阿迪达斯等国际知名鞋企的代工厂撤出中国转向越南，中国国内部分制鞋企业也由于国内综合生产成本上升等的原因将生产线转向东南亚的越南、印度尼西亚等国家，在一定程度上促进了中国对越南鞋类产品的进口。

表 6－8　2010—2012 年中国进口鞋类产品十大原产地数据变化

（单位：美元）

排名	国家或地区	2012		2011		2010
		总值	增长率	总值	增长率	总值
1	意大利	472 089 225	38.77%	340 204 639	57.42%	216 107 516
2	越南	430 372 069	44.14%	298 588 506	37.86%	216 584 280
3	中华人民共和国	270 082 783	7.84%	250 456 150	4.31%	240 118 076
4	印度尼西亚	165 083 228	69.39%	97 455 559	35.84%	71 745 178
5	美国	79 563 724	3.24%	77 067 947	－10.60%	86 207 296

续表

排名	国家或地区	2012		2011		2010
		总值	增长率	总值	增长率	总值
6	韩国	63 113 667	0.28%	62 934 864	-7.55%	68 074 987
7	西班牙	45 869 446	32.15%	34 709 407	55.87%	22 268 619
8	中国台湾	35 062 084	22.23%	28 686 061	-17.38%	34 718 711
9	斯洛伐克	31 342 691	37.21%	22 842 101	25.63%	18 182 618
10	葡萄牙	27 462 770	92.45%	14 270 431	33.93%	10 654 754
	其他	165 421 523	-49.41%	326 972 902	144.71%	133 616 314

三、中国进口鞋类产品的主要国内流向

从进口金额来看，上海、江苏、广东、北京、山东、福建、天津、浙江、辽宁、四川是中国进口鞋类产品的主要国内流向地（见图6-12）。上海是中国进口鞋类产品最多的地区，2012年上海进口鞋类产品金额为761.78百万美元，同比增长2.05%，约占当年中国进口鞋类产品总额的42.67%。江苏位列中国进口鞋类产品排名第二位，进口金额为407.66百万美元，同比增长101.97%，约占当年中国进口鞋类产品总额22.83%。广东位列排名的第三位，进口金额为279.62百万美元，同比增长2.58%，约占当年中国进口鞋类产品总额的15.66%。2010—2012年三年间，上海、江苏、广东一直位于中国进口鞋类产品总额的前三位，三省市的进口额合计均占当年鞋类产品进口总额的70%以上（见图6-13）。

从增长率方面来看，2012年进口鞋类产品国内流向地的十个地区中有一半省份的鞋类产品进口额出现了负增长，其他省份的增长率同比也出现了较大幅度的下降。显示出，2012年中国各主要进口鞋类产品的消费市场需求均呈现了不同程度的萎缩（见表6-9）。

综上所述，中国鞋类产品进口主要集中在东南部沿海地区，原因主要有两个，一是东南部沿海发展制鞋业较早，产品以加工出口为主，因此聚集于交通便利的沿海地区，而产业集群的产生使得该地区对进口零配件、代加工品有集中需求。二是东南部沿海地区经济发达，人民生活水平较高，有着较高的消费能力，可以支付高档进口鞋类产品消费，是进口鞋类产品的主要消费地区。2012年东南部沿海地区鞋类产品进口增长率出现下滑，可能与外需不景气及国内产业转移有关。

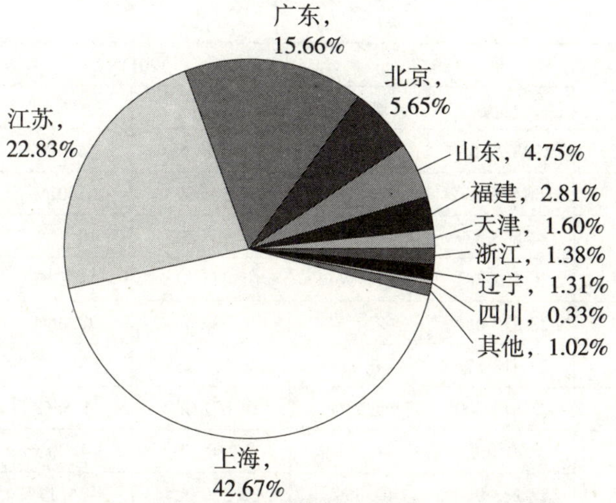

图 6－12　2012 年中国鞋类产品国内流向地进口金额排名前十的地区（按进口金额划分）

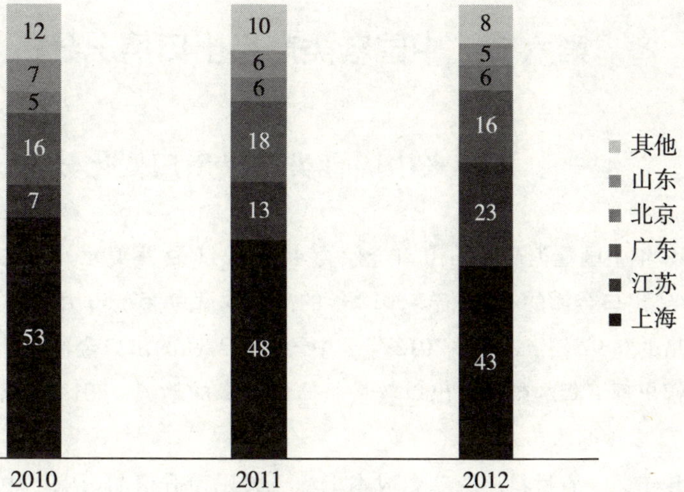

图 6－13　2010—2012 年中国进口鞋类产品主要国内流向地历年变化趋势（按进口金额划分 单位：%）

表 6－9　2010—2012 年中国进口鞋类产品国内流向地排名前十的地区进口金额变化

（单位：美元）

排名	地区	2012		2011		2010
		总值	增长率	总值	增长率	总值
1	上海	761 778 646	2.05%	746 480 879	26.07%	592 108 073
2	江苏	407 664 777	101.97%	201 846 018	145.84%	82 103 385

续表

排名	地区	2012		2011		2010
		总值	增长率	总值	增长率	总值
3	广东	279 622 680	2.58%	272 592 684	54.61%	176 309 374
4	北京	100 859 672	16.87%	86 301 325	65.02%	52 296 087
5	山东	84 803 527	-3.53%	87 907 412	10.26%	79 725 397
6	福建	50 102 381	-17.96%	61 073 173	11.17%	54 938 021
7	天津	28 510 058	-22.37%	36 725 481	28.86%	28 500 116
8	浙江	24 618 874	-6.72%	26 391 058	68.60%	15 653 377
9	辽宁	23 318 500	58.93%	14 672 342	4.66%	14 018 854
10	四川	5 901 083	-18.36%	7 228 171	31.00%	5 517 718
	其他	18 283 012	40.96%	12 970 024	-24.19%	17 107 947

第六节　中国鞋类产品出口情况分析

一、近年来中国鞋类产品出口变化分析

2012 年中国鞋类产品的出口金额为 46 818.11 百万美元，同比增长 12.21%，是 2010 年出口金额的 1.31 倍。2012 年的出口数量为 457.30 万吨，是 2010 年产品出口数量的 0.97 倍。2010—2012 年，中国鞋类产品的出口金额不断增大，但出口金额增幅出现下降的趋势；出口数量总体呈下降的趋势，2012 年出口数量同比下降了 3.72%（见图 6-14）。

近几年，受原材料、劳动力成本上涨、人民币升值的影响，中国鞋出口价格优势逐渐丧失，越来越多的国际制造企业把生产基地和订单转向要素成本相对较低的越南、柬埔寨、孟加拉等东南亚国家。亚洲鞋业协会多方调查结果显示，自从 2008 年金融危机爆发以来，随着中国制造业成本节节攀升，目前东南亚鞋业已抢走中国大约 30% 订单。据不完全统计，从 2008 年至今仅珠三角的台资鞋企就减少了 1 000 多家，这其中有三分之一迁往了东南亚。如耐克于 2009 年 3 月关闭了其在华的唯一一家鞋厂，迁至越南；2012 年 7 月，阿迪达斯宣称关闭在华的唯一一家自有工厂，把生产线迁往东南亚。目前，印度鞋生产量位列世界第二，越南也已成为世界第四大鞋生产国，中国鞋出口产业正遭受更加激烈的国际市场竞争。

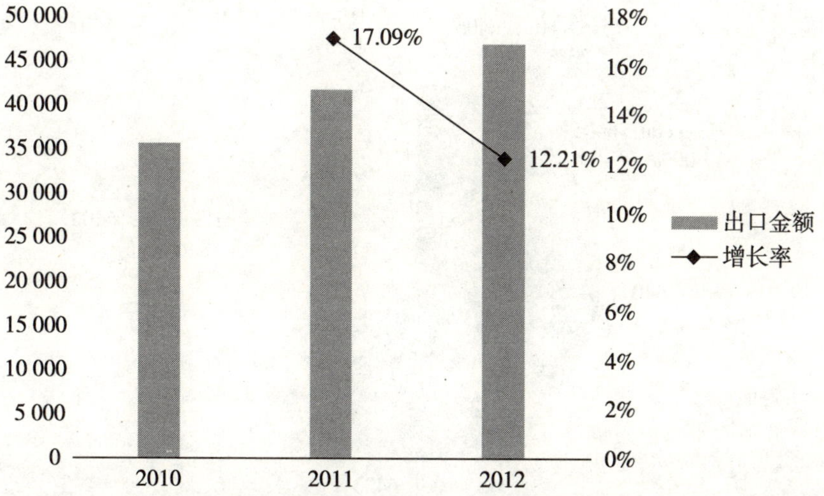

图 6－14　2010—2012 年中国鞋类产品历年出口金额变化趋势（单位：百万美元）

加之，受金融危机等影响，外需不振，全球贸易保护主义盛行，欧美市场不断提高技术壁垒，新兴市场部分国家贸易保护措施频发，贸易壁垒的增多进一步制约了中国鞋类产品出口的增长空间。

从细分产品的出口金额的所占比例来看，2012 年中国出口鞋产品的主要细分品种为橡胶或塑料鞋（除防水鞋靴）（HS－code：6402），出口金额达到 18，218. 64 百万美元，约占当年中国鞋类产品出口总额的 38. 91%。其次为皮鞋制品（HS－code：6403），出口金额为 10 823. 88 百万美元，约占当年中国鞋类产品出口总额的 23. 12%。此外，纺织面料鞋类制品（HS－code：6404）的出口金额为 8 210. 68百万美元，约占当年中国鞋类产品进口总额的 17. 54%，成为第三大出口细分种类（见表 6－10，图 6－15）。

表 6－10　2010—2012 年中国鞋类产品出口数量、出口金额及增长率变化

（单位：千克，美元）

	2010	2011	2012
出口量	4 722 220 446	4 749 865 327	4 572 964 473
增长率	—	0. 59%	－3. 72%
出口值	35 633 676 238	41 722 887 621	46 818 110 572
增长率	—	17. 09%	12. 21%

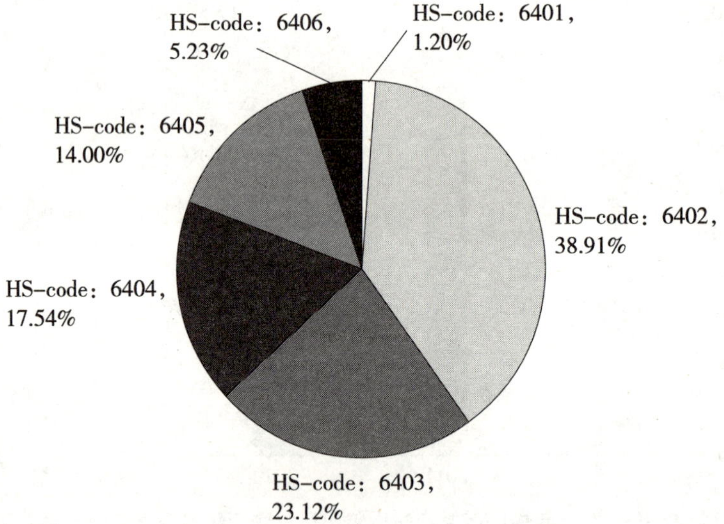

图 6－15　2012 年中国出口鞋类产品主要细分品种所占比例（按出口金额划分）

二、中国出口鞋类产品的主要目的地

从出口金额来看，美国、日本、俄罗斯、德国、英国、中国香港、哈萨克斯坦、巴拿马、南非、荷兰是中国出口鞋类产品的主要目的地（见图 6－16）。美国是中国出口鞋类产品最大的目的地，2012 年，中国鞋类产品出口到美国的金额为 12 921.60 百万美元，同比增长 8.26%，约占当年中国出口鞋类产品总额的 27.60%。日本位列中国出口鞋类产品金额排名第二位，出口金额为 2 704.58 百万美元，同比增长 6.58%，约占当年中国出口鞋类产品总额 5.78%。俄罗斯位列中国出口鞋类产品金额排名的第三位，出口金额为 2 545.19 百万美元，同比增长 3.22%，约占当年中国出口鞋类产品总额的 5.44%。2010—2012 年三年间，美国、日本、俄罗斯虽然一直位列出口目的地金额排名的前三位，但所占比例在逐年减少（见图 6－17，表 6－11）。

美国鞋类产品市场 95% 以上依靠进口。2012 年中旬，美国鞋业经销与零售商协会对年度鞋类采购的预测是 85.3% 的美国鞋类进口将来自中国，是 7 年来的最低点，这可能与美国国内财政悬崖预期、政府债务负担和外国欧债危机风险有关，特别是美国制造业的回流，使美国国内对进口鞋类产品的消费需求缩小。但由于鞋类产品属于生活必需品，所以尽管中国对美国鞋类产品出口幅度出现下滑，但降幅不大。

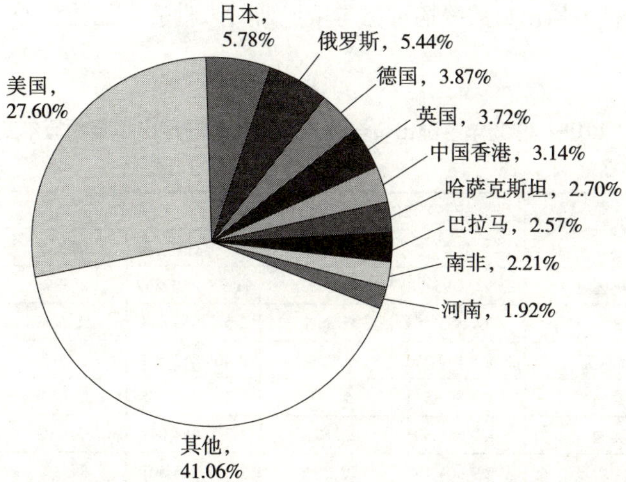

图 6－16　2012 年中国出口鞋类产品十大目的地（按出口金额划分）

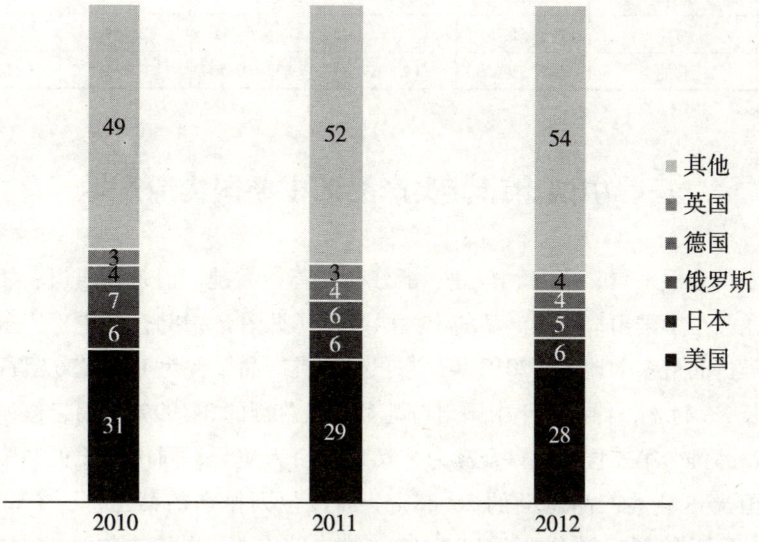

图 6－17　2010—2012 年中国出口鞋类产品主要目的地出口金额历年变化趋势（按出口金额划分 单位%）

在全球经济不景气的背景下，全球对能源需求的减少抑制了原料价格上涨，这直接影响到主要依靠能源出口的俄罗斯的经济增长，同时也使得俄罗斯国内需求表现疲软，投资和消费双双放缓。另一方面年初欧洲遭遇极寒天气，此异常气候导致东欧各国，特别是乌克兰和俄罗斯鞋类产品大量积压仓库，不少客户仍以消化库存为主，因此减少了订单。另外，俄罗斯于 2012 年正式成为 WTO 第 156 个成员，中国对俄罗斯出口放缓还可能与俄罗斯对入世后可能受到冲击的产业加强保护有关。

表6－11　2010—2012年中国出口鞋类产品十大目的地出口金额历年变化

（单位：美元）

排名	国家或地区	2012		2011		2010
		总值	增长率	总值	增长率	总值
1	美国	12 921 595 112	8.26%	11 935 891 869	8.58%	10 992 550 969
2	日本	2 704 583 459	6.58%	2 537 659 414	11.61%	2 273 631 198
3	俄罗斯	2 545 189 216	3.22%	2 465 863 691	5.26%	2 342 678 951
4	德国	1 812 599 545	5.42%	1 719 487 105	33.03%	1 292 557 864
5	英国	1 739 661 507	25.87%	1 382 064 049	13.44%	1 218 333 527
6	中国香港	1 469 604 181	17.35%	1 252 345 501	8.53%	1 153 903 712
7	哈萨克斯坦	1 265 564 477	15.01%	1 100 367 554	10.44%	996 389 362
8	巴拿马	1 205 036 893	23.73%	973 912 588	7.69%	904 330 012
9	南非	1 035 429 892	46.92%	704 760 875	23.86%	568 980 611
10	荷兰	897 651 757	9.75%	817 926 411	32.46%	617 478 710
	其他	19 221 194 533	14.19%	16 832 608 564	26.82%	13 272 841 322

三、中国出口鞋类产品的主要国内原产地

从出口金额来看，广东、福建、浙江、江苏、新疆、山东、四川、江西、上海、黑龙江是中国出口鞋类产品的十大原产地（见图6－18）。其中，广东是中国出口鞋类产品最多的地区，2012年广东出口鞋类产品金额为16 382.67百万美元，同比增长13.44%，约占当年中国出口鞋类产品总额的34.99%。福建位列中国出口鞋类产品排名第二位，出口金额为9 764.83百万美元，同比增长9.73%，约占当年中国出口鞋类产品总额的20.86%。浙江位列排名的第三位，出口金额为8 466.60百万美元，同比下降1.01%，约占当年中国出口鞋类产品总额的18.08%。2010—2012年三年间，广东、福建、浙江一直位于中国出口鞋类产品总额的前三位，且三省的出口金额都占当年全国出口鞋类产品总额的70%以上（见图6－19，表6－12）。

可以看出，中国鞋类产品出口企业主要集中在东南部沿海地区，这些地区有着较为完整的制鞋产业链，市场机制健全，特别是广东、福建、浙江等省市。但近年来由于外部市场的需求不振，国内综合成本提升等多重因素影响，使得三省市的鞋类产品出口金额增长率均出现了不同程度的下滑，其中浙江省下滑程度居

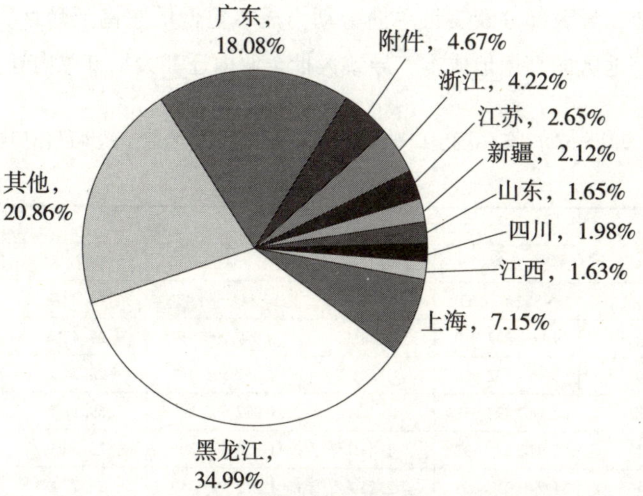

图 6-18　2012 年中国出口鞋类产品十大国内金额原产地（按出口金额划分）

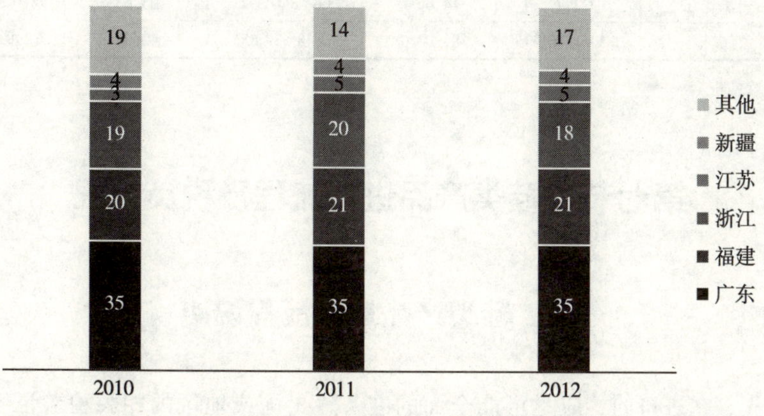

图 6-19　2010—2012 年中国出口鞋类产品主要国内原产地出口金额历年变化趋势（按出口金额划分 单位：%）

三省市之首。

综合多方面因素分析，造成其出口额增幅下滑的原因：一是欧债危机持续发酵，欧洲各国需求减少造成订单下降，如在温州（温州是浙江省主要的鞋类生产基地之一，拥有奥康、红蜻蜓、康奈等一批龙头企业和大型出口企业，其年出口额约占浙江鞋类出口总额的一半以上）采购量最大的 Deichmann SE 公司，采购量与往年相比减少 20% 左右，并出现部分客户因产品销路不好而延期出货、拒收或拖欠贷款的现象。二是企业生产成本大幅上升，加之人民币升值，削弱出口鞋类价格竞争优势，导致部分欧美订单向劳动力成本更低的东南亚地区大幅转移。三是东南部沿海地区的高用地成本，导致大批企业内迁和大批订单内迁。

表6-12 2010—2012年中国出口鞋类产品国内原产地排名前十的地区出口金额历年变化

（单位：美元）

排名	地区	2012		2011		2010
		总值	增长率	总值	增长率	总值
1	广东	16 382 671 532	13.44%	14 441 584 473	14.34%	12 630 730 361
2	福建	9 764 832 010	9.73%	8 899 299 917	27.42%	6 984 310 218
3	浙江	8 466 602 668	-1.01%	8 552 596 333	28.34%	6 664 254 917
4	江苏	2 188 590 358	10.93%	1 972 963 193	69.15%	1 166 398 954
5	新疆	1 974 221 372	7.48%	1 836 870 305	25.59%	1 462 576 674
6	山东	1 240 917 657	2.25%	1 213 598 340	26.70%	957 881 910
7	四川	990 642 911	12.95%	877 037 546	9.13%	803 699 436
8	江西	927 789 634	50.08%	618 176 641	97.81%	312 502 537
9	上海	772 998 220	-3.05%	797 334 626	65.94%	480 499 890
10	黑龙江	762 297 214	14.66%	664 846 392	-23.65%	870 828 005
	其他	3 346 546 996	81.03%	1 848 579 855	-43.98%	3 299 993 336

第七节 鞋类产品进口流程及税负状况

一、鞋类产品进口流程说明

首先，在进口前，应尽可能全面的准备输出国或地区的相关检验证明文件，选定中国鞋类产品的进口商，并向国家质量监督检验检疫总局咨询和确认相关产品生产标准、产品证明文件等事项。中国国家质量监督检验检疫总局设在各地的出入境检验检疫机构负责进口鞋类产品的监督检验管理工作。

根据《中华人民共和国濒危野生动植物进出口管理条例》，对于海关监管证件代码为“F”，即涉及野生动物皮革的鞋类产品，在进口时申请人应当向其所在地的省、自治区、直辖市人民政府野生动植物主管部门提出申请，办理《濒危物种允许进口证明书》。濒危物种允许进口证明书是指纳入《进出口野生动植物种商品目录》管理范围的野生动植物及其制品实施进口许可管理，国家濒管办及其授权办事处签发准予进口的许可证件。

其次，鞋类产品的海关监管证件代码为“B”，即进口非法定检验商品，在进境前或者进境时，如果需要，货主或者其代理人也可以进行报检，即持原产地证书、贸易合同、信用证、提单、发票等单证向进境口岸检验检疫机构报检。检验检疫机构对报检所提交的单证进行审核，符合要求的，受理报检；涉及人身财产安全、健康、环境保护项目不合格的，责令当事人销毁，或者出具退货处理通知单并书面告知海关，海关凭退货处理通知单办理退运手续；其他项目不合格的，在施检部门监督下进行技术处理，经重新检验合格的，方可销售或使用。当事人申请出证的，施检部门和检务部门将出具《入境货物检验检疫证明》或《检验检疫处理通知书》（见图6－20）。

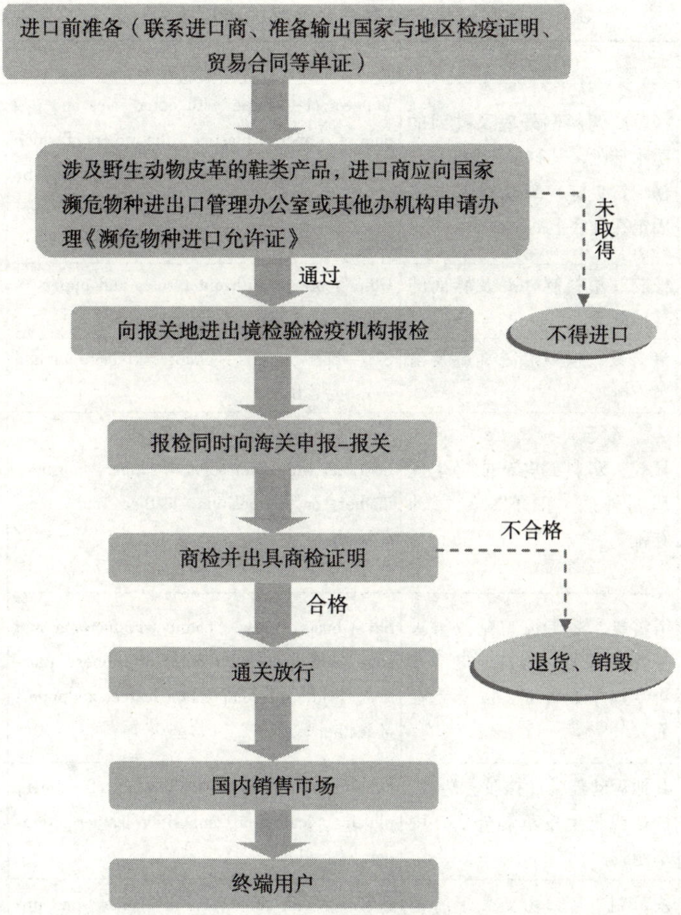

图6－20　鞋类产品进口流程图

二、进口产品税负状况

1. 进口关税

中国鞋类产品的进口关税依据细分产品种类的不同其产品的进口关税也不尽相同。中国鞋类产品的普通关税税率分为两段，分别为90%和100%；最惠国关税税率分为四段，分别为10%、15%、22%和24%。

中国进口鞋类产品各细分产品的具体关税见表6－13。

表6－13　中国鞋类产品各细分产品的进口关税　（单位：千克/双）

海关码	中文名称	英文名称	普通	最惠
6401	橡胶或塑料制外底及鞋面的防水鞋靴，其鞋面不是用缝、铆、钉、旋、塞或类似方法固定在鞋底上的	Waterproof footwear with outer soles and uppers of rubber or plastics, the uppers of which are neither fixed to the sole nor assembled by stitching, riveting, nailing, screwing, plugging or similar processes	100%	24%
6402（除64021200）	橡胶或塑料制外底及鞋面的其他鞋靴	Other footwear with outer soles and uppers of rubber or plastics	100%	24%
64021200	滑雪靴、越野滑雪鞋靴及滑雪板靴	Ski－boots, cross－county ski footwear and snowboard boots	100%	10%
6403（除64031200/64031900/64032000/64034000）	橡胶、塑料、皮革或再生皮革制外底、皮革制鞋面的鞋靴	Footwear with outer soles of rubber, plastics, leather or conposition leather and upers of leather	100%	10%
64031200	滑雪靴、越野滑雪靴及滑雪板靴（橡胶、塑料、皮革或再生皮革制外底，皮革制鞋面）	Ski－boots, cross－county ski footwear and snowboard boots with outer of rubber, plastics, leather or composition leather anduppers of leather	100%	24%
64031900	其他运动鞋靴（橡胶、塑料、皮革或再生皮革制外底，皮革制鞋面）	Other sports footwear with outer of rubber, plastics, leather or composition leather anduppers of leather	100%	15%
64032000	皮革制外底，由交叉于脚背并绕大脚趾的皮革条带构成鞋面的鞋	Footwear with outer soles of leather, and uppers which consist of leather straps across the instep and around the big toe	100%	24%

续表

海关码	中文名称	英文名称	普通	最惠
64034000	装有金属防护鞋头的其他鞋靴	Other footwear, incorporating a protective metal toe – cap	100%	24%
6404	橡胶、塑料、皮革或再生皮革制外底，用纺织材料制鞋面的鞋靴	Footwear with outer soles of rubber, plastics, leather or composition leather and uppers of textile materials	100%	24%
64051010	皮革或再生皮革制鞋面，橡胶、塑料、皮革及再生皮革制外底的其他鞋靴	Other footwear withuppers of leather or composition leather, outer soles of rubber, plastics, leather or composition leather	100%	24%
64051090	皮革或再生皮革制鞋面，外底用橡胶、塑料、皮革或再生皮革制以外材料制成的	Other footwear with uppers of leather or composition leather, outer solea of materials other than rubber, plastics, leather or composition	100%	24%
64052000	纺织面料制鞋面，外底用橡胶、塑料、皮革或再生皮革制以外材料制成的其他鞋靴	Other Footwear uppers of textile materials, outer solea of materials other than rubber, plastics, leather or composition	100%	22%
64059010	橡胶、塑料、皮革及再生皮革制外底的其他鞋靴	Other footwear with outer soles of rubber, plastics, leather or composition leather	100%	15%
64059090	其他材料制外底的其他鞋靴	Other footwear with other materials	100%	15%
6406	鞋靴零件（包括鞋面，不论是否带有除外底以外的其他鞋底）；活动式鞋内底、跟垫及类似品；护腿、裹腿和类似品及其零件	Parts of footwear (including uppers whether or not attached to soles other than outer soles); removable in – sole, heel cushions andsimilar articles; gaiters, leggings and similar articles, and parts thereof	90%	15%

2. 增值税

本书研究所涉及的鞋类产品增值税率为 17%。

根据《中华人民共和国增值税暂行条例》的规定，在中华人民共和国境内进口货物的单位和个人，为增值税的纳税义务人（以下简称纳税人），应当缴纳增值税。进口货物的增值税由海关代征。进口货物的增值税纳税义务发生时间为报关进口的当天。纳税人进口货物，应当自海关填发海关进口增值税专用税款缴款书之日起 15 日内缴纳税款。

3. 消费税

根据《中华人民共和国消费税暂行条例》规定，本次研究所涉及的鞋类产品在国内销售时不征收消费税。

第八节 中国鞋类检验检疫与标准体系

一、鞋类产品检验检疫程序

根据《2012 年中华人民共和国海关进出口税则及申报指南》，中国政府对鞋及鞋零件产品实施 B 类进出口监管。即鞋及鞋零件产品属于法定检验以外的进口商品，在进境时一般不需要对商品进行检验检疫，通关时无需提供进口货物通关单。

根据《中华人民共和国进出口商品检验法》规定，出入境检验检疫机构对法定检验以外的进口商品，实施抽查检验，国家商检部门可以公布抽查检验结果或者向有关部门通报抽查检验情况。因此进口鞋类产品即使不需要法定检验检疫，但检验部门会进行抽查检验，并且有相对应的《进出口商品抽查检验管理办法》。

尽管国家对进口鞋类产品无强制性检验检疫的规定，但以下情况也需要进行检验检疫：

（1）鞋类产品的进口商，发现进口鞋类商品质量不合格或者残损、短缺，可以申请出入境检验检疫机构或者其他检验机构进行检验并出证明。以获得赔偿、退货等。

（2）部分商家主动要求做商检。商家为保证自己收到的货和合同订立的一致，会要求办理商检并出具商检单，以保证自己的合法权益。

（3）部分商家，特别是鞋类产品中间商会主动要求报检，获得商检局出具的证书，以示该商品的渠道来源正规和该商品的可信度，为之后的国内销售做铺垫。

商品可以由施检部门和实验室进行检验，也可由具备相应的检测资质条件和能力的检测单位检验。检验合格的非法检进出口商品，施检部门出具原始记录和检验报告，转检务部门出具非法检商品放行手续。

抽查检验不合格的鞋及鞋零件产品依据《中华人民共和国进出口商品检验法实施条例》的规定进行处理。《商品检验法实施条例》规定，法定检验以外的进口商品，经出入境检验检疫机构抽查检验不合格的商品，由出入境检验检疫机构责令当事人销毁，或者出具退货处理通知单并书面告知海关，海关凭退货处理通知单办理退运手续。

二、主要检测依据及检测指标

2011年5月中国鞋靴检验开始采用新的《鞋类检验教程》(SN/T1309.1－SN/T1309.7系列)，该系列标准由抽样、皮鞋、塑料鞋、胶鞋、运动鞋、室内鞋和布鞋7个部分组成。对有毒有害物质的检验项目、检测方法、限量，职业鞋、安全鞋和劳动防护鞋安全及防护性能项目，童鞋小附件等提出了更多更严格的要求。新版标准由强制性转为推荐性标准，但同时又对有毒有害物质限量检验、物理安全性能和耐用性能检验提出了强制性要求。

检验工作依据的基本原则是依据《中华人民共和国进出口商品检验法》及《中华人民共和国进出口商品检验法实施条例》的规定和要求；对法检商品，按国家技术规范的强制性要求进行检验，未制定强制性要求的，可以参照国家检验检疫机构指定的国外有关标准进行检验。下属法规和标准可能被修订和增补，在使用中应以最新版本为准。

出口鞋类产品的检验主要是针对鞋类产品的有害化学物质限量、物理性能和外观质量等项目进行抽样检验。检验时，可对有害化学物质和物理性能中部分或全部适用项目；对外观质量进行检验时，对外观质量中全部适用项目进行检验。

具体检测依据为《鞋类检验规程第1部分：抽样》(Rules for footwear inspection－Part 1：Samplling SN/T 1309.1－2010)、《鞋类检验规程第2部分：皮鞋》(Rules for footwear inspection－Part 2：Leather footwear SN/T 1309.2－2010)、《鞋类检验规程第3部分：塑料鞋》(Rules for footwear inspection－Part 3：Plastics footwear SN/T 1309.3－2010)、《鞋类检验规程第4部分：胶鞋》(Rules for footwear inspection－Part 4：Rubber footwear SN/T 1309.4－2010)、《鞋类检验规程第5部分：运动鞋》(Rules for footwear inspection－Part 5：Athletic footwear SN/T 1309.5－2011)、《鞋类检验规程第6部分：室内鞋》(Rules for footwear inspection－Part 6：Indoor footwear SN/T 1309.6－2010)、《鞋类检验规程第7部分：布鞋》(Rules for footwear inspection－Part 7：Cloth footwear SN/T 1309.7－2011)。

有害化学物质按照输入国或地区的相关技术法规进行检验。

《鞋类检验规程第2部分：皮鞋》(Rules for footwear inspection－Part 2：Leather footwear SN/T 1309.2－2010)。本部分适用于以皮鞋和人造革、合成革为鞋面主要

材料的鞋类检验，不适用于以皮革和人造革、合成革为鞋面的运动鞋及室内鞋的检验。物理性能检验分为物理安全性能和耐用性能（见表6－14，6－15）。

表6－14　　皮鞋物理安全性能检验项目、测试方法和要求

检测项目	要求	测试方法
外底防滑性能	≥0.50	HG/T 3780 － 2005 方法2干式
可触及锐利尖端和锐利边缘	婴儿鞋、童鞋中的附件不应有可触及锐利尖端和锐利边缘	GB 6675
小附件拉力	婴儿鞋、童鞋中能进入GB 6675规定的斜截正圆筒的小附件，受70N拉力不脱落。出口欧盟地区为受90N拉力不脱落	SN/T1309.2 － 2010 附录C
鞋跟结合力	≥700N	GB/T 11413－2005
拖凉鞋帮带拔出力	≥80N/cm（适用于帮带宽度≥1.0cm的拖凉鞋）； ≥80N（适用于帮带宽度＜1.0cm的拖凉鞋）	QB/T 22756 － 2008 中5.8
勾心纵向抗弯刚度	≥300Kn·mm2（鞋跟高度＜25mm）； ≥340Kn·mm2（25mm≤鞋跟高度＜30mm）； ≥500Kn·mm2（30mm≤鞋跟高度＜50mm）； ≥700Kn·mm2（鞋跟高度≥50mm）	QB/T 1813

表6－15　　皮鞋耐用性能检验项目、测试方法和要求

检验项目	要求	测试方法
外底耐折性能AB	折4万次后，裂口长度≤30.0mm，新裂纹长度≤5.0mm，且新裂纹不超过3处；天然皮革外底不割口，折后裂纹不超过3处，且长度≤5.0mm。折后鞋面不出现裂浆、裂面或帮底开胶等现象	GB/T 3903.1
		SN/T 1309.2－2010 附录D
外底耐磨性能C	磨痕长度≤14.0mm	GB/T 3903.2
	≤300mm3	GB/T 9867
帮底黏合强度	≥2.0 N/mm	GB/T 21396
鞋面、鞋里和衬底材料耐摩擦色牢度	干摩擦≥4级，湿摩擦≥3级	QB/T 2882

A内底样长≤230mm的，或鞋底曲挠部位厚度＞25mm的皮鞋不测试耐折性能。

B外底耐折性能可选其中一种方法进行测试。

C外底耐磨性能可选其中一种方法进行测试。

《鞋类检验规程 第3部分：塑料鞋》（Rules for footwear inspection – Part 3：Plastics footwear SN/T 1309.3－2010）。本部分适用于以塑料材料为鞋面主要材料的

鞋靴检验，不适用于以人造革、合成革为鞋面的鞋靴的检验（见表 6－16，6－17）。

表 6－16　　塑料鞋物理安全性能检验项目、要求和测试方法

检测项目	要　求	测试方法
外底防滑性能	≥0.50	HG/T 3780 – 2005 方法 2 干式
婴儿鞋、童鞋可触及危险性尖端及边缘	不应有	GB 6675
婴儿鞋小附件拉力强度	婴儿鞋中能进入 GB 6675 规定的斜截正圆筒的小附件，受 70N 拉力不脱落。出口欧盟地区为受 90N 拉力不脱落	SN/T1309.3 – 2010 附录 C
鞋跟结合力	≥700N	GB/T 11413 – 2005
组装拖凉鞋鞋带交叉角抗撕力	≥100N	GB/T 3807
组装拖凉鞋带与鞋底的拔出力	≥80N	GB/T 3807
勾心纵向抗弯刚度	≥300Kn · mm2（鞋跟高度＜25mm）； ≥340Kn · mm2（25mm≤鞋跟高度＜30mm）； ≥500Kn · mm2（30mm≤鞋跟高度＜50mm）； ≥700Kn · mm2（鞋跟高度≥50mm）	QB/T 1813

表 6－17　　塑料鞋耐用性能检验项目、要求和测试方法

检测项目	要求		测试方法
	致密型	微孔型	
扯断强度 MPa	普通底≥7.8 仿革底≥7.8 SBS 底≥4.5 透明底≥7.5 PVC 底≥6.5	浇注聚氨酯底≥5.0 PVC 底≥2.5 EVA 底≥1.4	GB/T 1040.1
断裂伸长率%	普通底≥320 仿革底≥150 SBS 底≥500 透明底≥300 PVC 底≥300	浇注聚氨酯底≥320 PVC 底≥200 EVA 底≥130	GB/T1040.1
外底耐磨（磨痕）mm	≤14.0		GB/T 3903.2

续表

检测项目	要求		测试方法
	致密型	微孔型	
衬里耐摩擦色牢度	干摩擦（粘色）≥4 级 湿摩擦（粘色）≥3 级		QB/T 2882（方法 A）
黏附强度 Kn/m	≥1.6		HG 3085 - 1999（5.7）
成鞋耐折性能	折 4 万次后，裂口长度≤30.0mm，新裂纹长度≤5.0mm，且新裂纹不超过 3 处；天然皮革外底不割口，折后裂纹不超过 3 处，且长度≤5.0mm。折后鞋面不出现裂浆、裂面或帮底开胶等现象		GB/T 39.3.1 SN/T 13.9.3 - 2010 附录 D

注 1：内底样长≤230 mm，或鞋底屈挠部位厚度 > 25mm 的塑料鞋不测试耐折性能。
注 2：拖鞋不测试耐折性能。
注 3：成鞋耐折性能可选其中一种方法进行测试。

《鞋类检验规程 第 4 部分：胶鞋》（Rules for footwear inspection - Part 4：Rubber footwear SN/T 1309.4 - 2010）本部分适用于粘贴热硫化工艺方法生产的胶面胶鞋（靴）的检验（见表 6 - 18，6 - 19）。

表 6 - 18　　胶鞋物理安全性能检验项目、要求和测试方法

检测项目	要求	测试方法
可触及锐利尖端和锐利边缘	婴儿鞋、童鞋中的附件不应有可触及锐利尖端和锐利边缘	GB 6675
小附件	婴儿鞋、童鞋中能进入 GB 6675 规定的斜截正圆筒的小附件，受 70N 拉力不脱落。出口欧盟地区为受 90N 拉力不脱落	SN/T1309.2 - 2010 附录 C

表 6 - 19　　胶鞋耐用性能检验项目、要求和测试方法

检测项目	要求		测试方法
	鞋面	鞋底	
拉伸强度/MPa	11.8（黑色）， 10.0（彩色）	7.8（黑色）， 7.0（彩色）	HG/T 2019，HG/T 2020
拉断伸长率%	440	320	HG/T 2019，HG/T 2020
硬度/shore A	65	70	HG/T 2019，HG/T 2020
黏附强度（Kn/m）	0.4	—	HG/T 2019，HG/T 2020
漆膜伸长率%	100	—	HG/T 2019，HG/T 2020
磨耗量/cm3	—	1.2	HG/T 2019，HG/T 2020

续表

检测项目	要求		测试方法
	鞋面	鞋底	
鞋里、内底布纺织材料色牢度	干摩擦色牢度≥4 湿摩擦色牢度≥3		QB/T2882

《鞋类-整鞋试验方法-感官质量》（Footwear - General test methods - Appearance quality）见表6-20。

表6-20　　　　成品鞋（靴）感官质量的检验方法

序号	检验项目	检验方法
1	整体外观	手感或目测检验整鞋是否端正、对称、平整、平服、平稳、平正、色泽一致、清洁、标志齐全清晰及鞋帮、鞋里、鞋底、鞋跟等各部分有无缺陷等。测量尺寸点状缺陷用游标卡尺测量，现状缺陷以鞋用带尺测量。
2	平稳	将鞋平放在水平平台上，用手轻拨鞋后部使其产生轻微晃动，如能复位即平稳。
3	色差	按GB/T 250进行检验。
4	中国鞋号	提供的响应鞋楦或楦底样图按照GB/T 3293进行检验。
5	缝线	目测缝线针码是否均匀，线道是否整齐。是否有跳线、断线、翻线、开线、并线、重针及缝线越轨等。针码密度用游标卡尺测量单位长度内的针数。
6	前帮长度	鞋用带尺紧贴前帮面轮廓，测量前帮子口鞋头端点至前帮面沿口边沿中点或特定部位（如前帮与鞋舌接缝处等）的长度。上述方法也可测外包头、三接头包头的长度等。
7	前跷	将鞋正放在水平平台上，用高度游标卡尺测量外底面前端点至水平平面的垂直距离。
8	明主跟长度	以鞋子口帮明主跟一端贴子口帮外围量至另一端，取其总长，用鞋用带尺测量。
9	后帮曲线长度	鞋用带尺紧贴后帮面轮廓，测量后帮子口端点至统口后端点或特定部位的长度。
10	后缝歪斜	将鞋正放在水平平台上，用宽座直角尺垂直边对准后缝下端点，用钢直尺测量鞋帮后缝上端点至直角尺垂直边的最大距离。
11	后帮歪斜	将鞋正放在水平平台上，用宽座直角尺垂直边对准鞋外底后端点，用钢直尺测量后帮统口后端点至直角尺垂直边的最大距离。
12	外底长度	鞋用带尺（拉紧）测量外底前端点至外底（跟面）后端点之间的长度。
13	外底宽度	将外底内侧接触水平平台垂直侧立，用高度游标卡尺垂直测量其外侧据水平平台的最大垂直距离。

续表

序号	检验项目	检验方法
14	外底厚度	对于均匀厚度外底，一般以钢直尺测量相关部位厚度，必要时沿外底轴线将鞋底切开，以钢直尺在切开处测量外底相关部位厚度，底端异型或圆弧状等，用直尺无法测量时可用游标卡尺测量。
15	跟面尺寸	用游标卡尺测量相应尺寸。
16	跟口高度	用游标卡尺或钢直尺测量鞋跟前部横向竖直面的高度（到鞋外底面的高度）。
17	鞋跟高度	装配鞋跟：将鞋正放在水平平台上，用高度游标卡尺测量鞋跟后部中线上端点至跟面（水平平台）的垂直高度。
		其他鞋跟：用高度游标卡尺测量该鞋正常穿用时脚跟后端点至地面的垂直高度，必要时将鞋后部沿分踵线剖开，用高度游标卡尺测量其高度。
18	相同部位尺寸偏差	鞋用带尺贴近鞋（靴），从某参照点量至某一参考点，检验同双鞋（靴）的差异。
19	帮面松面	将皮革表面（粒面）向内弯曲约90°，如：出现细小而连续的小纹（或没有出现皱纹），放平后即消失，为不松面；表面出现较大皱纹，且放平后皱纹不能消失，为松面。
20	帮面裂浆、裂面	一只手持鞋，另一只手的食指和中指伸进鞋内，顶紧帮里，目测帮面变化。如：涂饰层出现裂纹，为裂浆；皮革层出现裂纹，为裂面。
21	包头	目测外包头是否端正、平服，同双鞋的外包头是否对称。用拇指按压包头正中，观察其变形及复原情况，用手触摸帮里与包头，确定是否平服。
22	主跟	目测主跟是否端正、平服，同双鞋的主跟是否对称。用拇指和食指在主跟两侧按压，观察其变形及复原情况，用手触摸帮里与主跟，确定是否平服。
23	帮底结合	按压鞋帮，观察有无开胶或脱线。
24	鞋跟平正	将鞋正放在水平平台上，目测鞋跟装配是否端正、对称、平稳，以及跟面与前掌着地部位与平面接触是否良好。
25	鞋跟装配牢度	手感和目测后跟是否松动。
26	装饰件装配牢度	用手拉装饰件，观察是否牢固。

三、鞋类产品及行业相关标准

鞋类产品相关国家标准见表6－21。

表6－21　鞋类产品相关国家标准

标准名称	中文名称	英文名称
GB 20096－2006	轮滑鞋	Roller skate
GB 21536－2008	田径运动鞋	Athletic shoes
GB 25036－2010	布面童胶鞋	Childrens canvas rubber footwear (shoes)

续表

标准名称	中文名称	英文名称
GB 25037 – 2010	工矿靴	Industrial rubber boots
GB 25038 – 2010	胶鞋健康安全技术规范	Rubber shoes healthy and safe specification
GB 28011 – 2011	鞋类钢勾心	Shanks for footwear
GB/T 15107 – 2005	旅游鞋	Athletic footwear
GB/T 16641 – 1996	成鞋动态防水性能试验方法	Test method for dynamic waterproofness of finished footwear
GB/T 19706 – 2005	足球鞋	Football shoes
GB/T 19707 – 2005	冰刀鞋	Ice – skating shoes
GB/T 21284 – 2007	鞋类 – 成鞋试验方法 – 保暖性	Footwear – Test method for whole shoe – Thermal insulation
GB/T 21396 – 2008	鞋类 – 成鞋试验方法 – 帮底粘合强度	Footwear – Test methods for whole shoe – Upper sole adhesoion
GB/T 22049 – 2008	鞋类 – 鞋类和鞋类部件环境调节及试验用标准环境	Footwear – Standard atmospheres for conditioning and testing of footwear and components for footwear
GB/T 22050 – 2008	鞋类 – 样品和试样的取样位置、准备及环境调节时间	Footwear – Sampling location preparation and duration of conditioning of samples and test pieces
GB/T 22756 – 2008	皮凉鞋	Leather sandals
GB/T 24129 – 2009	胶鞋、运动鞋外底不留痕试验方法	Testing method for the non – marking outsole of rubber shoes and sports shoes
GB/T 24152 – 2009	篮排球专业运动鞋	Sport footwear for basketball and volleyball
GB/T 26703 – 2011	皮鞋跟面耐磨性能试验方法 – 旋转辊筒式磨耗机法	Determination of abrasion resistance for top piece of leather shoes – Rotation cylindrical drum method
GB/T 26713 – 2011	鞋类 – 化学试验方法 – 富马酸二甲酯（DMF）的测定	Footwear – Chemical tests – Determination of dimethyl fumarate（DMF）
GB/T 27723 – 2011	皮鞋跟面扭转强度试验方法	Test method for torsional strength of top piece attachment
GB/T 3293. 1 – 1998	鞋号	Shoes sizes
GB/T 3293 – 2007	中国鞋楦系列	Chinese last systems
GB/T 3294 – 1998	鞋楦尺寸检测方法	Method of inspection for last sizes
GB/T 3903. 10 – 2005	鞋类 – 内底试验方法 – 尺寸稳定性	Footwear – Test methods for insoles – Dimensional stability
GB/T 3903. 11 – 2005	鞋类 – 内底、衬里和内垫试验方法 – 耐汗性	Footwear – Test methods for insoles，lining and insocks – Perspiration resistance

续表

标准名称	中文名称	英文名称
GB/T 3903. 1 –2008	鞋类 – 通用试验方法 – 耐折性能	Footwear – General test methods – Flexing resistance
GB/T 3903. 12 –2005	鞋类 – 外底试验方法 – 撕裂强度	Footwear – Test methods for outsoles – Tear strength
GB/T 3903. 13 –2005	鞋类 – 外底试验方法 – 尺寸稳定性	Footwear – Test methods for outsoles – Dimensional stability
GB/T 3903. 14 –2005	鞋类 – 外底试验方法 – 针撕破强度	Footwear – Test methods for outsoles – Needle tear strength
GB/T 3903. 15 –2008	鞋类 – 帮面、衬里和内垫试验方法 – 隔热性能	Footwear – Test methods for uppers lining and insocks – Thermal insulation
GB/T 3903. 16 –2008	鞋类 – 帮面、衬里和内垫试验方法 – 耐磨性能	Footwear – Test methods for uppers linings and insocks – Abrasion resistance
GB/T 3903. 17 –2008	鞋类 – 帮面试验方法 – 防水性能	Footwear – Test methods for uppers – Water resistance
GB/T 3903. 18 –2008	鞋类 – 帮面试验方法 – 高温性能	Footwear – Test methods for uppers – High temperature behaviour
GB/T 3903. 19 –2008	鞋类 – 金属附件试验方法 – 耐腐蚀性	Footwear – Test methods for accessories：Metallic accessories – Corrosion resistance
GB/T 3903. 20 –2008	鞋类 – 粘扣带试验方法 – 反复开合前后的剥离强度	Footwear – Test methods for accessories：Touch and close fasteners – Peel strength before and after repeated closing
GB/T 3903. 21 –2008	鞋类 – 粘扣带试验方法 – 反复开合前后的剪切强度	Footwear – Test methods for accessories：Touch and close fasteners – Shear strength before and after repeated closing
GB/T 3903. 2 –2008	鞋类 – 通用试验方法 – 耐磨性能	Footwear – General test methods – Abrasion resistance
GB/T 3903. 22 –2008	鞋类 – 外底试验方法 – 抗张强度和伸长率	Footwear – Test methods for outsoles – Tensile strength and elongation
GB/T 3903. 23 –2008	鞋类 – 鞋跟和跟面试验方法 – 跟面结合力	Footwear – Test methods for heels and top pieces – Top piece retention strength
GB/T 3903. 24 –2008	鞋类 – 鞋跟试验方法 – 持钉力	Footwear – Test methods for heels – Heel pin holding strength
GB/T 3903. 25 –2008	鞋类 – 整鞋试验方法 – 鞋跟结合强度	Footwear – Test methods for whole shoe – Heel attachment
GB/T 3903. 26 –2008	鞋类 – 主跟和包头试验方法 – 黏合性能	Footwear – Test methods for stiffeners and toepuffs – Bondability
GB/T 3903. 27 –2008	鞋类 – 主跟和包头试验方法 – 机械性能	Footwear – Test methods for stiffeners and toepuffs – Mechanical characteristics

续表

标准名称	中文名称	英文名称
GB/T 3903. 28 – 2008	鞋类 – 外底试验方法 – 压缩能	Footwear – Test methods for outsoles – Compression energy
GB/T 3903. 29 – 2008	鞋类 – 外底试验方法 – 剖层撕裂力和层间剥离强度	Footwear – Test methods for outsoles – Split tear strength and delamination resistance
GB/T 3903. 30 – 2008	鞋类 – 外底、内底、衬里和内垫试验方法 – 水溶物含量	Footwear – Test methods for outsoles, insoles, lining and insocks – Water soluble content
GB/T 3903. 31 – 2008	鞋类 – 内底试验方法 – 耐磨性能	Footwear – Test methods for insoles – Abrasion resistance
GB/T 3903. 3 – 2011	鞋类 – 整鞋试验方法 – 剥离强度	Footwear – General test methods – Peeling strength
GB/T 3903. 32 – 2008	鞋类 – 内底试验方法 – 缝线撕破力	Footwear – Test methods for insoles – Resistance to stitch tear
GB/T 3903. 33 – 2008	鞋类 – 内底和内垫试验方法 – 吸水率和解吸率	Footwear – Test methods for insoles and insocks – Water absorption and desorption
GB/T 3903. 34 – 2008	鞋类 – 勾心试验方法 – 纵向刚度	Footwear – Test methods for shanks – Longitudinal stiffness
GB/T 3903. 35 – 2008	鞋类 – 勾心试验方法 – 抗疲劳性	Footwear – Test methods for shanks – Fatigue resistance
GB/T 3903. 36 – 2008	鞋类 – 鞋带试验方法 – 耐磨性能	Footwear – Test methods for accessories: shoe laces-Abrasion resistance
GB/T 3903. 37 – 2008	鞋类 – 衬里和内垫试验方法 – 静摩擦力	Footwear – Test methods for insoles and insocks – Static friction
GB/T 3903. 38 – 2008	鞋类 – 帮面试验方法 – 可绷帮性	Footwear – Test methods for uppers – Resistance to damage on lasting
GB/T 3903. 39 – 2008	鞋类 – 帮面试验方法 – 层间剥离强度	Footwear – Test methods for uppers – Delamination resistance
GB/T 3903. 40 – 2008	鞋类 – 帮面试验方法 – 形变性	Footwear – Test methods for uppers – Deformability
GB/T 3903. 41 – 2008	鞋类 – 帮面和衬里试验方法 – 耐折性能	Footwear – Test methods for uppers and lining – Flex resistance
GB/T 3903. 4 – 2008	鞋类 – 通用试验方法 – 硬度	Footwear – General test methods – Hardness
GB/T 3903. 42 – 2008	鞋类 – 帮面、衬里和内垫试验方法 – 颜色迁移性	Footwear – Test methods for uppers, lining and insocks – Colour migration
GB/T 3903. 43 – 2008	鞋类 – 帮面、衬里和内垫试验方法 – 缝合强度	Footwear – Test methods for uppers lining and insocks – Seam strength
GB/T 3903. 5 – 2011	鞋类 – 整鞋试验方法 – 感官质量	Footwear – General test methods – Appearance quality
GB/T 3903. 6 – 2005	鞋类通用试验方法 – 防滑性能	Footwear – Determination resistance

续表

标准名称	中文名称	英文名称
GB/T 3903.7－2005	鞋类通用试验方法－老化处理	Footwear－Ageing conditioning
GB/T 3903.8－2005	鞋类－内底试验方法－层间剥离强度	Footwear － Test methods for insoles － Delamination strength
GB/T 3903.9－2005	鞋类－内底试验方法－跟部持钉力	Footwear－Test methods for insoles－Heel pin holding strength
GB/T 6677－2008	布鞋分类	Classification of cloth shoes
GB/T 29292－2012	鞋类－鞋类和鞋类部件中存在的限量物质	Footwear－Critical substances potentially present in footwear and footwear components
GB/T 28287－2012	足部防护－鞋防滑性测试方法	Foot protection－Test method for footwear slip resistance
GB/T 28409－2012	个体防护装备－足部防护鞋（靴）的选择、使用和维护指南	Personal protective equipment－Guide for the selection，use and maintenance of footwear

四、鞋类产品检测中心及主要监管机构

1. 国内鞋类产品检测中心

2. 国家鞋类质量监督检验中心（北京）

国家鞋类质量监督检验中心（北京）是目前国内历史最长，最具有权威性的检测机构。中心通过了原国家技术监督局的机构认可和计量认证；通过了中国国家实验室认可委员会的“国家实验室”认可。中心挂靠在中国皮革和制鞋工业研究院，承担各种鞋类产品及材料和部件的质量监督、检验、鉴定与仲裁。

地　址：北京市朝阳区将台西路18号

邮　编：100016

电　话：+8610－64337786；64337786

传　真：+8610－64362595

E－mail：footweartc@163.com

3. 国家鞋类质量监督检验中心（温州）

国家鞋类质量监督检验中心（温州）是经国家质量监督检验检疫总局和国家认证认可监督管理委员会批准设立的，集科研、开发、标准制订、培训为一体的国家级检测中心，是独立于鞋类产品设计开发、制造、贸易的第三方产品质量检验机构。中心是中国实验室国家认可委员会（CNAL）认可的实验室，并通过亚太

实验室认可合作组织（APLAC），取得了美国、日本、澳大利亚、中国香港、中国台湾、新加坡、新西兰等国家和地区实验室认可组织的认可。中心检验范围包括：鞋类产品及其原材料质量监督抽查检验；鞋类产品及其原材料委托检验；鞋类产品及其原材料验货检验；鞋类产品及其原材料质量仲裁检验。

地　址：浙江省温州市汤家桥南路质检大楼

电　话：+86577－88915232、88913104、88915239

传　真：+86577－88915347

E－mail：YZM@ZHEJIAN.COM

4. 国家鞋类检测中心（CFT）

国家鞋类检测中心（CFT）是经国家质量监督检验检疫总局（AQSIQ）批准成立并获得国家认证认可监督管理委员会（CNCA）计量认证（CMA）和中国合格评定国家认可委员会（CNAS）认可的集检测、科研、开发、标准制定、信息收集、人员培训、国际交流为一体的国家级检测中心，是国家级鞋类检测重点实验室，也是国内最大专业从事鞋类及鞋材检测的机构。中心获得中国合格评定国家认可委员会认可的检测项目涵盖76类鞋类产品。

地　址：福建省晋江市泉安南路802号检验检疫大楼

邮　编：362200

电　话：+86595－68292475；68292490

传　真：+86595－68292470

邮　箱：service@cft.gov.cn

网　址：www.cft.gov.cn

表6－22　　主要监管机构

中国海关总署	国家质量监督检验检疫总局
Address：北京建国门内大街6号 Tel：+8610－65194114 Zip：100730 Website：www.customs.gov.cn	Address：北京市海淀区海淀西路9号 Tel：+8610－82262182 Zip：100088 Website：www.aqsiq.gov.cn
中华人民共和国商务部	国家发展和改革委员会
Address：北京市东长安街2号 Tel：+8610－65121919　+8610－65198318 Fax：+8610－65198315 Zip：100731 Website：www.mofcom.gov.cn	Address：北京市西城区月坛南街38号 Tel：+8610－68503333 Zip：100824 Website：www.ndrc.gov.cn

续表

中华人民共和国国家工商行政管理总局	
Address：北京市西城区三里河东路八号 Tel：+8610－88650000 Zip：100820 Website：www. saic. gov. cn	

第九节　国内鞋类产品市场竞争状况分析

一、国内鞋类产品市场竞争概况

2012 年中国鞋类行业规模以上企业共有 4 008 家，主要分布在东南沿海地区。随着一些地区产业链的不断完善，中国的制鞋行业逐渐发挥出集群效应的优势，形成四大特色区域：一是以广州、东莞、惠东等地为代表的广东鞋业基地，主要生产中高档鞋；二是以温州、台州等地为代表的浙江鞋业基地，主要是生产中低档鞋；三是以成都、重庆为代表的西部鞋业基地，主要生产女鞋；四是以福建泉州、晋江等地为代表的鞋业生产基地，主要生产运动鞋。

就具体省份来说，中国鞋类产品市场区域集中度较高，主要集中于福建、广东、浙江、上海、江苏五省市。其销售收入约占全国鞋类行业规模以上企业销售收入的 78. 94%。由于上述各省市间所专注的鞋类市场不同，因此相互间竞争度并不是很高。

但就具体企业来说，中国的鞋类产品企业普遍规模较小，每家企业所占市场份额有限，市场集中度仍处于较低水平，属于完全竞争的市场。从所有制方面来看，企业数量以私营企业居多，销售收入以外商及港澳台投资企业居首，其次为私营企业，其他所有制企业所占份额很小。

中国鞋业市场的竞争分三个层面：高档及奢侈品牌、中档（包括中高档、中低档）品牌、低档国内杂牌。高档及奢侈品牌产品主要来自意大利、西班牙等欧美国家；中档品牌产品主要来自国内知名制鞋企业；低档国内杂牌产品主要来自国内数量众多的小型制鞋企业。

国内市场竞争越来越国际化。近年来，国际及港澳台品牌皮鞋在国内消费量剧增，尤其表现在中高档皮鞋上，这些“海外品牌”展出强劲的上升势头。美国、意大利等国家的知名品牌，纷纷积极搜集中国鞋业市场信息，按照中国人的脚型和喜好，设计鞋的款式，以一流的做工、合理的价格定位，抓紧抢滩中国市场。

二、规模以上企业全国分布

2012 年中国鞋类行业规模以上企业共有 4 008 家，从企业数量分布来看，主要分布在福建、浙江、广东。三省规模以上的鞋类企业达到 2 753 家，占中国鞋类行业规模以上企业总数的 68. 69%。其中，福建省拥有规模以上的鞋类企业 969 家，约占中国鞋类行业规模以上企业总数的 24. 18%；浙江省拥有规模以上的鞋类企业 904 家，约占中国鞋类行业规模以上企业总数的 22. 55%；广东省拥有规模以上的鞋类企业 880 家，约占中国鞋类行业规模以上企业总数的 21. 96%。企业集群化发展明显。

分析各省市企业数量，我们可以发现，制鞋企业大都分布在东南沿海地区，东南沿海地区制鞋业起步较早，经过长期的发展，制鞋业的产业配套设施和市场机制都相对完善，产业链比较完整。但由于产业链较为密集，无疑也增加了同行业间较强的市场竞争。在市场逐渐饱和的形势下，这种竞争会更加趋于白热化。

三、分地区销售收入集中度分析

根据国家统计局的统计数据显示，2012 年中国鞋类行业规模以上企业实现销售收入 571 980. 28 百万元，同比增长 9. 55%。

从销售收入来看，中国鞋类行业规模以上企业销售收入排名前五的地区销售额约为 451 497. 30 百万元，约占全国鞋类行业规模以上企业销售收入的 78. 94%，地区销售收入集中度较高（见图 6 – 21）。其中，排名第一位的福建省鞋类产品销售收入为 201 761. 50 百万元，占全国鞋类行业规模以上企业销售总额的 35. 27%；排名第二位的广东省鞋类产品销售收入为 107 489. 85 百万元，所占比例为 18. 79%；排名第三位的浙江省鞋类产品销售收入为 68 962. 22 百万元，所占比例为 12. 06%；排名第四位的山东省鞋类产品销售收入为 39 605. 18 百万元，所占比例为 6. 92%；排名第五位的江苏省鞋类产品销售收入为 33 678. 55 百万元，所占比例为 5. 89%。

综上所述，2012 年中国鞋类产品市场区域集中度已达到较高的程度，市场主要集中于东南部沿海地区，但不同的地区的集中度发展呈现不同的面貌。福建省主要集中于运动鞋品牌，皮鞋产品发展也跃居首位；广东省主要集中于中高档鞋类产品；浙江省主要集中于中低档鞋类产品。

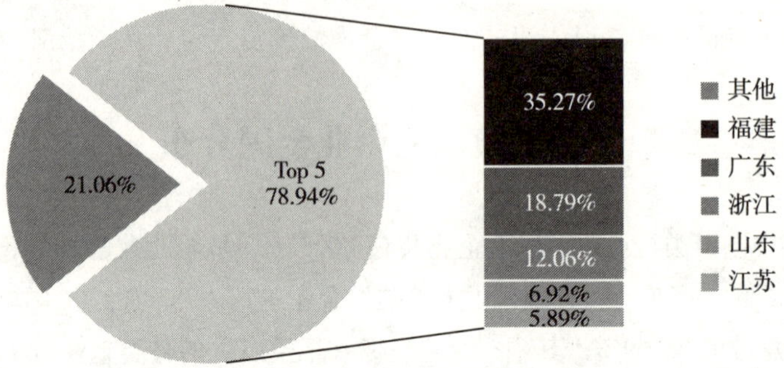

图 6－21　2012 年中国鞋类行业规模以上企业销售额排名前五位地区所占比例

四、分企业销售收入集中度分析

近年，由于人民币汇率的上升，再加上劳动力成本上升，对中国加工外销企业影响较大。广东和浙江两省内的制鞋企业主要为国外品牌做代工，产品以外销为主，所受冲击较大，区域内部分中小型鞋类企业出现倒闭或转向可降低生产成本的湖南、江西、广西、河南等内地省份。福建省制鞋企业则以内销为主，因此所受到的冲击较小，2012 年成长为中国鞋类产品、特别是皮鞋产量第一大省。

2009 年，中国鞋业规模以上企业实现销售收入 374 832. 80 百万元，同比增长 9. 89%。前十家主要以鞋类产品生产为主的企业销售额合计约为 29 524. 02 百万元，约占全国鞋类行业规模以上企业销售总额的 7. 88%。

在排名前十的企业中，泉州三兴体育用品有限公司居第一位，市场份额占到 2. 91%；新百丽鞋业（深圳）有限公司的位于第二位，市场份额为 1. 06%；万邦（清新）鞋业有限公司居第四位，市场份额为 0. 85%；清远市广硕鞋业有限公司居第四位，市场份额为 0. 71%。这四家公司的企业销售收入合计仅为 16 781. 70 百万元，仅占全国鞋类行业规模以上企业销售总额的 4. 48%（见图 6－22）。数据表明，中国制鞋业的企业集中度依然处于较低水平。

贝恩（1968）运用绝对集中度指标对产业的竞争和垄断程度进行分类研究，根据前四位企业市场占有率（CR4）将集中类型分为六个等级：极高寡占型、高集中寡占型、中（上）集中寡占型、中（下）集中寡占型、低集中寡占型、原子型。

根据贝恩的市场结构划分，鞋类行业集中度指标 CR4（行业前四位市场份额集中度指标，该报告为 4. 48%，远远小于 30%）表明，当前的中国鞋类行业市场

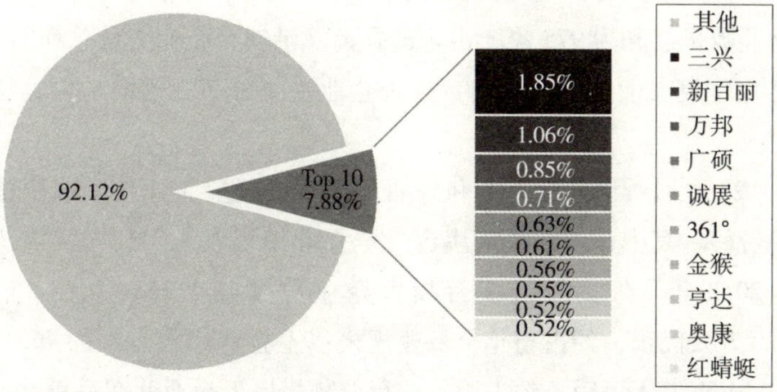

图 6-22　2009 年按销售收入排名占据市场份额前十位的鞋类企业

是原子型市场，即是一种低集中度的市场结构。由于无障碍的过度进入，整个行业的生产能力严重过剩、产品供给过度；行业内制鞋企业数目众多，但由于企业规模偏小，因此市场集中度仍处于较低水平（见表 6-23）。

表 6-23　根据行业集中度划分市场类型

市场结构类型	CR4
垄断（极端非常集中）	CR4≥75%
垄断（非常集中）	65%≤CR4<75%
中上集中	50%≤CR4<65%
更低集中	35%≤CR4<50%
细微集中	30%≤CR4<35%
无	CR4<30%

第十节　鞋类外资企业在中国市场状况

一、鞋类外资企业在中国发展状况

2012 年中国制鞋业规模以上外商及港澳台投资企业共有 1 268 家，约占全行业规模以上企业数量的 31.64%，比去年减少 14 家。从制鞋业企业数量分布来看，福建省最多，有 446 家，占中国制鞋业外商及港澳台投资企业数量的 35.17%；其次是广东省，有 424 家，占中国制鞋业外商及港澳台投资企业数量的 33.44%；浙江省有105家，占中国制鞋业外商及港澳台投资企业数量的8.28%，三省的外商及港澳台企业数量总和为975家，占全国外商及港澳台企业数量总和的76.89%。

2012年中国制鞋业外商及港澳台投资企业主要分布在沿海地区，特别是东南沿海地区。

从图6－23可以看出私营企业和外商及港澳台投资企业在中国制鞋行业占据十分重要的份额。其中，外商及港澳台投资企业销售收入、利润额均位居中国制鞋业之首。2012年，外商及港澳台投资企业数量共1 268家，销售收入约为264 060.67百万人民币，约占当年全行业规模以上企业销售总额的46.17%；利润额为18 102.31百万人民币，约占当年全行业规模以上企业利润总额的50.61%。

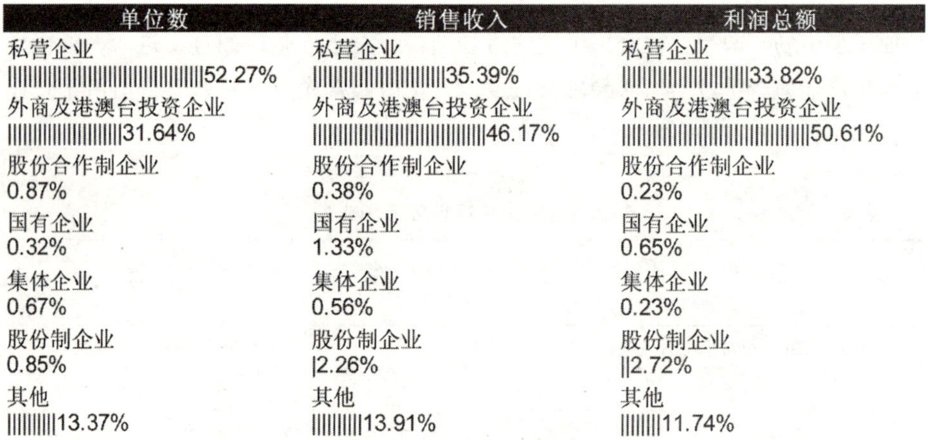

图6－23　2012年中国制鞋业规模以上企业单位数量、销售收入、利润的分布状况（按企业所有制划分）

2010—2012年，中国制鞋业外资企业的销售额增长率虽低于同期全行业平均水平，但始终保持了小幅持续增长的态势。而全行业销售总额增长率在三年间却呈现下滑趋势，2012年增长率较2010年回落了5.47个百分点（见图6－24，表6－24）。

2010—2012年，中国制鞋业外资企业与全行业的利润额增长率均出现较大幅度的下滑。三年间，外资企业利润总额增长率下滑了15.25个百分点，全行业的利润总额增长率下滑了12.71个百分点。特别是2012年中国制鞋业外资企业利润总额不增反降，同比下降了3.09%。2012年，外资企业亏损企业数为173家，比上年增加22家，增长率为14.57%，行业亏损面达到13.64%。

2010—2012年，中国制鞋业外资企业的销售利润率和资产回报率均出现不同程度的降低。2012年销售利润率为6.86%，同比下降0.79个百分点，比2010年下降了0.43个百分点；资产回报率为11.27%，同比下降了1.40个百分点，比

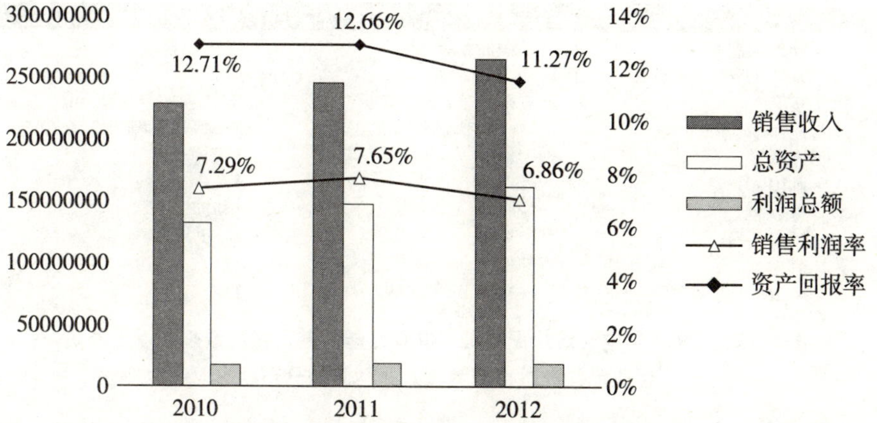

图 6－24　2010—2012 年中国制鞋业外资企业规模以上企业销售收入、利润及总资产对比图（单位：1 000 元人民币）

2010 年下降了 1.44 个百分点。

综上所述，外资企业在中国制鞋业中占有相当突出的地位，销售收入和利润总额都占全行业的一半左右，在各类型企业中占据首位。但近年来中国整个制鞋业都呈现不景气的状况，制鞋外资企业的营业状况也不甚良好，特别是 2012 年外资企业的利润总额甚至出现了下降，但不可否认的是外资企业仍然是中国制鞋业的主流生产企业。

表 6－24　2010—2012 年中国制鞋业外资企业销售收入、利润总额及总资产变化

（单位：1 000 元人民币）

	2012	增长率	2011	增长率	2010
销售收入	264 060 666	8.09%	244 305 622	6.94%	228 457 408
利润总额	18 102 305	－3.09%	18 678 600	12.17%	16 652 539
总资产	160 668 899	8.92%	147 511 084	12.60%	131 007 690
销售回报率	6.86%	—	7.65%	—	7.29%
资产回报率	11.27%	—	12.66%	—	12.71%

就鞋类品种各细分领域企业数量来说，皮鞋制造业外资企业数量最多，拥有 772 家，占中国制鞋业外资企业总量的 60.88%；其次依次为橡胶鞋企业 159 家，占中国制鞋业外资企业总量的 12.54%；纺织面料鞋企业 150 家，占制鞋业外资企业总量的 11.83%；塑料鞋企业 133 家，占制鞋业外资企业总量的 10.49%（见图 6－25）。

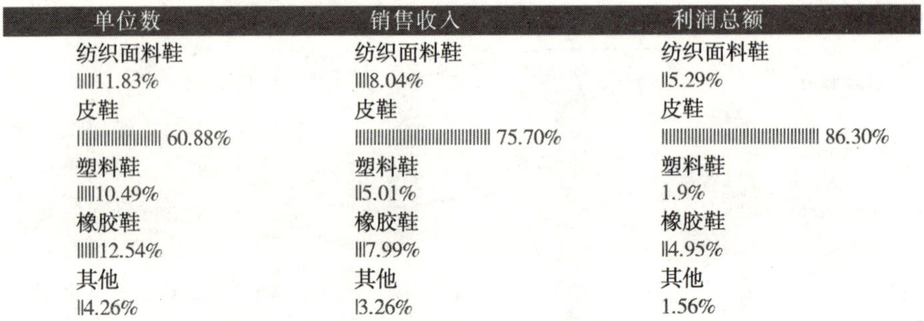

图 6－25　2012 年中国纺织面料鞋、皮鞋、塑料鞋及橡胶鞋规模以上外资企业单位数量、销售收入、利润的分布状况

就销售收入及利润状况来看，2012 年皮鞋制造业外资企业的销售收入和利润总额均高于其他品种细分领域，分别达到 199 906. 51 百万元人民币和 15 623. 07 百万元人民币，约占当年鞋类规模以上外资企业销售总额的 75. 70% 和利润总额的 86. 30%。纺织面料鞋、塑料鞋和橡胶鞋的销售收入和利润总额所占比例都在 10% 以下（见表 6－25）。

2010—2012 年，中国纺织面料鞋、皮鞋、塑料鞋和橡胶鞋外资企业的销售额呈现增长的趋势，但增幅除皮鞋行业增长了 5. 3 个百分点外，纺织面料鞋、塑料鞋和橡胶鞋增幅均出现负增长，纺织面料鞋的增幅下降了 22 个百分点，塑料鞋和橡胶鞋的增幅都下降了 10 个以上的百分点。

2010—2012 年，中国纺织面料鞋、皮鞋、塑料鞋和橡胶鞋外资企业的总利润变化差异较大。纺织面料鞋外企的利润总额呈增长趋势，其增长率平均为 25. 18%；皮鞋外企的利润总额出现下降的趋势，2012 年增长率为 －6. 6%；塑料鞋外企的利润总额最少，增长率先升后降，2012 年出现负增长；橡胶鞋外企的利润总额变化幅度最大，2010—2011 年增长率为 －31. 28%，2011—2012 年增长率为 64. 04%。

对比外资企业纺织面料鞋、皮鞋、塑料鞋和橡胶鞋的销售利润率和资产回报率发现，2010—2012 年，皮鞋的销售利润率和资产回报率居首，销售利润率在 7% 以上，资产回报率在 12% 以上；而纺织面料鞋、橡胶鞋和塑料鞋的销售利润率均在 5% 以下，资产回报率在 9% 以下。但 2011—2012 年，皮鞋和塑料鞋的销售利润率和资产回报率呈现下降的趋势；纺织面料鞋和橡胶鞋的销售利润率和资产回报率呈上升的趋势。

表 6－25　2012 年中国纺织面料鞋、皮鞋、塑料鞋及橡胶鞋规模以上外资企业销售收入、利润总额及总资产数据

（单位：家；1 000 元人民币）

分类	进口编码	企业编码	销售收入	利润总额	总资产
纺织面料鞋	150	23	21 220 186	956 853	11 212 545
皮鞋	772	100	199 906 514	15 623 065	125 378 194
塑料鞋	133	19	13 237 311	344 375	6 470 940
橡胶鞋	159	25	21 095 482	895 749	14 369 010

二、进口鞋类产品的地位

数据显示，近年来中国鞋类产品的市场规模基本保持着年均两位数的增长速度，中国庞大的人口基数，日益提高的消费能力，显示出中国未来鞋类消费的巨大市场潜力。

随着经济的发展，消费能力的提高，中国消费者的消费品位日益提升。消费者受市场潮流的影响越来越大，消费者开始追求高端时尚的品牌鞋类产品。中国国内制鞋企业虽多，但主要集中于中低端产品的生产，高端品牌鞋类产品较为缺失。这就促使国内市场需要进口国外鞋类产品以满足国内消费者的需求。

2012 年中国鞋类产品市场规模约为 4 423 亿元，全年进口鞋类产品共计约 112 亿元，约占到整个市场 2.53% 的份额，所占比例非常小。2012 年我国整鞋进口 5 032万双，进口金额为 15.2 亿美元，其平均进口单价约为 30.21 双/美元；而同年我国整鞋出口 100.7 亿双，出口额仅为 444 亿美元，其平均出口单价约为 4.41 双/美元。进口单价约为出口单价的 7 倍，表明进口鞋虽然在我国鞋类市场上所占份额很小，但主要是为了满足国内高档鞋类市场需求。

我国主要进口鞋类产品为皮鞋及其制品，2012 年进口金额达到 1 049.87 百万美元，约占当年中国鞋类产品进口总额的 58.80%。近年来，许多国外鞋类品牌相继登陆中国，以其具有丰富历史内涵的品牌、流行款式和一流的做工，给中国鞋类市场以极大的冲击。

由于进口高档鞋类产品售价较高，所以消费区域主要限于一线城市及东部、南部沿海的发达城市。国外的鞋类品牌个性化较为突出，公司重视品牌的设计，加之设计的保密性，使得品牌之间几乎不存在同样款式的产品，减少了对终端消费者的竞争。进口品牌鞋类产品普遍得到了中国消费者的高度认可，填补了中国高档鞋类产品市场的空白。在中国高端品牌鞋类产品市场，进口鞋类产品的竞争力明显高于国内鞋类产品。

第十一节　中国鞋类市场销售渠道分析

一、国内鞋类产品销售渠道概述

销售终端是指企业产品在销售渠道中，处于直接面对消费者的卖场，属于企业营销渠道中最前线的一环。目前，鞋类企业都在加大营销网络的建设，以应对日益激烈的市场竞争。首先，鞋类产品受流行趋势影响比较大；其次，款式、尺码、颜色等的组合特性使其产品型号繁多。因此鞋类产品在销售过程中，对产品的齐全性和流转分销的速度有非常高的要求。

目前国内现有的鞋类产品销售渠道整体可划分为传统营销渠道（线下渠道）和网络营销渠道（网上渠道）两大类。每一类型的销售渠道又可分别具体分为直接分销渠道和间接分销渠道。传统营销渠道下的直接分销是生产商将鞋类产品直接销售给消费者；间接分销是生产商通过批发商、零售商等中间商环节将鞋类产品间接销售给消费者。网络营销渠道下的直接分销是生产商自行建立网上销售型网站或开设网上商店将鞋类产品直接销售给消费者；间接分销是生产商作为网上零售商的供应商将鞋类产品销售给消费者。

各企业根据自身的发展经营及产品定位来选择不同的销售渠道销售或多渠道销售。近年来，鞋类产品已迈入时尚品的行列，紧跟时尚潮流，所以针对时尚品新品上市，企业多采用较短的销售渠道，以减少中间层次或环节。此外，鞋类产品的价位也会影响销售渠道的选择：价位较低的鞋类产品的消费人群相对不太注重产品的时新性及销售（售后）服务，因此多采用相对较长、较宽的销售渠道；而高价位的鞋类产品对有关销售服务尤其是售后服务有着较高要求，并且消费者非常注重潮流时尚性，因此多采用较短较窄的渠道分销。

二、国内鞋类产品销售主要渠道分析

1. 传统的营销渠道

传统的鞋类营销渠道有直接销售渠道和间接销售渠道两种（见图 6 - 26）。直接销售渠道为公司下设地区销售分公司，有分公司直接建立自营专卖店。间接销售渠道归纳起来一般有零售商式和加盟专卖店式两种模式。零售商式的中间流程与环节基本如下：品牌鞋业→各地代理商→各地批发商→各地零售商（商超/超市专柜、零散销售）→最终消费者。加盟专卖店式的中间流程与环节基本如下：品牌鞋业→各地代理商→各地加盟专卖店→最终消费者。

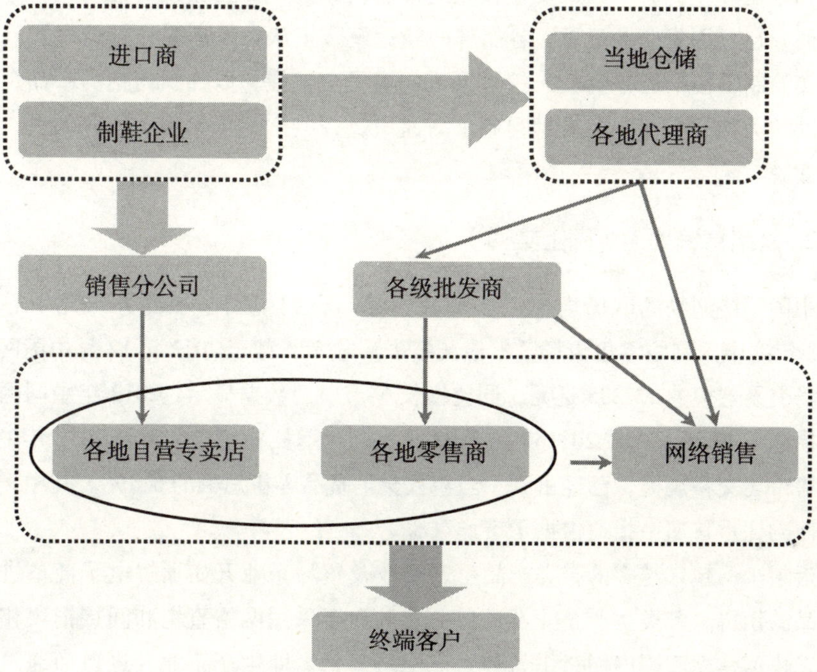

图6－26　传统营销渠道（线下渠道）

对自身品牌的重视程度极高的企业往往通过建立统一品牌的连锁性专卖店或商场店中店的形式销售鞋类产品。这样能够是企业将销售重点放在对终端市场的掌控方面，采取此种销售渠道非常有利于产品的价格控制，以及维护及提升产品的品牌形象。专卖店的形式虽然能够控制产品价格，提升品牌形象，但店面选址，统一装修，统一陈列等的耗费公司精力较多，而且成本较高。

进口鞋类产品在进入中国市场的最初阶段大多采取了与代理商合作方式，由代理商向本区域内的大型购物中心、百货商场、鞋城以及鞋类零售店等终端客户商提供产品，逐步培养稳定的客户群。以经销商、代理商为主的销售模式可以让公司将有限的资源集中用于品牌运作、研发设计和营销策划等方面，而在终端开拓方面则依靠经销商的资源和优势，有效地降低市场开拓的风险，减少前期投入成本，使公司产品迅速覆盖市场，抢占市场份额。随着中国代理商制度的不断发展，优秀代理商在客户开发、品牌推广、仓储物流服务等方面也具备了不可比拟的优势。但弊端主要表现在由代理商和各级批发商组成的销售通路较长，使得企业对销售渠道的控制能力和对对市场的反应能力较弱，而且依靠代理商销售往往造成畅销产品断货，平庸产品积压，如果各级中间商沟通交流信息不畅就不利于鞋类产品的迅速铺货。

如今这种“品牌+大批发”模式（品牌商不控制零售渠道，完成销售多依靠代理商）已经引发企业反思，各品牌的经销模式正从批发向零售管理模式（品牌商直接控制零售渠道）转变，销售渠道向扁平化发展。以往国内鞋类产品生产企业借助“大批发”模式，业绩得到了高速增长，但这两年出现了库存问题，至今仍未摆脱。

2. 网络营销渠道（网上渠道）

中国网络购物的市场规模近年增长迅速。根据中国电子商务研究中心发布《2012 年度中国网络零售市场数据检测报告》显示，截至 2012 年 12 月中国网络零售市场交易规模达 13 205 亿元，同比增长 64.7%，数据显示，2012 年中国网购用户规模达 2.47 亿人，较 2011 年的 2.03 亿，同比增长 21.7%。截至 2012 年中国网络零售市场交易规模，已经占到了当年社会消费品零售总额的 6.3%。其中，鞋服类的网购比重首屈一指地占据了市场重心。

近年来，越来越多的鞋类产品生产企业及贸易企业开始通过电子商务进行鞋类产品的销售。鞋类生产企业及进口商多倾向于采用网络直销和间接销售相结合方式，快速建立起国内网络销售体系。网络直销，即生产企业及进口商通过自行建立网上销售型网站或开设网上商店直接面向终端消费者，达到快速铺货、及时得到反馈的目的。间接网络销售，即鞋类产品经销商通过网络来寻找地区代理和终端客户，已有相当的鞋类产品经销商通过在淘宝网、京东商城、当当网、亚马逊等中国领先的 B2C 贸易网站直接面向终端消费者进行销售。对于有一定品牌知名度的鞋类企业，网络上往往已经存在自发形成的网络销售商，企业通常会采取通过授权收编现有网络渠道资源，以统一的网店设计、产品价格、促销折扣等开展网络销售。

鞋类产品的网络销售有如下优点：经营成本低，可适当降低鞋类产品销售价格；没有地域的限制；购买过程更为方便快捷；运营时间更加宽泛，实现了网上买鞋、网下取货的新营销渠道体系。互联网与电脑的强大的信息与数据的处理能力可以实现任何时间、任何区域的消费者与企业之间各种信息的汇总与处理，为实现先调查再销售最后设计生产的零库存生产模式提供了可能。电子商务具备一定的优势，但它的缺点也不容忽视，主要表现在：买卖双方缺乏直接沟通交流的机会，从而缺乏信任忠实感；消费者对鞋类产品有尺码，舒适度等的要求，互联网不能将产品信息全部传递给消费者，此外，网络销售往往会和传统的销售渠道在产品折扣，新品上市等方面产生冲突。

第十二节　中国市场进入分析

一、优势分析

1. 经济基础稳定，消费群体庞大

鞋类产品属于生活必需品，而中国人口数量超过 13 亿，有着庞大的消费群。近年来，随着中国国民可支配收入不断增加，消费者的消费能力不断提升，使鞋类产品的消费有了稳定的经济基础。伴随着消费者审美观、价值观的变化，消费者的消费结构也随之改变。对生活品质的追求，使得消费者对鞋的功能性需求更加细化，鞋类消费在总支出中所占比例将会有显著增长。因此，中国消费者对鞋类产品的消费需求远没有达到饱和，未来鞋类产品的消费仍有巨大的提升空间。

2. 中国高端鞋类产品市场品牌产品稀缺

由于制鞋材料、制鞋工艺以及鞋品设计的落后，中国鞋类产品大部分属于中低档产品，几乎没有高档的鞋类品牌，目前主要依靠进口鞋类产品来填补国内高档鞋类产品的缺失。大部分进口鞋类产品和外资企业设计生产的鞋类产品做工精良、款式新颖、质量有保证，得到了中国消费者的认同。同时，伴随着国内消费水平和消费品质的提升，倾向于购买进口鞋类产品的消费群正在不断扩大。

3. 外资企业具有资金、技术、市场运作方面的优势

相对于中国国内的鞋类生产、销售企业，鞋类外资企业有资金、技术及市场运作优势。就资金优势方面来说，中国的鞋类产品生产及销售企业一般为中小型企业，主要为国外鞋类品牌商代工生产，企业规模较小，资金流动性较差；而外资企业规模较大，可用资金充足，可以拓展较为广阔的市场业务。公司资金的流动性对公司技术研发及市场运作有重要的影响。较强的资金流动性可以使得公司有能力参与产品设计，机械加工等方面的技术研发。外资企业有丰富的店面设计，销售营销方面的经验，有较强市场运作的能力。

4. 中国鞋类产品生产和销售企业众多，合作空间巨大

2012 年中国鞋类行业规模以上企业共有 4 008 家，众多的鞋类产品企业为国外鞋类产品企业进入中国挑选合作商提供了较多的选择的空间，缩短了解中国国内加工、销售的市场流程，更为方便的进入中国市场。同时，中国有四大特色制鞋产业集群，有着较为完善的产业配套和市场机制，产业链完整，国外鞋类产品企业进入中国市场可以直接进行建厂或合作生产，免除了许多基础设施建设的环节。

5. 政府政策支持，特别是中西部地区

目前，中国制鞋业正开始进行产业转移和转型，而这对进入中国鞋类市场的国外企业来说，提供了两个政策方面的优势。首先，位于东南部沿海地区的制鞋企业正面临成本上升，国外订单流失的困境，纷纷采取产业转移的方法应对困境，而东南沿海地区政府为了本省经济发展，采取扶持产业转型，建设大型产业园区，给予税收方面的优惠，并极力促成博览会、交流会等帮助企业挽留订单，开拓销路。其次，近年来，国家大力发展中西部地区，制鞋业依靠其强大的产业带动作用，成为发展中西部地区的经济产业。为承接产业转移，不仅国家对西部发展给予各项税收方面的优惠政策，当地政府也在加紧规划产业园区、加强基础设施建设，在环保、土地等方面出台优惠政策。税收优惠政策主要体现在《关于深入实施西部大开发战略有关税收政策问题的通知》财税〔2011〕58 号文件中，除税收优惠加多，投资手续也大为简化。商务部还出台政策对内迁加工企业进行财政支持和贷款支持。

综上所述，中国经济的发展，居民消费水平的提高，国内制鞋企业的发展为进口鞋类产品和外资鞋类企业提供了经济基础和合作发展的空间。进口产品的品牌质量，外资企业的资金、技术、市场运作优势使其鞋类产品进入中国市场更具优势。另外，中国消费者成熟度正在迅速提高，对产品的质量、设计、健康标准有更高的需求；同时，国家的检测标准也在逐步完善，为国内贸易创造了更为公平的竞争环境，中国鞋类制品市场不再是单纯价格竞争，而是更趋于规范成熟；进口鞋类制品及外资鞋类企业的优势正在显现。

二、市场进入劣势分析

虽然从长远来看，中国国内鞋类产品市场有广阔的市场空间，进口鞋类产品

和外资企业产品也能在中国得到很好的发展，但进口鞋类产品及外资鞋类企业进入中国市场不得不面临以下劣势。

1. 中国对外部鞋类产品的需求较小

中国人口众多，有着庞大鞋类产品消费群，2012 年中国鞋类产品的市场规模已达到4 423 亿元，同时，中国是世界最大的鞋类制造国，企业数量多、产品覆盖全、产品档次符合当前国内主要消费水平。中国进口鞋类产品金额所占市场规模比例小，仅为2.53%，产品主要填补高档消费需求的空白，其进口额虽呈现持续增长，但当前中国消费者对国外鞋类需求有限。

2. 进口鞋类产品价格较高，受众群较小

目前，鞋类产品销售价格仍是中国鞋类市场主要竞争点之一。但与国产鞋类产品相比，进口鞋类产品的价格较高，加之进口、经销、批发、零售等环节，无形中又增加了进口鞋的价格，使进口鞋类产品在市场竞争中处于价格劣势。在中国国内加工的外资企业鞋类产品，销售价格也相对较高。所以，尽管进口鞋类产品在用料、做工方面比本土鞋类产品优胜，但因价格问题，进口鞋类产品在市场进入方面存在劣势。

其次，在中国，城乡之间、地区之间以及各类人群之间广泛存在收入水平不平衡的情况，较高的销售价格使得进口鞋类产品的受众群范围有限，流失了众多的消费群，市场占有率较小。

3. 企业经营成本不断提高

早期，众多外资企业因看到中国巨大的消费潜力，低廉的劳动力、原材料价格等纷纷进驻中国设厂投资。但近年来，中国的成本优势正在逐渐消失，各项综合经营成本的持续抬升，不断挤压着企业的利润空间。

中国国内人口红利逐渐消失，劳动力成本不断上升；而国际油价上涨助推大宗商品价格上涨，又使鞋企原材料成本持续高位运行；中国全范围内房地产业发展、土地稀缺，致使工业用地成本上升；人民币的升值又进一步的蚕食了企业利润。

4. “用工荒”现象显现

据统计局数据显示，2012 年中国 15 ~ 59 岁（含不满 60 周岁）劳动年龄人口 93 727 万人，比上年末减少 345 万人，占总人口的 69.2%，比上年末下降 0.60 个百分点，中国劳动力总量出现改革开放以来的首次下降。此前，根据2007年中国人口发展战略报告，全国总人口将于2010年达到13.6亿，而实际情况是，2010年的人口普查数是13.4亿，比预计的少了2 000万人。

“用工荒”正成为中国劳动密集型产业普遍存在的现象。业内分析人士认为，造成该现象的原因除劳动年龄人口总量下降外，务工人员的生活成本持续增加，诉求日渐丰富，而企业由于需要控制经营成本，所能作出的相应让步有限。此外，为促进农业发展，近年来政府出台一系列扶农措施，也促使不少农民工重返土地，进一步导致城市劳动力供给的萎缩。制鞋业由于劳动强度高，激烈的人才资源争夺导致工人流动性加大、熟练技工流失严重等用工问题更为突出，这对将要进入中国投资设厂的新进入企业来说是不得不引起重视的问题。

新进入中国市场的企业（产品）除需要面临上述问题外，各知名鞋类进口国际品牌在中国销售还将有可能遇到以下方面的阻力：市场上假货泛滥；售后国内外有别；国内国外售价悬殊较大等。这些问题让进口国际鞋类产品在中国的形象受损，消费者信心下降，这也对国外鞋类产品进入中国市场产生影响。

三、主要结论与建议

1. 结论

中国鞋类产品市场未来发展潜力巨大。2012年中国鞋类产品市场规模约为4 423亿元，同比增长9.66%。目前中国公民平均每人每年消费鞋类产品仅为2.5双，远低于美国公民7.5双的消费水平，而随着经济的发展，消费能力的进一步提高，中国13亿人口的消费潜力不容小觑。加之大部分制鞋企业仍然以OEM代工模式发展，其产品多是为国际知名品牌代加工或是用于出口，国内鞋类产品的消费市场空间并未被完全开发。预计未来中国的鞋类产品消费量年均增速将达到7.5%。

中国鞋类市场可细分为四大部分：皮鞋、胶鞋、布鞋及塑料鞋。无论是生产还是销售，皮鞋都是最主要的鞋类品种，2008年时皮鞋的销售比重已由早期的9%上升至41%。中国生产鞋类以中低档产品为主，近年来伴随消费结构升级，开始向中高档产品发展。但就消费的鞋类产品档次而言，因地域消费能力的不同，中国各地区对鞋类产品的消费档次要求不一。北京、上海和东南沿海等经济发达城市的人群对鞋类产品的购买力较强，对中高档次鞋类产品需求较高。而农村地区及内陆经济发展稍弱的城市，对鞋类产品的需求还集中在中低档，但已经出现消费档次提升的趋势。

就进口商品结构而言，橡胶、塑料、皮革或再生皮革制外底、皮革制鞋面的鞋靴是中国进口鞋类产品的主要产品种类，2012 年其进口金额约占当年中国鞋类产品进口总额的 58. 80%。进口的鞋类产品品牌和品质整体优于国产鞋，得到消费者的普遍认可，其售价普遍高于国产鞋，填补了中国高档鞋类产品的市场消费空白。意大利、越南是中国进口鞋类产品的主要来源地，2012 年中国仅在意大利和越南的鞋类产品进口金额就占了当年鞋类产品进口总额的 50. 54%。

根据中国相关法律规定，鞋类产品属于自由贸易货物，中国鞋类产品市场是一个开放透明的市场，市场的进入门槛不高，但进入并不容易。2012 年中国鞋类行业规模以上企业共有 4 008 家，实现销售收入 571 980. 28 百万元，地区集中度相对较高，而企业集中度较低，市场竞争相对激烈，属于完全竞争的市场。对于制鞋企业来说，东部、南部沿海地区虽然有着完善的产业配套和市场机制，产业链完整，但场地分割完毕，没有了进入的空间，且面临出口疲软的问题。对销售企业来说，目前中国鞋类产品市场并不乐观，企业面临库存及生产过剩等问题，据行业龙头企业最新数据显示，其销售业绩几乎都出现了下滑。因此市场进入并不容易，企业所面临的挑战较大。

目前国内现有的鞋类产品销售渠道主要有线下渠道和网上渠道两种，每一类型的销售渠道又可分别具体分为直接分销渠道和间接分销渠道。各企业根据自身的发展经营及产品定位来选择不同的销售渠道销售或多渠道并列销售。近年来，鞋类产品生产及销售受潮流趋势的影响越来越大，要求铺货的速度越来越快，企业为了快速的占领市场，越来越要求销售渠道的扁平化，尽量缩短企业于终端消费者的距离。

2. 建议

中国鞋类产品市场未来发展巨大，但目前市场疲软之态，仍在继续。基于对国内鞋类产品市场进行的深入调查和分析，我们建议国外鞋类产品企业在选择进入中国市场时应注意以下方面：

（1）地区选择

对鞋类产品销售企业来说，要针对不同档次的鞋类产品选择不同的地区。针对以中低档鞋类产品为主要销售对象的销售企业来说，拓展中国二三线城市或一线城市边缘的消费地域是较好的选择。目前中国二三线城市经济发展迅速，消费者的消费能力有了较大的提高，重要的是店面租金相对较低，比较适合新进入者。针对以高档鞋类产品为主要销售对象的销售企业来说，将店面设在商业中心，会得到高级消费层的欢迎，并在一定程度上提高企业的形象。

对鞋类产品生产企业来说，可以选择到中西部设厂。目前，东鞋西移是中国制鞋业发展的趋势。中西部具有劳动力、原材料、工业用地及政策方面的优势，成为国外鞋类产品生产企业进入中国市场的首选地区。

（2）产品选择

在产品选择方面，丰富产品线、采取多品牌策略将有助于企业深入到各个不同的细分市场，占领更大市场份额。

从当前中国市场情况来看，鞋类产品主要集中于成人男女鞋，运动鞋等，品牌繁多。新进入者可以另辟蹊径，选择童鞋或户外鞋领域进入。近年来，中国户外用品市场发展迅速，户外鞋发展品类更加多元化，很多品类也适用日常穿着，更耐穿的同时，价格也适中，受到消费者的青睐。像探路者、哥伦比亚（户外用品生产商）等均在2013年上半年取得良好的业绩。

中国0～14岁的儿童已占到中国总人口的16.5%，而且目前中国独特的独生子女政策使得家庭中围绕孩子消费的开支越来越高。目前中国童鞋产业的发展现在还处于初级阶段，不管是对童鞋的设计生产还是品牌包装销售等方面的研究都比较少。伴随着生活水平的提高，中国消费者越来越重视儿童鞋类产品的品牌和质量，未来中国童鞋市场会有较好的发展前景。

（3）市场进入途径选择

进入中国市场的国际品牌可以通过合资生产、许可证生产等形式，在国内建立生产基地，将丰富的国际化营销经验与低廉的本土化劳动成本有机结合，早先的在生产地销售鞋类产品已基本被在销售地设厂生产所取代，从而形成巨大的成本优势、速度优势和技术优势。

对于新建销售渠道的鞋企而言，因为刚进入市场，企业的市场管理能力相对较弱，应该尽可能地利用中间商的资源进行渠道建设。对于已经经过几年市场运作的销售渠道，企业则可以考虑进行渠道的调整和改善，淘汰经营不善和合作不良的中间商，拓展新的销售区域，甚至可以改变原有的渠道模式和结构，建立更为合适的渠道网络。

另外，外商考虑进入中国鞋类市场时，应注意各百货公司及其他销售渠道对鞋类销售的要求，如广州友谊商店会对鞋类产品实施质保制的资格证或质保卡的要求，而该证明文件可向广州市技术监督局申请。

第三编

中国贸易投资新体制与
中国市场准入制度改革

第七章　再次回到亚洲金融危机：东亚模式与亚洲资本主义

第一节　东亚金融危机：是“模式”的问题吗?

一、问题的提出

自从1997年7月东亚金融危机以来，亚洲或东亚“模式”引起了许多人的怀疑和批判。其中最有权威的意见来自原国际货币基金的前执行主席康德苏—1997年12月1日他宣布：亚洲经济模式已经过时。①

这种观点大体上是从以下因果关系的推断中得出的：在金融危机之前东亚各国的许多大企业已经从国内和国外的银行得到了超额借贷；而超额借贷的情况又受到了政府和银行系统的鼓励纵容；而鼓励纵容的原因是由于政府与企业的关系非常密切；而这种密切关系正是政府主导型模式，即亚洲或东亚模式的主要特征和内容。因此结论是：东亚模式是导致金融危机的主要原因。

基于这一观点，他们提出的政策建议是：抛弃东亚模式。即使是中国也听到了类似的忠告：今后不应当学习东亚模式、日本模式或韩国模式了。

但是，当我们按照这一思路继续研究的时候，却发现事情并非如此简单。首先，对究竟有没有东亚模式，在理论界还是一个未定的课题；其次，即使承认有“东亚模式”，那么对“政府主导”是不是其主要内容，也依然没有定论；最后，即使承认东亚模式具有先天性的缺陷，那么依然无法断定它就是此次金融危机的主要原因。下面本节对此进行说明和分析。

---

①　国际商报，1997 - 12 - 27.

1. 有没有“东亚模式”

首先需要说明的是，“东亚”的概念范围经历过一个由小到大的演变过程：在20世纪70年代以前它主要指的是日本，80年代增加了中国台湾、中国香港、新加坡和韩国“四小虎”或“四小龙”，90年代以来又吸收了泰国、马来西亚、菲律宾和印度尼西亚等东南亚国家。另外，在过去有些场合，这些国家和地区曾被称为NICs或者NIEs，现在则被统称为“实绩优良的亚洲经济实体”（High Performing Asian Economies），简称HPAEs。①

对于在这一地区的经济发展中有没有一个共同的“东亚模式”的问题，比较普遍的回答是：有。从这一观点出发，直到1997年7月危机爆发之前，许多人都把东亚“奇迹”的出现归结为“模式”的正确和成功；而在危机爆发之后，又把“奇迹”的结束归结为“模式”的过时和失败。

但是，还有一种不太普遍的回答是：无。其中代表性的观点是1993年世界银行发表的题为《东亚奇迹》的研究报告。该报告在进行了详细的分析之后指出：“虽然列出促使东亚经济高速发展的因素并不困难，但是很难找出一种对于整个地区都适用的模式。”在结论部分，它又重申：由于东亚的经验、机制和政策各不相同，所以“这意味着并没有单一的东亚经济模式。”如果承认这一观点，② 那就意味着从根本上动摇了把金融危机与东亚模式相连的任何企图。

那么究竟有没有所谓“东亚模式”呢？

对此本书认为：首先，在严格的和精确的意义上，应当说世界银行报告的结论是正确的。因为研究越深入细致，各个东亚经济实体之间的差异就越明显：不仅东南亚的模式与东北亚有所不同，而且在东南亚里面，城市国家新加坡与泰国、印度尼西亚、马来西亚的模式也不相同。同时，所有这些经济与其蓝本——日本的模式之间也存在差异。另外，即使就一个国家而言，在不同的地域、产业、部门以及不同的发展时期当中，所采取的模式也不可能完全一样。也就是说，如果除去每个经济实体在表面上的相似之处的话，它们各自内部的不同点就清楚地展现出来了。由于“无”的理论条件严格，所以它认为每个国家都具有独特的经济模式，因此金融危机在每个国家发生的具体原因也不一样：泰国的原因不同于中国香港，中国香港又不同于韩国；而新加坡和中国台湾也可能不存在发生危机原因等。

① 中国虽然也在东亚，但是由于经济体制不同，因此通常所说的东亚模式不包含中国。

② The World Bank. The East Asian Miracle: Economic Growth and Public Policy (World Bank policy research reports) [R]. New York: Oxford University Press, 1993.（世界银行．东亚奇迹——世界银行政策调研报告［R］．财政部世界银行业务司，译．北京：中国财政经济出版社，1995：61，249.）

但是，在不太严格和简便的描述中，“有”的观点也没错。因为尽管东亚地区具有明显的多样性和复杂性，但是如果在各个经济实体所采取的政策、措施、经验和教训中，确实存在着某些带有共同性的因素，而它们又是其他地区的经济发展过程中所没有的或少见的话，那么将其称为东亚的“模式”也是可以的和便利的。

不过，需要指出的是：由于“有”的理论前提不太严格，所以由此推导出来的金融危机与东亚模式之间存在的因果关系的结论，可能也是不太严格的。比如，它就无法解释，为什么同处东亚地区的新加坡、中国香港、中国台湾就能够比较顺利地度过金融危机呢?

2. “政府主导”是东亚模式的主要内容吗

这个问题是在不太严格的意义上同意“有”模式的观点，并且继续进行分析的时候遇到的。

从渊源上看，东亚的“政府主导”来自于日本模式，所以有些欧美学者也把它称为“日本总公司”（Japan Inc.）。后来类似的说法又增加了“韩国总公司”（Korea Inc.）、马来西亚总公司（Malaysia Inc.）等。也有些人根据它体现的注重秩序和服从命令等特点，把它称为“家族式”的、或者“集权式”的、或者“儒家资本主义”。由于1997年的金融危机暴露了政府和银行对大企业的包庇和纵容，所以也有人称它是“任人唯亲的资本主义”。

这些用语虽然不同，但是表达的意思基本一样，即承认在东亚的经济发展的各个阶段和各项主要工作中，政府部门都发挥了极为重要作用。这种政府作用的主要表现形式是对经济活动进行政策干预，例如建立有关法律和制度、制定经济和产业发展计划、确定重点产业并提供有利的贷款和补贴、利用关税措施保护国内的弱小产业、采取优惠的金融和税收政策鼓励企业的出口，以及普及初等教育等。特别引人注目的是，在政府对经济进行干预的活动中，它和大企业集团之间建立了密切的关系，双方犹如一个家族企业内部的成员互相协作，从而促进了经济的高速增长。这也是所谓“日本总公司”等说法的由来。

虽然政府的作用不可否认，但它是不是东亚模式的主要内容呢?

对此，前面提到的世界银行的研究报告明确地提出了相反意见：首先，实际上“很难确定某一干预政策与增长之间的统计关系，更困难的是确立它们之间的因果关系。因为我们无法得知，在没有干预的情况下会发生什么结果，因而很难证实干预促进了增长。”其次，政策干预并不是东亚经济所单独具有的特点，在拉美和非洲的“其他国家也采用了类似的干预政策，但没有成功；（尽管就）总体而言，它们的干预政策更为广泛。”最后，即使在东亚地区，政策干预的作用也不相同，在东南亚各国较小，而在东北亚则较大。①

因此，最近国际货币基金的一位专家指出，在东亚“奇迹”的背后，除了政府的政策干预以外，至少还有三个重要因素也是不可缺少的：企业和私人的强烈的储蓄和投资欲望、经济的较大开放程度、普遍重视对教育和教育投资的传统。② 由于本节的主题和篇幅所限，在此不能就这些内容展开详细的分析和说明，但是类似的观点在中国也可以见到。③

我们对此表示赞同，并且进一步补充以下意见：

第一，由于事物的复杂性，因此一个结果的出现可能是由多种原因促成的。以出口的增加为例，它可能是因为受到了政府某些政策的扶植和鼓励，也可能是因为企业灵活地抓住了市场机遇；可能是因为引进了外资和技术，也可能是因为改善了企业管理，提高了产品质量；可能是因为国内的石油和森林等天然资源非常丰富（如印度尼西亚和泰国），并且国外需求不断扩大，也可能是因为国内天然资源贫乏，而为了扩大进口不得不增加出口（如日本和韩国）。也就是说很难把它仅仅归结为政府主导的结果。

第二，政府干预的结果并不都令人满意。以日本的煤炭产业为例，战后初期由于资源紧张，因此它和钢铁、造船等产业同时得到了政府的重点扶植，在短期内产量迅速增加，并带动了整个国民经济的恢复和增长。其中，钢铁产业直到今天依然在日本经济中占有重要地位；但是造船行业由于韩国和中国等竞争对手的出现，国际竞争力已经显著降低；而煤炭行业由于世界能源结构的变化，在20世纪60年代就很被石油所取代，并最终走向了衰落。另一个典型的例子是日本的农业。由于长期受到政府的保护，结果日本的农产品价格一直居高不下，不仅早已失去了国际竞争力，而且损害了广大消费者的利益。相反，例如日本的家电产业，在战后初期它首先是从松下和索尼等几个小企业开始的，并没有被选为政府重点扶植的对象，但是后来也在短期内迅速成为了日本的支柱产业之一。类似的例子不论在日本还是东亚，还可以举出许多。

本书举出这些实例和观点是想强调：经济发展是一个多种因素相互作用的复杂过程，仅仅依靠政府主导是不可能取得东亚“奇迹”的。而且，政府的干预只有在维护市场机制的前提下，才能促进经济的增长，反之则会阻碍经济的增长。所以，如果仅把政府主导作为东亚模式的主要内容，并由此推断它与金融危机的关系的话，可能会

① The World Bank (1993)，前引书，4－5页。

② Sugisaki，Shigemitsu. Economic crises in Asia［C］. Harvard Asia Business Conference，1998－01－30.

③ 一位中国作者把东亚模式的内容概括为四点：高储蓄率和高投资率；广泛推行市场改革；国家通过发展战略和产业政策实行干预；引进外资和技术以及促进出口。参见 Dai Xiaohua. East Asian model：a few problems，but it works［J］. Beijing Review，1998－03－23：7.

产生夸大和误解。

3. “东亚模式”是金融危机的原因吗

可能有人会争辩：有时为了突出主要问题，需要排除次要因素，所以政府主导是东亚模式主要内容的说法并没有错。从这一观点出发，1997 年东亚金融危机爆发以后，许多人把危机的原因归结为东亚模式的缺陷或问题。

对此，作者认为，即使退一步同意这一说法，事情依然没有那么简单。

第一，迄今为止，还未发现任何一个模式是“没有”缺陷的。在历史上早期资本主义和帝国主义的模式弊端自不待言，二战以后东欧社会主义工业化模式的弊病也是有目共睹。相比之下，东亚的经济模式应当说是一种缺陷较少和效果较好的了。当然，如果有人坚持认为政府干预经济就是大缺陷的话，那么作者想提醒的是，这与其说是东亚经济所特有的缺陷，不如说是过去 100 年来世界经济发展的一个共同趋势。而且与发展中国家相比，发达国家的政府的规模和职责范围的扩大幅度甚至更为明显。①

第二，东亚模式的缺陷并非始自今日，而是早已有之。以日本的政府与大企业的密切关系为例，从二战以后许多学者对其正反两方面的影响所做的分析和批判就几乎没有停止过。在肯定这种关系具有扶植民族工业和保护国内市场等积极作用的同时，也有些学者指出：政府采取的法律和金融等干预手段也具有阻碍市场自由竞争的消极作用，因此“它经常存在着演变为经济自由活动的桎梏的可能性”。还有些学者指出②，由于少数大企业一直享受着政府的种种优惠政策，而广大的中小企业没有受到应有的重视，因此这两类企业之间的技术、工资、生产率等方面的差距扩大了，从而在两者之间出现了“统治与从属、甚至剥削与被剥削的关系”。类似的弊病在韩国和其他东亚经济中也程度不同地存在③，并且受到了人们的批评。④

① The World Bank. World Development Report 1997 ［R］. New York：Oxford University Press，1997.（世界银行 1997 年世界发展报告—变革世界中的政府 ［M］. 北京：中国财政经济出版社，1997：2，19 –28.）

② 宫泽健一. 大企业与政府 ［G］ //中山伊知郎原三代平.《日本经济事典》讲谈社. 东京：1973：602 –604.

③ 都留重人. 现代日本经济 ［M］. 东京：朝日新闻社，1977.（都留重人. 现代日本经济 ［M］. 马成三，译. 北京：北京出版社，1980：263.）

④ 例如韩国，在 20 世纪 60 年代由于政府制定的交通运输系统和土地开发计划引起了地价飞涨，从而使韩国的普通劳动者“受到了特别的损害”；而那些“即使是不那么精明的土地投机者，只要他们同政策的制定者有良好的私人关系，就可以大发横财。”见宋丙洛. 韩国经济论 ［M］. 汉城：博英社，1992.（韩国经济的崛起 ［M］. 张胜纪，译. 北京：商务印书馆，1994：72.）

第三，尽管东亚经济发展中存在着各种缺陷和问题，但是总的说来，它的消极影响的范围仅限于一国一地，远未达到可以影响其他国家甚至震撼整个地区的程度。即使以“经济大国”日本为例，20世纪80年代末期“泡沫”经济崩溃以来，其政府和大企业的勾结以及银行体制的严重弊端和具体事例已经众所周知，但是这些弊端的主要结果是引起了日本国内经济发展缓慢和政治局势的不稳。虽然东亚地区对日本进出口也因其国内需求不足和日元汇率变动受到了一定程度的影响，但是它并没有在东亚地区引起如此剧烈和深刻的金融危机。另外，直到80年代以前，引起日本经济增长过程突然中断的主要原因几乎都是来自外部，即国际收支的平衡出现了赤字：为了减少贸易赤字，政府实行金融紧缩政策，从而引起了投资规模的缩小，并且迫使企业压缩生产能力和减少进口。当经济达到一个新的平衡之后，开始新一轮的设备投资，结果生产能力和出口规模马上急剧扩大，并且在经过一定时期之后，再次因为进口扩大而出现国际收支赤字，于是开始新的紧缩。如此循环往复，直到1973年的“石油危机”彻底打断了日本“高速增长”的过程，使其从此进入了所谓“安定成长”即低速增长的时期。由此可知，对于那些经济实力远不如日本的东南亚和韩国来说，国际化中的这种外部经济的强大影响力更是不可低估。

从上述观点出发，作者认为，尽管东亚的经济结构或者“模式”的内部存在着某些众所周知的缺陷，但是它与金融危机之间似乎并不存在一种必然的、直接的因果关系。否则就无法解释，为什么危机要在1997年7月，而不是在更早或更晚一些的时候爆发呢？为什么它在爆发之后能够迅速地波及整个地区呢？更明确地说，1997年东亚金融危机的直接的和首要的原因不应当从模式的内部寻找，而应当从外部寻找。

由于危机是在金融领域爆发的，因此国际金融资本是这次“演出”的主角。当20世纪90年代初期欧美和日本等发达国家经济出现衰退时，过剩资本开始逐步向经济高速发展的东亚地区流入。这种流入的速度在1994年墨西哥金融危机爆发之后明显加快，1996年达到了高峰。据国际货币基金估计，截至1996年底，欧洲银行对东亚的贷款金额为3 180亿美元，日本为2 600亿美元，美国为460亿美元，总计在6 000亿美元以上，而且其中大部分是短期贷款。①

虽然东亚的经济环境和优惠政策是吸引外资的重要条件，但是具体的投资决

① Nayan Chanda. Rebuilding Asia [J]. The Far Eastern Economic Review, 1998-02-12. 据该文介绍，Dresdner Bank AG 的一个董事承认，(外国) 银行犯了错误。不过他强调，在当时所有银行都处于竞争的压力之下，由于大家都蜂拥而至，所以“即使你有疑问，也无法停止发放贷款。”

定主要是由微观因素，特别是盈利多少所决定的。也可以说，外资的流入和流出与“模式”是否有缺陷或缺陷的大小是无关的。由于在东亚的投资利润率大大高于其他地区，因此外国银行开始大量地和盲目地向东亚发放贷款。即使在去年7月东亚金融危机已经爆发之后的第三季度，美国的投资者还向新加坡和韩国的证券市场分别投入了160亿和150亿美元。①

在一般情况下，外资的流入对于弥补本地区的资金不足和刺激经济增长是具有积极作用的。但是，1993—1996年期间巨额外资向东亚的汹涌流入是一种反常现象：除了一部分流入了生产部门之外，大部分流入了金融领域，从而引起了东亚的不动产、股票、证券等“泡沫”经济的繁荣，并且助长了政府中早已存在的腐败现象以及经济建设中贪“大”求“洋”的愿望。在这个意义上可以认为，不是东亚经济内部的先天缺陷吸引了巨额外资的流入，而是巨额外资的流入助长了东亚经济内部的原有的缺陷。

当这种原有的缺陷由于外资的强烈刺激而变得更加严重，以至达到了威胁预期利润的时候，国际金融资本就开始迅速地逃离了“现场”（有些已经大大捞了一把）。于是引发了波及整个东亚的金融危机。

所以，基于上述分析本书得出的结论是：国际金融资本的牟利动机和错误判断，以及由此而来的巨额资金的突然的流入和流出，才是此次东亚金融危机的首要的和直接的原因。东亚经济内部的缺陷则是次要的和间接的原因②，而且，不论这种缺陷有多么严重，它都不足以引起如此深刻和广泛的、震撼全球的金融危机。

当然，这一结论在目前还没有成为主流。例如，国际货币基金以及一些发达国家的政府官员和专家们就坚持认为，危机的原因来自东亚经济结构或者“模式”的内部。所以他们给东亚提出的“改革”方案的目的，主要在于切断政府与企业密切关系以及严格控制银行和企业的借贷规模等。

其实，上述的结论并不是说东亚经济内部的缺陷可以放任不管。由于金融危机引起了东亚的恶性通货膨胀和经济衰退，因此普通劳动者遭受的损失更为惨重。对此，不仅那些向国外超额借贷和为外资的投机提供了条件的大企业罪责难逃，而且一直对其采取保护和纵容政策的各类政府机构也有不可推卸的责任。因此，目前东南亚和韩国正在国际货币基金的压力下进行的“改革”也是必要的。

但是，需要指出的是，在东亚进行的这些改革是不够的。因为它没有包括对

① 纽约证券业协会发表的数字，转引自 John Authers. Asia：Investment high at start of crisis ［J］. The Financial Times，1998-01-15.

② 同上。该文引用哈佛国际发展研究所所长 Jeffrey Sachs 的评论指出：东亚的金融危机不是由于当地经济体系的基本缺陷引起的，而是由于“国际资本惊慌失措的流出而引起的。”

引发危机的首要原因，即国际金融资本以及国际经济秩序也应当采取相应的改革、限制或监督的措施。因此，单方面要求东亚经济进行改革是不公平的，也是不可能从根本上防止类似的危机再次发生的。对此，马来西亚和印度尼西亚等东亚的一些政府领导人已经提出了批评。

另外，一些外国专家学者在谈论金融危机与东亚经济的关系时也提出了模式的“过时”或“替代”问题。

对此，作者认为，既然危机的主要原因与模式或模式的弊病没有直接关系，那么就不存在所谓模式的“过时”或者“替代”的问题。实际上，如果因为政府主导的弊病而要求改革的话，那么即使没有危机发生或者没有国际货币基金的压力，东亚各国也是早晚都必须进行的。另外，东亚“奇迹”的背后，并不仅仅是政府的干预，还包括了其他复杂的社会文化因素。所以如果以为对东亚的政府机构和银行体系进行改革就可以改变其经济基本结构或者模式的主要特征，那也是一种不切实际的观点。也就是说，东亚经济结构的基本特征（例如强烈的储蓄和投资欲望、较大的经济开放程度、重视教育的传统等），不大可能因为金融危机和目前的改革而发生实质性的变化。在这一前提下，东亚就不大可能出现与现有模式完全不同的另一个“模式”，也不大可能像有些人建议的那样采用“美国模式”。更大的可能性是在原有的结构和改革的基础上，出现一种改良版的“东亚模式”，当然，这也是在不太严格的意义上。

最后需要补充的是，这种改良版的“东亚模式”会在一定的程度上纠正旧版的弊病，从而更有利于经济的发展和社会的公正。但是从经济国际化的角度来看，它可能依然无力抵抗去年 7 月那样的金融危机的袭击—如果数千亿甚至数万亿美元再次在短期内急剧地流入和流出的话。所以必须建立一种对国际金融资本可以实行有效监督和控制的机制，而这一问题超出了本书的分析范围。

二、总结“东亚模式”

（1）在二战后，特别是 20 世纪 60 年代以来东亚的成功经验中，可以找出一些具有共性的特点，为了方便起见，在不太严格的意义上也可以称之为“东亚模式”。但是需要注意的是，由于经济发展是一个许多因素相互作用的复杂过程，因此用模式进行概括容易出现简单化的情况。

（2）“东亚模式”不仅仅包括政府主导，还包括其他政治、经济和文化等因素。另外，政府主导的结果并不总是有利经济发展的，市场机制依然发挥重要的作用。

(3) 同任何模式一样，“东亚模式”也有内在的缺陷，但是并不是这次金融危机的首要原因。此次金融危机的主要原因是巨额国际资本的剧烈的流入和流出。这是任何一个国家的政府都无力干预和抵抗的。

(4) 这一观点并不否认东亚经济需要改革，而且认为改革迟早将要发生。但是，东亚的基本经济结构和特征可能会继续保留，并进一步促进经济发展和社会公正的实现。

(5) 但是，认为危机的原因是模式的缺陷的观点却只要求东亚进行改革，而不同时对国际金融资本进行限制和监督，因此它不能保证今后不会发生类似的危机。这一课题有待今后继续深入研究。

第二节　金融危机与亚洲资本主义

自从 1997 年 7 月亚洲金融危机爆发以来，西方发达国家的许多专家学者、政府官员，以及国际组织的代表们对危机的原因和影响等发表了大量的分析评论。不过这些评论的焦点主要在于所谓“亚洲模式”的缺陷，或者政府与企业的关系、银行系统的运作、企业的债务等具体问题，因此它们提出的对策和建议也局限于这些问题。对此，作者认为，这次金融危机产生的背景和原因绝不是那样简单，就事论事的对策也不可能从根本上解决和防范危机。如果把金融危机放在更加广阔的历史背景下考察的话，可以发现它实际上是亚洲资本主义与欧美资本主义、发展中国家的资本主义与发达国家的资本主义、穷国资本主义与富国资本主义之间长期存在的矛盾和冲突的集中表现。由于这两种资本主义都存在缺陷，而且它们所处的国际经济体系也存在缺陷，因此，危机不论迟早总会爆发。对此，本书将围绕这一主题，对亚洲资本主义的特点、它与“东亚奇迹”和金融危机的关系，以及它所处的国际经济体系的性质等问题进行分析和说明。

一、什么是“亚洲资本主义”

迄今为止，对亚洲经济问题（包括 1997 年的金融危机）的许多评论都是从“亚洲模式”的角度展开的。不少人把战后亚洲的经济奇迹归结为“模式”的成功，也有许多人把金融危机的爆发归结为“模式”的失败。

用模式来说明亚洲经济发展的特征具有简明扼要的优点，但是同时也容易出现简单化的倾向。因为经济发展毕竟是一个多种因素相互作用的复杂过程，而用一个简单的模式往往很难进行全面的概括。此外，对于究竟有没有亚洲或者东亚“模式”的问题，在学术界也一直是一个未定的话题。

因此，为了避免有关“模式”引起的争论，本书使用“亚洲资本主义”这一用语，以便在更广的范围和更深的层次上讨论亚洲经济发展的问题。不同的作者可以对亚洲资本主义作出不同的定义，但是在本书中它的含义主要有以下3点：

第一，“亚洲资本主义”是亚洲封建主义的对立物，是一种比较先进和文明的生产方式或者经济模式。

第二，“亚洲资本主义”是与欧美资本主义相对而言的，也就是说它是一种后起的、新兴的发展中国家的资本主义。不过虽然两者都是资本主义，但是由于发展阶段不同，所以它们各自的特点和利益也不相同。

第三，“亚洲资本主义”主要是指那些经历过殖民地和半殖民地的东南亚和东亚的资本主义，包括中国香港和中国台湾，但不包括日本，因为日本资本主义的起源和经历相当特殊，而且它也不属于发展中国家。

二、亚洲资本主义与“东亚奇迹”

一般说来，资本主义最早起源于16世纪的西欧，后来逐渐发展壮大取代了封建主义，并且扩展到了北美和澳洲。而当时的亚洲还处于漫长的封建主义的制度下，只是在欧洲的殖民者入侵之后，才产生了现代资本主义的萌芽。与欧美资本主义相比，亚洲资本主义具有以下3个主要的特点：

首先，亚洲的资本主义具有外来性或外发性。也就是说，被称为所谓“亚洲模式”的现代资本主义生产方式不是从本地原有的社会经济发展过程中自发地进化演变而来的，而是在外力的作用下被“移植”，或受到外力的影响而被“引进”的。这种“外力”，在第二次世界大战以前主要来自西欧，在二战后则主要来自美国。

伴随着资本主义入侵而被“引进”亚洲的，除了产品、技术和资金以外，还有企业管理、银行制度、政治法律、文化意识等一系列的配套方式。特别是在第二次世界大战以后，美国取代了西欧的领导地位，其资本和技术，以及与其配套的政治的、经济的、文化的制度和观念等，更多地进入了亚洲，并对亚洲资本主义的发展进程产生了更大的影响。

在这个意义上可以说，如果没有早期欧洲资本主义入侵的话，现在的亚洲可能依然停留在传统的农业社会，继续维持着马克思所说的“亚细亚的生产方式”；既不会出现二战以后令人瞩目的经济“奇迹”，也不会出现去年那样令人心颤的金融“危机”。因此，亚洲之所以能够开始经济现代化的过程，固然需要诸多内部因素的作用，但是它的“第一推动”则毫无疑问来自外部。

由于亚洲资本主义是被“引进”的，因此它的第二个特点是对外国资本主义的依附性，以及由此产生的两者之间的不平等地位。亚洲资本主义并不具备自我发展的能力，在资金、技术、管理经验和出口市场等方面都严重依赖发达国家。但是，由于欧美资本主义入侵亚洲的目的并不是为了培育和促进亚洲资本主义的发展，而主要是为了寻找出口市场，以及廉价劳动力和原材料的提供者，因此它对亚洲资本主义的发展一直采取抑制政策。同时，加上国内封建主义的阻碍，因此在第二次世界大战以前，除了与外国资产阶级结成了同盟关系的极少数买办资产阶级以外，一般的亚洲资本主义都没有取得显著的发展。

在第二次世界大战以后，亚洲获得了政治独立，废除了封建土地所有制等阻碍资本主义发展的内部障碍，但是它所处的国际经济的基本格局依然没有发生实质性的变化。即便是所谓“四小虎”，它们生产的绝大多数产品，从普通的食品、服装、玩具，到汽车、电器、机械、计算机芯片等，依赖的除了本国的廉价劳动力，依然是外国的资本和技术，而且它们的出口也继续依赖发达国家的市场。在一般情况下，如果发达国家对亚洲的出口的资金和技术多一些，或者它们的市场对亚洲产品进口的限制和管制少一些，那么亚洲的经济发展速度就会快一些，反之就会慢一些。也就是说，在这样一个开放的国际经济体系之内，亚洲经济增长的规模与速度，已经不主要取决于亚洲的内部资源与要素状况，而是主要取决于外部的、即发达国家对亚洲的这种出口和进口的规模与速度，而这种出口和进口的规模与速度则主要取决于发达国家的自身的经济利益。

当然，这一观点也不否认，现在的亚洲资产阶级的管理水平、劳动力的素质、生产和出口的产品质量等，都比从前有所提高；也不否认现在亚洲资本主义在国际经济体系中的地位比从前有所改善。

最后，由于以上特点引出了亚洲资本主义的第三个特点：即它是一种国家主导型的资本主义。实际上，在二战前亚洲资本主义之所以没有得到充分发展，除了受到国内外的各种阻碍之外，就是由于没有得到独立的有效的国家政权的保护和支持。因此，战后亚洲在摆脱了殖民地和半殖民地的枷锁之后，各国政府都充分认识到了发展民族经济是维持政权和抵御外来压力的重要手段；而亚洲的资产阶级也认识到只有与国家政权相结合，才能克服资源不足和市场狭小的缺点，有效地排除国内外的竞争压力，从而加速资本积累，迅速提高国际竞争力。因此，战后这些国家的经济发展几乎毫无例外地采取了政府主导的方式，在废除了封建的土地所有制的同时，建立了有关制度和法规，制订了经济发展计划，确立了需要保护的重点产业，从而促进了弱小资本主义的发展。

根据亚洲资本主义的上述特点来看待“东亚奇迹”，可以得出以下几个观点：

首先，“东亚奇迹”实际上是引进外来资本主义的一个结果。更确切地说，它是外来资本主义被“移植”和“引进”到亚洲之后出现的一个阶段性成果和一个比较成功的例子。虽然在“奇迹”的背后确实存在着诸如政府主导、节约储蓄、勤奋工作、甚至儒家文化等内部因素的作用，但是如果没有从外部引进的资本与技术这一先决条件的话，“奇迹”可能根本不会出现。因此应当充分认识到亚洲资本主义对欧美资本主义的依附性，而不应当过高估计它的经济实力，甚至轻信所谓世界经济中心正在向亚洲“转移”或者下一个世纪将是“亚洲世纪”之类的宣传。

其次，“东亚奇迹”这一用语本身也有夸大不实之处。即使抛开依附性不论，仅仅就时间而言，从欧美资本主义被“引进”亚洲到结出果实，至少花费了200～300年的时间，至于其间亚洲人民遭受的种种苦难和牺牲就更是一言难尽了。不仅时间漫长，而且享受到了“奇迹”的人数也有限：东南亚和东亚的人口总数还不足4亿人（不算中国和日本），而且他们之间还存在着较大的贫富差距。同时，更为重要的是，“奇迹”的结果只是在一定程度上改善了而不是改变了亚洲在国际经济体系中的不平等地位，它甚至扩大了而不是缩小了亚洲资本主义对发达国家的资金、技术、市场的依附性。

当然，“东亚奇迹”也说明了亚洲资本主义的两个优点。一个是亚洲资产阶级的坚忍、顽强和活力，虽然在很长的时期里经受了种种阻碍和压制，但是一旦得到安定的国际环境和国内人民的支持，就可以加快经济发展的速度。另一个是，作为一种发展中的新兴资本主义，与亚洲封建主义相比，它能够更快地发展民族经济，改善人民生活水平，并且提高国际地位；与欧美资本主义相比，它的资本积累没有依靠侵略、鸦片或者奴隶贸易，而主要是在国家政权的指导下，依靠人民的储蓄和勤奋。因此，相对而言，亚洲资本主义是一种代价较轻、弊病较小和见效较快的经济发展模式。当然，作者想再次重申，由于题目所限，本书对亚洲资本主义的评论并不涉及它的政治前途，对亚洲资产阶级优点的肯定也不等于说亚洲资本家比欧美的资本家更“善良”或更“优秀”。

三、亚洲资本主义与金融危机

根据前面的分析来看待1997年7月爆发的亚洲金融危机，可以认为以下观点是成立的：

第一，亚洲金融危机是一场由国际金融资本引发的危机。由于亚洲资本主义的较快发展只是最近几十年的事情，而且它长期依赖欧美发达国家的资金、技术、管理经验和出口市场，因此，它的总体实力依然十分薄弱，它的结构也依然十分脆弱。它既不可能独自创造出“东亚奇迹”，也不可能独自制造出金融危机。也就是说，东亚金融危机的主要原因、或者“第一推动”依然来自外部。不过与从前不同的是，这次的外力不是早期的欧美商业资本主义，而是以短期流动资本为主的国际金融资本主义。据国际货币基金的估计，到1996年为止，流入东亚的外资大约有6 000多亿美元，其中大部分是短期资本。这些巨额资本在很短的期间内突然地猛烈地流入和流出，必然会给任何国家和地区带来一场无法抗拒的灾难。当然，没有必要否认亚洲资本主义内部确实存在着诸如任人唯亲、盲目贷款、贪污腐败等等弊端，但是需要指出的是，这些弊端不仅早在封建时代的亚洲就已经存在，而且在当代发达国家也程度不同地存在着，所以它们与金融危机并没有直接关系。另外，亚洲经济弊端的影响范围一般只限于一国之内，充其量只能搞垮一国经济，而不可能同时危害到几个国家，即不可能引起整个地区的经济危机。因此，完全有理由相信，即使亚洲资本主义根本不存在人们所说的任何弊病，在现行国际经济体系内它要摆脱与抵抗金融危机的可能性也是几乎不存在的。

第二，亚洲金融危机是冷战结束以后发达国家的金融资本主义与亚洲发展中的资本主义的第一场严重冲突。众所周知，与社会主义和资本主义的矛盾相比，穷国和富国的矛盾，亚洲资本主义和欧美资本主义之间的矛盾，具有久远得多的历史。这次金融危机提供了一个新的例证。在冷战期间，亚洲资本主义被西方看做是对抗社会主义的盟友，所以它不仅从美国等发达国家那里得到了大量的资本和技术，而且得到了出口市场。同时，由于发达国家的过剩资本和低级技术可以从亚洲的廉价劳动力那里获得高额利润，因此它与亚洲资本主义的利益是一致的。但是，冷战结束以后，由于社会主义已经不再是西方的主要敌人，因此资本主义内部的矛盾出现了激化的趋势。同时，由于亚洲资本主义的快速发展破坏了原有的国际经济秩序，它的大量出口挤占了发达资本主义原有的市场份额，特别是一些亚洲资本家暴富的事实、一些大企业挤进世界500强的尝试，以及诸如世界经济中心“转移”和“亚洲世纪”的夸大宣传等等，加剧了发达资本主义的警惕与担心。为了继续保持高额利润和世界中心的地位，发达国家曾经屡屡使用过关税、进口配额、反倾销诉讼等手段来压制亚洲资本主义的发展，但是没有取得预想的效果。金融危机则使它们达到了目的，它首先过分“慷慨”地向亚洲放贷，把亚洲资本主义的弱点——对外资依赖性扩大到极点，然后又把这一根主要支柱突然砍断，于是亚洲经济的大厦便轰然倒塌了。因此金融危机再次使人们清醒地意识到了两种资本主义之间的矛盾的尖锐性，亚洲资本主义的脆弱性，以及在现行国际经济体系内通向发展与平等道路的漫长性和艰难性。

第三，亚洲金融危机表明了全球化时代的资本主义的危机。一般说来，资本主义的危机主要是生产过剩的危机，1997 年亚洲金融危机也具有这个特点：外资的大量流入首先导致了亚洲生产规模的急剧扩大和生产能力的过剩，从而引起了利润率的下降，于是相对过剩的资本开始从制造业转向不动产、股票、证券等行业，以便获取更高的利润，从而引起了所谓“泡沫”经济的繁荣。但是，如果说这里有一部分错误是由于亚洲资本主义年轻和无知而可以原谅的话，那么发达资本主义在金融危机前后的错误却使人对它驾驭市场的能力发生了怀疑。可以作出一种假设，即国际金融资本的本意不是要搞垮亚洲经济，它把资金大量流入亚洲的目的是为了维持“东亚奇迹”，那么，人们也可以看到：在危机爆发之前，它对形势盲目乐观，完全没有预见到从它的巨额资金正在给亚洲经济带来灾难；在危机爆发之后，它先是惊慌失措地逃离“现场”，然后又把一切责任推到了亚洲的头上。与此同时，除了中国宣布人民币不贬值和扩大内需来帮助亚洲经济度过危机之外，没有一个发达国家宣布要采取诸如保持汇率、降低关税、扩大进口等具体措施来帮助亚洲。这些事实不仅说明了发达国家不愿意帮助亚洲，而且说明了发达资本主义已经丧失了在全球范围内对金融资本实行有效的管理监督，以及对危机进行预防和处理的能力。

四、亚洲资本主义的前景

金融危机爆发之后，遭受危机打击最重的几个亚洲国家已经开始按照国际货币基金的方案进行“改革”。一些人对亚洲经济前景表示乐观，认为不用几年亚洲经济就会恢复，甚至会再现“奇迹”。另一些人则表示悲观，认为亚洲经济水平将会倒退十几年，而且“亚洲模式”已经过时和失败，今后的出路是采用“美国模式”。不过，如果根据上述亚洲资本主义的特点来展望它的前景的话，可能会得出另一种结论：亚洲资本主义发展的黄金时代可能已经结束。其理由如下：

首先，由于“亚洲奇迹”和金融危机的“第一推动”来自外部资本主义，因此，亚洲资本主义的再度兴起必须得到它的帮助。但是金融危机已经表明后者不容许前者快速地超越自己，因此亚洲资本主义无论怎样进行结构改革，都不可能使繁荣再现。

其次，由于二战后亚洲资本主义的发展的基本前提是对外依赖发达国家的资本和技术，对内依赖国家政权的保护和扶植，因此，它的再度复兴也离不开这两个条件。但是，目前国际货币基金的改革方案，却在增大它的对外依赖性和减少它的对内依赖性，因此缺乏政府保护的亚洲资本主义究竟能否得到发展，是值得怀疑的。

最后，由于亚洲资本主义在诞生之前就已经受到了世界经济体系的限制，只是在冷战期间才受到了发达资本主义的“优待”，所以，如果这一体系不发生根本变化的话，亚洲资本主义的地位和前途也不会出现根本性的改善。

总之，在经济一体化和全球化的今天，要想实现真正的平等和发展，亚洲的资本主义需要改革，发达国家的资本主义也需要改革，整个现行世界经济体系也需要进行改革。不过这样一来，一个既老又新的问题就再次出现了：依靠资本主义可以实现吗？

第八章　贸易投资与中国经济

第一节　中国外贸与就业问题

自 1997 年亚洲金融危机爆发以来，亚洲出口模式就成了一个争论的焦点。在危机爆发之前，中国和国际学术界的主流意见是把出口导向模式看做是亚洲经济奇迹的原因。但是，在金融危机期间，这一模式却被看做是引起危机的一个主要原因。应当看到的是，当时出现的这一理论争论，对后来的中国经济发展战略也产生了重大的影响，比如，许多人争辩说，中国也应当放弃亚洲模式或出口导向模式。

鉴于这一问题具有重大的理论性和现实性，因此，本节主要探讨了以下几个问题：

（1）出口模式的作用是什么，它与经济增长的关系是什么？

（2）在亚洲金融危机期间发生的模式之争的背景与反对意见，主要有哪些？

（3）出口对中国经济增长和就业的作用起到了什么作用？

通过对上述有关问题的理论探讨，以及通过投入产出表进行的测算，本节得出的主要结论是：

（1）1997 年亚洲金融危机爆发的原因不在于出口模式，而在于其他方面。出口模式对于亚洲和中国经济增长发挥了巨大的促进作用，对此应当坚定不移。

（2）出口产业在中国经济增长中也发挥了“火车头”的作用，平均每 1 元人民币的出口可以直接或间接地带动 2.5 元左右产值的增加。同时，出口也对扩大就业起到了积极的作用，经过初步估计，中国就业者的 21% 左右都与出口着发生直接或间接的关系。

接下来探讨的问题是中国外贸与就业的关系，但是，有几点需要事先说明的地方：首先，本书的侧重点是外贸中的出口部门，而不是进口部门；其次，在说明中国的出口与就业关系的时候，本书同时强调了出口对整个国民经济增长的作用，而不是简单地计算出口产业创造的就业机会；最后一点是，在进行上述分析之前，本书在理论部分用较多的篇幅回顾了1997—1998年的亚洲金融危机期间国内和国际的舆论界和学术界对亚洲出口模式的激烈争论，这是因为当时形成的普遍的成见，至今依然在很多人们、甚至专家学者的头脑中存在；如果不给予必要的反批评的话，那么，人们对中国出口作用的误解和偏见可能就始终不会消失。

一、出口战略的争论

1. 关于中国出口的作用

自1978年中国实施改革开放以来，围绕国家经济发展战略的争论就一直没有停息。而出口，作为中国经济发展战略的重要组成部分，也经常成为理论争论的中心之一。

众所周知，深圳等经济特区一开始就是一个出口加工基地。因此，这种争论最早是围绕着经济特区的发展方向而展开的。到了20世纪80年代，当特区经济已经取得了显著成绩的时候，争论的焦点又转向了中国经济能否实现“大进大出、两头在外”等问题。当1990年代初期中国经济在邓小平视察南方讲话的鼓舞下出现新的高潮的时候，亚洲金融危机的却突然爆，并导致了对出口导向模式的争论。

坦率地说，尽管30多年来，中国经济的高速增长是在出口的带动下实现的，但是，出口产业的地位和作用并没有得到应有的普遍的认可。历次争论的出现就是一个证明。

因此，如果我们不能首先从理论上对出口的作用给予有力的说明，那么，今后类似的争论依然会多次出现，从而使我们始终在理论上原地徘徊。这显然既无助于理论的前进，也无助于实践的发展。

（1）2014年国际环境

2014年全球经济缓慢复苏，分化态势仍将持续。世界经济复苏力度弱于预期，美国经济复苏势头较好，欧洲和日本表现不佳，新兴经济体增长动力有所削弱，全球地缘政治风险突出。

美国经济稳步复苏。2014年第一季度，受严寒天气影响，美国GDP环比折年率下降2.1%。第二季度，美国经济活跃程度明显提升，居民消费和企业投资均实现较快增长，GDP增速反弹至4.6%。下半年，美国经济延续复苏势头，第三季度 GDP 增长 3.5%，9 月份失业率降至 5.9%，为 2008 年 7 月以来最低。IMF 预计，2014 年美国经济增长 2.2%，增速与 2013 年持平，比 7 月份预测数上调 0.5 个百分点。11 月份开始，美国彻底退出量化宽松货币政策，这样做有利于防止流动性过剩带来资产价格泡沫风险，但可能在一定程度减缓经济增长速度。

欧元区经济面临较大挑战。欧元区经济货币联盟制度建设取得进展，外围国家持续整固财政，爆发系统性危机的可能性下降。但在自身增长动力不足、对俄经贸活动遭受重创的情况下，欧元区经济出现停滞，第二季度 GDP 环比零增长，特别是德、法、意等核心国家经济增长低迷，前景堪忧。IMF 预计，2014 年欧元区 GDP 增长 0.8%，比 7 月份预测数下调 0.3 个百分点。

日本经济前景不乐观。2014 年 4 月 1 日，日本消费税率从 5% 提高到 8%，引起经济增速大起大落。第一季度，日本消费者抢在消费税上调前购物，推动日本 GDP 环比折年率增长 6.7%。第二季度，增税对经济的冲击集中显现，日本居民消费大幅下跌，拖累企业信心下滑，GDP 环比折年率下降 7.1%。2014 年下半年，消费税上调的影响逐渐消退，但“安倍经济学”的刺激政策效力也在减弱，政府债务高企压缩财政政策空间，日本经济复苏动能不足。IMF 预计，2014 年日本 GDP 增长 0.9%，比 7 月份预测数下调 0.7 个百分点。

新兴经济体经济增速低位企稳。经历了 2013 年下半年的金融动荡后，2014 年以来新兴经济体金融市场总体趋于稳定，一些国家货币有所升值。但由于经济结构性矛盾突出，加上国际市场大宗商品价格下行，新兴经济体经济增速进一步下降，一些国家的经济发展甚至接近停滞。乌克兰危机，后美国、欧盟对俄罗斯实施多轮制裁，对俄罗斯经济金融造成严重冲击。中东局势持续动荡，也影响了区域内国家的经济增长。IMF 预计，2014 年新兴经济体和发展中国家经济增长 4.4%，比 2013 年低 0.3 个百分点，比 7 月份预测数低 0.1 个百分点。

（2）国内环境

2014 年以来，面对错综复杂的国内外形势，中国政府坚持稳中求进的工作总基调，统筹稳增长、促改革、调结构、惠民生、防风险，把改革创新贯穿于工作各环节，在区间调控基础上更加注重定向调控，国民经济在新常态下运行总体平稳，稳中有进，稳中提质。2014 年，国内生产总值同比增长 7.4%，城镇新增就业提前完成全年目标任务，市场物价温和上涨，产业结构调整加快，需求结构出现积极变化，收入分配结构有所改善，区域发展更加协调，与单位国内生产总值对应的资源环境成本有所减少。当前，中国经济基本面没有发生大的改变，但增长速度换挡期、结构调整阵痛期和前期刺激政策消化期叠加，结构性矛盾和周期性矛盾交织，工业产能过剩矛盾突出，房地产市场深度调整，财政金融风险有所上升，经济仍面临下行压力。

（3）2014 年外贸形势

据海关统计，2014 年，中国进出口总值 26.43 万亿元人民币，同比增长 2.3%。其中，出口 14.39 万亿元，增长 4.9%；进口 12.04 万亿元，下降 0.6%：贸易顺差 2.35 万亿元，扩大 45.9%。按美元计，2014 年中国进出口总值 4.30 万亿美元，同比增长 3.4%。其中，出口 2.34 万亿美元，同比增长 6.1%；进口 1.96 万亿美元，同比增长 0.4%：贸易顺差 3 824.6 亿美元，同比扩大 47.3%。在剔除 2013 年套利贸易垫高基数因素后，全国进出口同比实际增长 6.1%，出口增长 8.7%，进口增长 3.3%。

（4）2015 年外贸形势预测

2015 年，中国外贸发展面临的国际环境可能略有改善，但回升幅度有限，风险和不确定因素较为突出；国内环境总体稳定，但经济下行压力依然存在。

从国际看，世界经济温和复苏态势基本确立，经济增速缓慢回升。美国劳动力市场、金融市场持续向好，经济进入稳步增长轨道。欧元区经济爆发系统性风险的可能性下降，随着货币政策宽松力度加大，经济将实现低速增长。日本消费税率上调的影响逐渐减弱，但结构改革效果不容乐观，经济将实现微弱增长。新兴经济体经济增长总体仍快于发达国家，应对经济冲击的能力有所增强。IMF 预计，2015 年世界经济将增长 3.8%，增速比 2014 年提高 0.5 个百分点。WTO 预计，2015 年全球贸易量将增长 4%，增速比 2014 年提高 0.9 个百分点。联合国贸发会议预计，2015 年全球跨国投资规模将从 2014 年的 1.6 万亿美元扩大到 1.7 万亿美元。但金融危机后续影响依然存在，深层次结构性矛盾凸显，发达国家宏观政策分化，贸易保护主义势头上升，热点地区地缘政治冲突加剧，将成为经济波动的重大风险来源。

一是世界经济复苏力度仍然较弱。世界经济处于低速增长的调整阶段，增长动力与危机前相比已明显减弱。发达经济体房地产市场远未恢复繁荣景象，新兴产业的发展前景存在较大不确定性，居民消费和企业投资缺乏新热点，特别是政府债务进一步上升，财政政策空间受到极大限制，需求疲软问题趋于长期化。主要发达经济体中，美国收入差距扩大影响经济可持续增长，欧元区通货紧缩压力增大，日本经济结构性改革面临阻碍。新兴经济体结构性矛盾突出，有的国家产业结构单一，过于依赖能源资源出口，受国际市场能源资源价格下滑影响严重；有的国家财政和经常账户双赤字问题突出，抵御资本外流冲击能力较弱，整固财政、调整经济结构短期内难免影响经济增速。从全球范围看，科技创新对经济的拉动作用有限，劳动生产率增长出现放缓之势，拉低全球经济潜在增长率。

二是美国货币政策调整产生广泛影响。随着美国经济走上稳步复苏轨道、劳动力市场接近危机前正常水平，美联储已彻底终结量化宽松货币政策。市场普遍预期，美联储将在2015年进入加息周期。美国货币政策向常态回归，有利于防范通胀压力和资产泡沫积聚，是适应经济复苏的必然举措，但其外溢效应将吸引短期资金流向美国，推高全球金融市场利率。在其他发达经济体增长乏力、尚需宽松货币政策支持的情况下，这将在一定程度上抵消其宽松政策效果，抑制经济增长。一些外汇储备较少、财政和经常账户“双赤字”的新兴经济体则面临资本外流冲击，可能形成新一轮金融动荡，冲击其经济和金融稳定。

三是贸易保护主义尚未得到有效抑制。尽管世界经济增长有所起色，但不少国家失业率较高，发达国家更加重视发展实体经济，新兴经济体大力推进工业化进程，国际市场竞争更加激烈。一些国家采取贸易保护主义措施扶持本国产业，对市场开放态度保守，全球贸易摩擦依然高发，多边贸易体制遭遇新挫折。据世贸组织统计，金融危机以来，二十国集团成员出台的贸易限制措施中，约80%仍在实施，影响全球4%左右的进口。尽管2013年底世贸组织达成巴厘岛一揽子协议，但由于一些成员态度消极，协议迟迟得不到落实，多哈回合再度陷入困境。与此形成鲜明对比的是，近年来主要经济体之间掀起商签自贸协定潮流，自贸区成员之间的贸易和投资自由化深入发展，为经济全球化提供了新的重要推动力。但一些自贸协定可能导致世贸组织不同成员之间形成相对封闭的经贸集团，对协定之外的国家和地区产生挤出效应等不利影响。

四是地缘冲突给全球经济带来风险。2014年9月，乌克兰冲突双方达成停火协定，局势出现好转迹象，10月份俄罗斯又采取了一些缓解乌克兰危机的举措。但乌克兰危机源于欧亚地区长期以来的地缘政治矛盾，未来发展仍存在较大不确定性，可能在较长时期内影响相关国家经济和经贸往来。中东地区持续动荡，可能威胁全球石油供应安全。

从国内看，中国经济长期向好的基本面没有改变。工业化、信息化、城镇化、农业现代化深入推进，将创造新的消费和投资需求，对经济增长形成有力支撑。产业结构、区域结构、收入分配结构进一步改善，提升了经济增长潜力。全面深化改革稳步推进，“改革红利”逐步释放，将激发广大经济主体的创新动力和经济发展活力。特别是中国积极推进新一轮扩大开放，上海自由贸易试验区取得的改革开放经验将推广到其他地区甚至全国，丝绸之路经济带和海上丝绸之路战略进入实施阶段，将为中国经济特别是对外经济贸易创造新的增长空间。国务院出台的支持外贸稳定增长、加强进口等政策措施深入落实，有利于保持外贸持续稳定增长。但中国工业产能过剩，企业融资难、融资贵，劳动力成本快速上涨等矛盾交织，短期内难以化解，将对经济特别是投资增长起到抑制作用。

总体上看，2015 年中国外贸发展的国际、国内环境基本稳定，但是仍然面临着巨大的压力和挑战。突出体现在三个方面：

第一，外部需求难有明显回升。世界经济低速增长，国际市场需求增幅有限，不确定、不稳定因素增多，风险不容低估。近期，全球经济先行指数已有所减弱。2014 年 9 月份，全球制造业采购经理人指数（PMI）为 52.2，连续 3 个月下滑，其中美国、日本略有回调，欧元区跌至 2013 年 6 月以来新低，汇丰银行编制的新兴市场指数仍远低于历史平均水平。即使 2015 年全球贸易量增长达到世贸组织预计的 4%，仍远低于过去 20 年 5.3% 的平均增速。与此同时，各国普遍把扩大出口当作促进经济复苏的重要手段，采取各种措施支持出口发展，国际市场竞争日益激烈。中国出口占国际市场份额已达 11.8%，随着自身规模扩大，稳定和扩大国际市场份额的难度不断增大。

第二，中国外贸竞争优势“青黄不接”。中国劳动力成本处于快速上涨期，近几年年均涨幅超过 10%，沿海地区出口产业劳动力成本普遍相当于周边国家的 2~3倍，甚至更高。劳动密集型出口产业竞争力不断萎缩，制造业利用外资持续下降，出口订单和产能快速向周边国家转移。不仅纺织服装等产品在发达市场份额明显下降，而且低端机电产品对发达市场出口增速也开始落后于部分周边国家，市场份额面临被蚕食的危险。中国装备制造等新兴产业快速发展，但企业开拓国际市场经验不足，支持相关产品出口的财税、金融政策仍不完善，出口潜力难以得到充分发挥。此外，跨境电子商务等新型贸易方式发展面临诸多障碍，贸易便利化程度还需进一步提高。

第三，贸易摩擦形势依然严峻复杂。在国际贸易保护主义回潮的背景下，针对中国产品的贸易摩擦有增无减。2014 年前三季度，共有 21 个国家（地区）对中国出口产品发起救济调查 75 起，同比增长 17%，其中不少摩擦针对中国战略性新兴产业，且涉案金额大，对中国外贸转型升级形成冲击。一些发达国家不断强化贸易执法，放宽立案标准，加严反倾销和反补贴调查规则，往往对中国出口企业裁定以较高反倾销和反补贴税率。新兴经济体经济放缓，一些国家制造业陷入困境，保护本国产业的呼声上升，导致对中国的贸易摩擦也趋于增多。2014 年前三季度，发展中国家对中国产品发起的贸易救济案件数量和金额均超过发达国家。面对外贸发展的复杂形势，中国将深入落实稳定外贸增长和加强进口的政策措施，大力培育外贸竞争新优势，进一步提高贸易便利化水平，改善财政和金融服务，有效应对贸易摩擦，增强外贸发展潜力。在市场倒逼作用下，在国家一系列促进外贸发展的政策措施引导、支持下，不少进出口企业加快转型升级步伐，积极优化商品结构、市场结构，探索新型贸易方式，开展对外投资拓展国际营销网络，提升在全球价值链中的地位。一批具有自主创新能力的龙头企业和新的优势产品正在涌现，成为带动外贸发展的新生力量，推动2015年中国对外贸易保持平稳增长态势。

2. 争论产生的背景

值得注意的是，与以往不同，这次争论具有国际背景，即亚洲金融危机的突然爆发；同时，它也掌握了一定的事实，即1998年中国出口的急剧下降。

首先，遭受金融危机沉重打击的国家都是采取出口导向型发展模式的，比如"四小虎"，以及泰国、菲律宾、印度尼西亚。因此，在讨论危机爆发的原因的时候，这一模式理所当然地受到了怀疑和批判。

另一方面，中国虽然因为人民币不可兑换而没有受到直接的打击，但是，根据海关统计，由于亚洲金融危机的影响，1998年中国出口也受到了严重的影响。其表现如下：

（1）出口增长率大幅度地急剧下降

1998年中国出口增长率只有0.5%，相比之下，1997年为21%。特别是对亚洲的出口出现了多年少见的负增长（-9.9%），其中对中国香港、韩国和东盟的出口甚至出现了两位数的负增长。相比之下，对日本的出口下降幅度虽然不大，但是也出现了负增长。

（2）亚洲在中国出口中的比重下降

从地区分布来看，中国香港、日本、韩国和东盟一直是中国的主要出口地区。以1997年为例，它们在中国出口中的比重分别占24%、17%、5%和7%，如果加上其他亚洲地区的话，1997年中国出口的60%和进口的62%都来自亚洲。

但是，1998年亚洲在中国出口中的比重却下降了7个百分点。同时，中国对其他地区（非洲、拉美和大洋洲）的出口也只出现了轻微增长，这说明这些地区对中国产品的需求十分有限，在短期内不可能成为中国出口商品的主要市场。只有对欧洲和北美的出口有所增长，但是从这些地区的进口几乎没有增长，因此，它的潜在意义是中国与它们之间发生贸易"摩擦"的可能性会增大。

（3）劳动密集型产品与少数资本密集型产品的出口大幅度下降

1998年中国出口产品下降幅度最大的是劳动密集产品。比如，从商品构成（SITC分类）来看，初级产品的下降幅度高达两位数（-14%），其中食品出口的下降幅度为-4.1%、饮料及烟草为-6.9%、非食用原料为-16.2%、矿物燃料等为-25.8%、动植物油为-52.6%。同时，杂项制品的出口下降幅度为-

0.4%。另外，值得注意的是，虽然资本和技术密集型的工业制品出现了2.7的增长，但是，其中按原料分类的制成品却出现了负增长（-6.0%）；而且，在按原料分类的制成品中，钢铁甚至出现了两位数的负增长（-28.7%）。

（4）主要省市的出口增幅放缓或下降

1998年中国出口的90%左右是依靠广东等10个省市的出口来支持的，其中，仅广东省的出口就占全国出口总额的40%以上。由于亚洲金融危机的影响，去年广东的出口增长率只有1.5%，在其余9省市中保持增长的有上海、江苏、北京、浙江和天津，出现下降的有山东、福建、辽宁和河北。

（5）经济特区和沿海开放城市的出口下降

经济特区和沿海开放城市一直是中国改革和开放的窗口和主要的出口基地。但是，1998年深圳珠海等5个经济特区的出口全部是负增长，天津大连等14个沿海开放城市的出口增长率只有0.1%。由于这些地区和城市的出口占全国出口总额的45%左右，因此，它们的出口下降具有极为严重的和深远的不良影响。

（6）只有外商投资企业的出口增长率维持了较高增长率

在中国出口下降的不利局势中，只有外商投资企业的出口增长率依然维持了较高速度。1998年上半年出口最多的10省市的外商投资企业的出口依然保持了较高的增长率。由于外商投资企业的出口占中国出口总额的41%，因此，它的出口的高速增长说明了两个问题：一是亚洲金融危机对它们的影响较小；二是它们在中国出口中的地位进一步提高、作用也进一步扩大，同时也说明了中国出口对其依赖性进一步增加。但是，从1998年下半年开始外商投资企业的出口增长率也出现了下降的趋势。由于外商企业对中国吸引外资具有“样板”作用，因此这一趋势值得注意。另外，由于外商投资企业与国外的总公司有着密切的联系，因此对人民币的贬值也具有较强的预期心理。

3. 对出口作用的国内怀疑论

尽管1998年中国出口出现了严重的问题，但是，在理论界却有很多人依然表示了一种乐观的态度。所谓“乐观”，主要是指他们对于出口下降的趋势和影响并不十分在意，甚至充满了乐观的情绪；所谓“消极”，是指他们没有采取有效的积极的对策来扭转出口下降的趋势。他们的基本观点和建议，反映出了对出口作用和地位的误解和偏见，主要有以下几点：

（1）出口作用“有限”论

其理由主要有两点：一是中国出口产品大多属于劳动密集型，很多甚至出自技术水平落后的乡镇企业，因此其产品的出口对于国民经济结构和技术水平的升级换代的作用是十分“有限”的；二是中国出口产品有许多属于来料加工性质，我们只赚到了一点“加工费”，大头没赚到。因此，他们认为，中国经济的主要发展动力不能过分依靠出口，出口只不过是一种次要的和补充的手段而已。

（2）出口下降“无碍大局”论

这一观点认为，出口下降对整个国民经济增长不会产生根本的和重大的影响。在他们看来，推动中国经济增长的主要因素是投资和消费，由于政府已经扩大了财政支出，银行又增发了1 000亿元的国债，因此，即使出口下降，那么它也是“无碍大局”的，不值得大惊小怪的。

（3）出口作用“过时”论

这一观点认为，出口对经济的促进作用在目前阶段已经大大缩小甚至已经“过时”。其理由是，在一个国家的经济进入“高速增长”阶段的时候，出口的扩大是有益的，但是，在经过20年以后，现在的中国已经告别了这一阶段。因此，他们的主张是，今后的中国经济发展，不必像从前那样依赖出口的扩大，而可以依赖国内某些经济部门（如基本建设、或汽车、住宅等）的扩大、或培育新的“增长点”（如高新技术产业等）来实现。还有些人则进一步主张，今后中国经济增长完全可以采取“内需主导”型的发展模式。

（4）出口扩大“危险”论

这是一种极端消极的观点。他们认为，1997年发生亚洲金融危机的根本原因在于出口模式，即东亚地区长期重视出口，结果造成了对外部市场的严重依赖，并且为大量借款和去年金融风暴的爆发准备了条件。因此，他们认为中国出口在国民经济中所占的比重应当减少，否则，也会导致对外部市场依赖度的增加，从而使中国出现金融风暴的“危险”增大。还有少数人则提出了更加偏激的建议，即“出口导向”模式是那些小国经济的模式，不适合中国这样的“经济大国”，因此，应当把它坚决抛弃。

4. 国际舆论对亚洲出口导向模式的批评

中国理论界对出口作用的怀疑观点的出现并不是偶然的，它是国际上对东亚模式、或出口导向模式的广泛批评在中国知识界和舆论界的反映。

1997年7月从泰国开始爆发了严重的金融危机，并且引起了人们对所谓“亚洲模式”或者“东亚模式”的怀疑和批判。其中最有权威的批判来自国际货币基金的执行主席康德苏，他在1997年12月1日宣布：亚洲经济模式已经过时。

国际主流媒体和舆论对亚洲模式的怀疑和批评，主要可以归纳为以下几点：

第一，究竟有没有亚洲模式，或者东亚模式？

第二，如果有这一模式的话，那么它的本质特征是什么？

第三，1997 年发生的亚洲金融危机的原因是这一模式的问题吗？

对第一个问题的回答，主要有两个答案：第一个是大多数人的观点，即“有”；第二个是少数人的观点，即“没有”。

在亚洲金融危机爆发以前，第 1 个答案几乎成为了普遍真理，因此不再重复说明。第 2 个答案主要是世界银行的观点，它主要体现在 1993 年发表的题为“东亚奇迹”的研究报告中。该报告的中文正文长达 250 多页（不包括省略的参考书目），作者们在 7 章的篇幅里，运用各种方法，从各个角度对日本等 8 个东亚经济实体的经济发展的原因进行了分析和说明。但是，该报告却认为，“很难找出一种对于整个地区都适用的模式。”在结论部分，作者们再次申明，由于这些经济实体的经验、机构和政策各不相同，因此“这意味着并没有单一的东亚经济模式。”

因此，综合上述内容，本书对于究竟有没有所谓“亚洲模式”或者“东亚模式”的问题，给出第 3 个答案——即“既有，又没有”。其主要理由如下：

首先，在严格的意义上，既不存在亚洲模式，也不存在东亚模式。正好比世界上没有两片相同的树叶一样，在亚洲甚至在东亚，也不存在几个国家或地区都相同的经济发展模式。这种观点忽略了几个对象在表面上的相似之处，着眼于每个对象内部的不同点。

例如，从地理位置上看，亚洲面积约 4 400 万平方公里，占世界陆地的 3/1，东起日本，北到西伯利亚、南到印度尼西亚、西到土耳其和阿拉伯半岛。这里有几十个国家和几十亿人口，不仅在文化、政治、社会、宗教、种族等方面，而且在经济发展阶段和经济体制方面都充满了多样性和复杂性。显然，要从这里找出一个能够代表大多数国家的经济发展的共同特点的“亚洲模式”是非常困难的。

相比之下，虽然“东亚模式”的术语缩小了范围，但是上述的多样性和复杂性并没有减少许多。按照世界银行的定义，所谓“东亚”实际上不仅包括东亚，也包括东南亚和太平洋地区以及中国和泰国以东的中低收入国家（含中国和泰国）。另据世界银行的分类，该地区的中低收入组里有中国、印度尼西亚、泰国、韩国等有 26 个经济实体；高收入组里有日本、澳大利亚、新西兰、中国香港等 8 个经济实体：合计 34 个。

这个范围依然很大，因此，在 1993 年世界银行的研究报告里，把东亚的范围进一步限制在了日本、韩国、新加坡、印度尼西亚、马来西亚、泰国，以及中国香港和中国台湾等 8 个国家和地区，即所谓“实绩优良的亚洲经济实体”（HPAEs，为了避免误解，在本文里东亚的范围也限于 HPAEs）。

不过，尽管“东亚”的范围已经大大缩小，但是要从这里找出一个具有共同特点的“东亚模式”也不是容易的。因为，如果仔细观察的话，可以发现不仅东南亚的模式与东北亚的不同，而且在东南亚，城市国家新加坡与泰国、印度尼西亚、马来西亚的模式也不相同，另外，所有这些经济与它们模仿的蓝本——日本的模式也不相同。而且，即使就一个国家而言，在不同的地域、种族、产业、部门，以及不同的经济发展时期，所采取的模式也不相同。

但是，在不严格的意义上和习以为常的说法里，也可以认为存在一种与众不同的、本地区特有的亚洲的或者东亚的模式。这个观点忽略了每个对象内部固有的不同点，着眼于几个对象之间的相似之处。因此，可以认为尽管本地区具有明显多样性和复杂性，但是某些经济实体所采取的发展政策和措施、它们的经验和成功的里面，具有某种独特的共性。

需要说明的是，进行上述区分不是为了回避或者混淆问题，恰恰相反，是为了深入地、多层次地研究此次东亚金融危机与东亚模式的关系问题。

另外，需要指出的是，不仅“亚洲”和“东亚”的范围比较笼统，而且，“模式”一词也并非精确：它的本义有“模型”、“样板”、“榜样”的意思。因此，有时人们为了叙述的方便，也使用东亚发展的“战略”、“道路”、“经验”、甚至“奇迹”来作为东亚模式的同义词，虽然这些用语与模式的含义不完全一样。但是，为了避免误解，本书统一使用“模式”一词。

对第二个问题的回答也正如对第一题的回答一样，可以有不止一种答案。首先，有许多人把东亚模式看作是一种经济发展的模式，因而强调它的储蓄、投资、技术、贸易等方面的特点。但是也有不少人把它看作是一种政府的行为模式，甚至是一种政府机构的体系，因此着眼于政策、计划、政府与企业的关系等等。同时，有些人把东亚模式概括为“出口导向”型与“政府主导”型的结合；也有些人简单地把它等同于日本的模式。

根据世界银行（1993）关于东亚经济的研究报告，对这个问题的答案主要有3个：

一个是“新古典学派”的观点。这派认为在东亚经济成功中，市场一直在资源配置中处于主导地位，而政府仅发挥了次要的作用。该派强调由于东亚经济实行“出口导向型”战略，没有采取价格控制及其他扭曲性的政策，因此有力地提高了国内产业的竞争能力。

另一个是“修正学派”的观点。与前者相反，这派认为在日本、韩国和中国台湾，政府某些特定的产业（如汽车和钢铁等）实行了有力的干预。另外，政府为了引导投资还采取了故意压低利率和分配信贷等手段。所以，可以认为这些政策体现了“政府主导型”的发展模式。

还有一个是“亲市场派”的观点，介于上述两派之间。它认为经济高速增长是与有效的、但是谨慎地减少的政府的干预是分不开的。在市场机制健全的部门政府应当减少干预，而在市场机制无法发挥作用的部门，应当加强干预。政策发干预应当是“亲市场”，即有利与市场机制发挥作用的，否则就可能给经济带来损害。

对第三个问题的回答似乎意见比较统一：亚洲模式是导致金融危机爆发的重要原因。不过，我们却持完全相反的观点。

5. 东亚模式遭受批评的原因

国际主流媒体和舆论对东亚模式的批评反映了他们对东亚模式的知识的欠缺，以及一种与优越感和自由主义意识形态等混杂在一起的矛盾心理。因为出口导向战略的制定和执行，离不开政府的主导作用——而这往往与人们对市场的崇拜和对政府干预的反感纠缠在一起。

因此，对出口模式的批评实际上意味着对亚洲政治制度的批判。但是，这种批判并没有解决矛盾。因为欧美发达国家的理论家们，一方面批判政府主导型的发展模式，认为政府的失败招致了金融危机的爆发，但是另一方面又要求政府必须加强对外汇和金融的管制。

另一方面，这些批评意见忽视了一个事实：即亚洲模式其实是欧美的盎格鲁·撒克逊模式的翻版，它并不是亚洲人的独特的发明。甚至对“出口”的重视，也可以在 19 世纪的英国、20 时期前期的美国的历史中找到佐证——可见，就连它也不是亚洲的日本、“四小虎”、东南亚国家的专利。

当然，东亚模式与欧美模式也存在若干区别。比如，在资金来源上，战后亚洲的发展不是依靠占领和掠夺殖民地，而是主要依靠国内资本积累；在技术来源上，主要依靠国外技术，而不是本国技术；在对资源实行有效分配、保护民族工业以及控制外资等方面，往往有一个强有力的政府发挥职能；等等。

事实证明，所谓东亚模式不过是二战以后获得独立的殖民地，在缺乏资本和技术的条件下，企图迅速发展经济而采取的一条捷径。

总之，二战后东亚的资本主义不是土生土长的资本主义，而是一种被“引进”或被“移植”的外来的资本主义。

不过，令人吃惊的是，这些基本事实在 1997—1998 年关于亚洲危机的辩论期间，似乎都被人们完全忘记了。

二、关于亚洲的出口导向模式

1. 亚洲模式的目的

战后亚洲各国不约而同地选择出口导向模式，是历史的必然。其中，既有日本经济成功的启示和刺激，也不乏亚洲各国的政府力图发展民族经济、维护执政地位，以及改善本国在世界经济体系中的处境的动机。

与所谓“进口替代”战略相比，出口导向战略的目标主要有两个：

第一，实现资本的快速积累，尽快建立现代产业部门；

第二，实现 GNP 的快速增长，增强国家经济实力。

显然，为了实现上述目标，需要政府发挥积极作用——实际上，东亚各国政府也确实发挥了这种作用。而且，世界银行在 1995 年出版的《东亚奇迹》一书中还公正地把政府的作用看做是东亚高速发展的重要原因。

因此，令人不解的是：为什么当 1997 年东亚金融危机爆发以后，从前受到讴歌的“政府主导”却一下子变成了问题的根源？当时的很多媒体和评论都举出各种事实来说明：亚洲政府的政策和措施是如何明显地偏向大企业集团的利益，促使它们为了扩大生产规模而大量借债；同时，银行是如何不顾经济效益，而是遵照政府的指令，向企业大量贷款；而政府和企业的密切关系又是如何造成了政策失误和腐败蔓延；等等。因此，国际货币基金在“保释”（Bail Out）东亚的时候，也把政府的政治和机构的改革作为了一个先决条件。

不过，对政府作用的强调需要避免走极端。因为促进经济发展的原因是很多的，政府的作用不过是其中之一。此外，在讨论因果关系的时候，需要注意：

（1）由于事物的复杂性，因此实际上一个结果的出现可能是由多种原因促成的。例如，以出口的增加为例，它可能是某些政策给予重点扶植的结果，也可能是某些企业灵活地抓住了市场机遇的结果；可能是引进了外资和技术的结果，也可能是改善了企业管理，提高了产品质量的结果；可能是国内的石油和森林等天然资源非常丰富，并且得到了国外需求的结果（如印度尼西亚和泰国），也可能是因为国内天然资源贫乏，为了扩大进口而不得不增加出口的结果（如日本和韩国）。

（2）结果和原因的位置是可以变动的和互换的。同样以出口的增加为例，在某些场合，它可能确实是因为实施了某些政策后而出现的，也就是说，在这里政策是原因，出口扩大是结果。但是，在另一些场合，它也可能是因为国外需求增加或者价格上涨等原因而引起的，于是出口的增加可能因为带动了经济增长和扩大了就业，而受到了有关部门的重视，促使它们制定政策，给予扶植，结果扩大了生产能力，导致了下一次出口出现了更大的增加。也就是说，在出现第一次出口增加的时候，政策的制定是结果，但是在第二次出口增加的时候，它变成了原因。如果我们只注意第一次过程的话，可能会得出“进口导向”型的结论；如果只注意第二次过程的话，可能会得出“政府主导”型的结论。

（3）另外，出口导向型的发展战略或模式的出现，也是与这些国家和地区的内外条件密切相关的。比如，在经济起飞之前，这些国家的内部没有出现一个比较完整的现代产业部门，没有一个强大的民族资产阶级；同时，由于二战以后“冷战”的存在，美国市场对东亚的经济实行了扶助、对其出口产品实行了开放的政策。

因此，尽管在金融危机期间，许多人断言亚洲的出口导向模式已经“过时”，但是，如果我们不是仅仅把“东亚模式”看作是一种经济发展战略，同时也把它看作是一种社会的、政治的、文化的综合体系的话，那么，我们就不能不承认：“东亚模式”并没有过时。

但是，为了适应已经变化了的新形势，亚洲模式需要加以改进和调整。因此，如果说亚洲金融危机的背后存在某些暗示或启示的话，那么，它就是：东亚资本主义发展的初级阶段已经结束，一个更加国际化的、更高层次的经济发展的阶段已经到来；既然每个东亚经济都无力控制和监督国际资本的动向和消极影响，那么就需要一个超国家的（Supranational）机构——如亚洲货币基金，或者类似于欧盟的某种组织，如亚洲联盟——来行使这一职能。

2. 亚洲出口模式的来源

遗憾的是，中国许多报刊以及专家学者的这种闻风而动式的表现，不过是一种缺乏足够的理论研究的结果。因为许多人甚至连“东亚模式”的定义和来源都没有搞清楚，就见风是雨地展开了批评。比如，在 1997 年金融危机爆发的时候，许多人都说东亚经济模式是一种“集权主义下的经济增长模式”。就危机爆发时的印度尼西亚（苏哈托执政时期）、危机爆发之前的菲律宾（马科斯执政时期）和更早一些的韩国（全斗焕执政时期）而言，这种意见是正确的，但是，用来概括整个东亚经济则不准确，中国香港、新加坡就不是这样，另外，日本虽然一直有右翼思潮，但是，其战后经济增长是否是集权主义政治的结果，也还是需要研究的一个问题。

其实，“东亚模式”不是亚洲人的发明。最早这一模式甚至不叫“东亚模式”，而是叫做出口导向（Export - led）或促进出口（Export - promotion）战略，它是1960年代韩国、中国香港、中国台湾、新加坡由于进口替代战略告一段落后出现的经济转型。1980年代初期，有些美国学者提出了所谓“东亚模式”或“亚洲模式”的用语，但是，它的主要特征依然被认为是出口导向。在这一时期，“亚洲模式”主要是一个经济发展的模式。不过，当时已经有一些所谓美国的修正学派（Revisionists）把日本官民一体的特点加入到了“日本模式”或“亚洲模式”里面，认为这是一种与欧美资本主义不同的、新式的资本主义（比如，他们代表性的著作包括《通产省与日本奇迹》）。后来，1993年世界银行的报告——《东亚奇迹》就把日本、四小虎、马来西亚、菲律宾和印度尼西亚都算为一组（HPAES - high performance Asian economies），并且把政府的干预也算作了东亚奇迹出现的原因之一。不过，到了1997年亚洲金融危机的时候，许多西方的和亚洲的评论就干脆简单地把“东亚模式”说成是“任人唯亲资本主义”（Crony Capitalism）、国家指导资本主义（State-directed Capitalism），当作了应该打倒的对象。显然，这种偏激的观点已经脱离了经济问题和学术问题的讨论，而具有了浓厚的意识形态的色彩。

因此，比较公正的客观的说法应当是：就狭义而言，“亚洲模式”就是出口导向模式，它不包含任何政治的内容；但是，由于一个国家的经济发展又不能离开政府的干预、监督、管理，所以，就广义而言，“亚洲模式”也可以称作出口导向加上政府主导（中性说法，不涉及政治体制的特征）的经济模式。当然，如果侧重历史发展、亚洲资本主义与欧美资本主义的异同等问题的话，那么，“亚洲模式”也可以称作亚洲资本主义模式。

不论使用什么定义，“亚洲模式”的主要特征（重视出口和政府干预），都可以从英国当年的工业革命的历史中清楚地看到。16世纪西欧的重商主义就是一个典型。在这个意义上，“亚洲模式”也罢，亚洲资本主义也罢，都不过是英国模式或盎格鲁·撒克逊资本主义在亚洲的翻版，也可以叫做资本主义的亚洲版。至于有些亚洲国家的政府独裁，比如朴正熙时期的韩国、马科斯时期的菲律宾，或者苏哈托时期的印度尼西亚，也是“正常”的，因为这些特点在当年后起的西欧资本主义模式（比如德国、俄国）中都可以发现。而且，即便在二战以后，直到20世纪70年代，欧洲的葡萄牙、西班牙，也没有达到完全民主的标准。

既然如此，亚洲政府的独裁，就可以看做是亚洲资本主义发展的必要前提与手段。换言之，如果亚洲政府不独裁，就不可能有亚洲经济奇迹的出现；而亚洲经济奇迹的出现，则有赖于亚洲政府的独裁。这两者是相辅相成、缺一不可的。试想一下，如果当年李承晚、苏加诺的“民主”政治能够带来经济起飞和人民生活改善的话，朴正熙和苏哈托又怎么可能上台呢？上了台，也持久不了。在这个意义上，对亚洲独裁政治的否定，也就等于对亚洲经济奇迹的否定。其结果只能是：亚洲政治上没有真正的民主（因为它没有坚实的经济基础），经济上也没有真正的发展（因为它没有政府的强力保护），依然陷入二战以前的腐败与贫困。

不过，上述对亚洲独裁政治的肯定同时包含着否定它的含义：因为只是在亚洲资本主义的发展的初期阶段，国家政权需要对弱小的民族资本主义给予保护，而且它们也要求这种保护；一旦当亚洲的经济的发展到了一定程度的时候，这种政府与大企业的密切关系就会成为亚洲资本主义进一步发展的障碍，过度的保护就会产生相反的作用。那时，一种比较民主的资本主义就会应运而生，亚洲资本主义就会向欧洲和美国式的资本主义模式转变。这是一个历史的进程，可能需要一百年的时间。而 1997 年的金融危机则可以看做是这一转变在亚洲已经正式开始的信号。

只有在这一转变完成之日，亚洲的全面发展，才可能实现。因此，不论日本，还是“四小虎”，还是东南亚国家，在亚洲危机之后，其政治的、经济的和社会结构，都将面临长期的而不是短期的、严重的而不是轻微的困难和痛苦，没有几十年的时间，是不会东山再起、再现辉煌的。不过，一旦当它们具备了欧美资本主义的特点，那么，也就意味着它们进入了一个更加成熟的发展阶段。

3. 出口对亚洲经济增长的贡献

关于亚洲“出口导向”型经济的基本特点，早有许多人进行过详细论述，其中在金融危机出现之前形成的比较一致的意见是：亚洲的出口发挥了经济增长“火车头”的作用。正如西欧、北美和日本等国的近代史所证明的那样，扩大出口是带动经济快速发展和国民生活水平提高的“火车头”。因此，直到 1997 年金融危机爆发之前，亚洲各国也先后效仿并逐步实行了这种“外向型”或“出口导向”型的发展战略。

从表 8－1 中可以看出，在 20 世纪 80 年代除了印度尼西亚以外，亚洲各国的出口年平均增长率都普遍高于经济增长率，突出地体现出了出口“火车头”的带动作用。另外，在表中也列出了中国的数字，以便作为参考。

表 8－1　　亚洲经济与出口的年平均增长率：1980—1995　　（单位：%）

	GDP (1980—1990)	出口 (1980—1990)	GDP (1990—1995)	出口 (1990—1995)
韩国	9.4	12.0	7.2	13.4
泰国	7.6	14.0	8.4	14.2

续表

	GDP（1980—1990）	出口（1980—1990）	GDP（1990—1995）	出口（1990—1995）
菲律宾	1.0	3.5	2.3	9.4
印度尼西亚	6.1	2.9	7.6	10.8
马来西亚	5.2	10.9	8.7	14.4
中国	10.2	11.5	12.8	15.6

资料来源：世界银行。

既然出口是经济增长的“火车头”，那么，我们就无法回避货币贬值这个敏感的话题了。据有关研究指出：亚洲的出口之所以能够发挥“火车头”的作用，一个主要原因是长期实行了货币贬值的方针。

货币贬值的最大理由是由于亚洲经济发展水平落后，因此，要想维持国际竞争力和获得发达国家市场份额，几乎别无良策。对此，即使是发达国家的经济学家也给予了充分的理解和肯定。例如，美国哈佛大学国际发展研究所所长帕金斯等学者指出：扩大出口的“必要条件之一就是维持一个……有利可图的汇率。”特别是那些实行出口导向的国家，“必须进行周期性的货币贬值，起初这是为了达到平衡的、用于市场清算的汇率，继而是为了维持与膨胀的国内价格和成本相适应的汇率。”

另一方面，世界银行的研究则提供了具有说服力的实例：亚洲“四小虎”曾经巧妙地利用汇率政策，特别是有意低估本币币值的方式，使出口得到了明显增加。

例如，中国台湾虽然在20世纪80年代中期积累了数量可观的贸易顺差（当时贸易顺差占GDP的20%左右），但是，为了维持出口竞争力，防止进口增加，政府依然有意采取了阻止台币升值的措施。同样，韩国虽然在1988年经常账户顺差占GDP的8%，但是它依然没有允许韩元升值，以便保护本国的出口。相比之下，印度尼西亚在1978年实行的货币贬值属于一种先行性的汇率保护措施，目的是为了控制进口、促进非石油产品的出口。结果，当1982年它的外汇收支突然出现恶化的时候，事先贬值的明智之处就体现出来了。另外，在1983年和1986年印度尼西亚卢比又先后贬值了38%和45%。泰国也是如此。虽然泰铢在1954—1984年期间一直与美元挂钩，但是1981年和1984年实行了贬值。

因此，世界银行在题为《东亚奇迹》的研究报告中得出了如下结论：

在20世纪80年代，东亚货币贬值与出口增长之间的关系是很明显的。在

1980—1985 年美元普遍升值期间，中国台湾货币相对于美元的剧烈贬值的结果有力地促进了对美出口的扩大。韩国在 1963—1972 年的第一次大量出口期间，通过数次名义贬值，使其汇率保持了稳定，它在 1982—1988 年实际贬值对出口影响也是显而易见的。马来西亚在 1987—1990 年间实行的稳步的实际汇率贬值也是促进其出口快速增长的一个原因。泰国出口在 1986—1989 年增长了 12%，其中一个重要原因，也应当归结为 1984—1988 年泰铢实行的实际贬值。另外，印度尼西亚的 3 次贬值对其制成品的出口具有明显的促进作用，特别是 1986 年贬值对制成品出口的促进效果，一直持续到了 1990 年。

不过，众所周知的是，进入 20 世纪 90 年代以来，由于美元升值，因此东亚货币的汇率再次出现了明显的偏高。由于没有像过去那样及时调整汇率，结果导致了 90 年代中期出口的下降，加上对外资管理不力和“泡沫”经济等原因，终于为去年金融风暴的发生，埋下了伏笔。

最后，需要指出的一个问题是：亚洲的出口之所以能够长期维持活力，还是因为有一个巨大的国际市场的存在。除了贬值以外，亚洲的出口之所以能够带动国民经济快速增长，也离不开对国外市场的依赖。从表 8 - 2 中可以看出，在 20 世纪 90 年代前期，除了印度尼西亚，许多国家的出口都占 GDP 的 1/3 以上，马来西亚甚至更高。也就是说，在它们的国民财富中，至少有 1/3 以上来自出口。因此，假如这些国家失去出口市场，即国外需求的话，那么，首先会导致出口部门的衰退，接着导致与出口有关的部门的衰退，最终必然导致国民经济的全面下降。从 1997—1998 年金融危机以来的结局来看，亚洲所经历的也正是这一过程。

表 8 - 2　　亚洲 5 国的出口占 GDP 的比重　　（单位：%）

	1980—1990	1990—1995
韩国	34	33
泰国	24	42
菲律宾	24	36
印度尼西亚	33	25
马来西亚	58	96
（中国）	6	21

资料来源：世界银行。

这里还要涉及外需与内需的关系问题。我们知道，在亚洲金融危机爆发以后，国际上有一个流行的说法：亚洲国家今后应当把出口导向型战略转变为扩大内需的战略，从而避免今后再次发生类似的危机。

然后，我们从上述亚洲“出口导向”型经济的基本特点中，可以得出一个重要的结论：即如果亚洲经济要摆脱衰退，就不能仅仅依靠国内结构改革或者扩大内需，它必须同时重新扩大出口。

说得再明确一些，由于在过去的几十年里，亚洲经济已经逐步地发展演变成了“出口导向”型，所以尽管遭受了金融危机，尽管实施了IMF的结构改革和紧缩政策，但是，在较短时期内，它无法转变到“内需主导”型经济的轨道上来。所以，如果企图把亚洲各国从经济衰退的泥潭中牵引上来的话，只能再次依靠出口“火车头”。反之，如果仅仅依靠扩大内需，即仅仅依靠以国内市场为主的任何一个部门的扩张，都是无法实现这一目标的。

根据这一结论，我们可以发现：1997—1998年亚洲金融危机爆发之后，有些国家之所以至今没有恢复元气，其主要原因，并不是因为它们实行了出口战略，而是因为遇到了如下几个原因：

（1）外国对亚洲投资的急剧减少。

20世纪90年代初期，当欧美和日本等发达国家的经济增长出现下降的时候，国际金融资本开始源源不断地流向亚洲地区。1994年墨西哥金融危机爆发之后，由于亚洲经济“奇迹”显得更加引人注目，因此外资流入的速度也明显地加快，1996年达到了高峰。据有关国际机构估计，截至1996年底，欧洲银行对东亚地区的贷款金额为3 180亿美元，日本为2 600亿美元，美国为460亿美元，而且其中大部分是短期贷款。

但是，从1997年7月以后，这些外资的大部分又都迅速地撤出了亚洲。虽然对于这种外资大量撤退与金融危机爆发之间究竟存在什么样的因果关系，迄今为止还有不少人争论不休，但是，一个不可否认的事实是：从亚洲撤出的外国资本纷纷流入了西欧、特别是美国的股票市场，结果在引起了美国华尔街股市暴涨的同时，也使亚洲的企业却陷入了债务负担沉重和外资严重不足的困境。

（2）IMF的结构改革方案。

在金融危机以前，亚洲的大企业可以通过政府的支持从银行或国外轻易地得到大量贷款，以便进行大规模的生产投资，加上不断实行的货币贬值，因此，可以在一个较长时期依靠出口“火车头”来带动国民经济的发展。

不过，金融危机以后，大企业的这种优惠地位至少受到了来自两个方面的沉重的打击。首先，政府的主导作用、特别是政府与大企业之间的密切关系被许多人认为是贪污腐败的根源和金融危机爆发的原因，因此受到了严厉的批判。目前，亚洲政府在经济发展中的作用以及它与大企业的关系问题，依然是一个敏感和容易引起争论的问题。其次，IMF制定和实施的结构改革方案，迫使亚洲国家的政府普遍实行了紧缩财政预算和提高银行利率的措施。结果，目前这些国家虽然降低了通货膨胀，但是也出现了通货紧缩和国内需求不足的问题。由于货币供给不足，许多企业不仅不能进行生产投资和进口原材料，甚至因为无法偿还债务而裁减员工或者陷入破产。

(3) 日本的经济衰退

①日本经济陷入技术性衰退

日本内阁府2014年11月17日公布数据显示，经通货膨胀调整后，2014年第三季度日本国内生产总值（GDP）环比下滑0.4%，换算成年率计算下滑1.6%，经济连续两个季度负增长，出现技术性衰退。2014年4月日本将消费税税率从5%提高到8%以后，第二季度日本GDP按年率计算大幅下降7.3%。日本政府和市场人士原本预期第三季度GDP将增长2.0%，但实际数据令人失望。日本定于2015年10月提高消费税。这一令人震惊的消息可能会大大增加日本首相安倍晋三（Shinzo Abe）提前举行大选并推迟提高消费税的可能性。

内需疲软是日本第三季度经济继续下滑的最主要因素，拖累GDP减少0.5个百分点。其中，民间住宅投资环比下降6.7%，企业资本支出环比减少0.2%。虽然当季占GDP比重高达60%的国内消费环比上升0.4%，时隔一个季度转为正增长，但根据修订过的第二季度数据，私人消费下滑了5%，而商业消费则下滑了4.8%。这一数据表明复苏乏力。工资涨幅跟不上物价涨幅让消费者“捂紧钱包”，台风等天气因素也打击了餐饮和娱乐消费。

受日元大幅快速贬值以及汽车等出口增加等因素提振，第三季度日本出口环比上涨1.3%，较第二季度时的环比下滑0.5%有所好转；而进口则在原油等能源需求攀升带动下环比增长0.8%，较第二季度环比减少5.4%。

②经济复苏信心不足

第三季度经济数据一直被视为判断“安倍经济学”未来走向的重要指标。其实，2014年10月底日本央行突然扩大量化宽松规模的举措，就已经透露出政府对经济复苏前景信心不足。

作为“安倍经济学”的第一支箭，货币宽松政策旨在提升民众的通胀预期，从而带动个人消费。然而，根据国际货币基金组织的最新测算，扣除消费税税率提高和日元贬值因素，2014年日本通胀接近于0，与央行在2015年4月实现通胀率上升到2%的政策目标相去甚远。日元在将近两年的时间里贬值约40%，加剧了经济的“不平衡”：一是实体经济涨不过股市。受货币放水和国外投机资本刺激，日经指数突破17 000点，创下7年新高。而被视为推动经济增长引擎之一的企业资本支出，已经连续两个季度下滑。

二是工资涨不过物价。尽管今年日本职工夏季奖金实现了15年来首次上涨，但考虑物价上涨因素，三季度职工实际工资收入减少了2.5%。

三是出口涨不过进口。日本制造业向海外转移造成的“空洞化”使得日元贬值未能如预期推动出口，且仅仅是汽车等大企业受益。而燃料等进口价格的飙升，令日本2014年上半财年（4—9月）贸易赤字创下新高。据统计，受日元贬值影响，2014年上半年，日本液化天然气进口额比两年前增加了21.3%，肉类进口额增加了29.9%。

通过让股价上扬等资产增长去拉动经济的做法并没有取得效果，再次证明“安倍经济学”已经到了极限。日本经济最大的问题不在于通过按时提高消费税增加财政收入，而是加快结构改革的速度。比如降低过高的法人税，以吸引更多的外国投资。

（4）出口战略争论对中国的影响

世界范围内关于出口发展模式的争论对中国经济理论和政策制定产生了深远的影响。尽管亚洲金融危机已经过去，而且1999—2001年中国出口再次恢复了高速增长的势头，但是，这种理论上的影响依然非常强大。比如，在亚洲金融危机期间受到了广泛批评的“东亚模式”（又称出口导向模式）究竟是不是亚洲金融危机产生的原因？这一模式究竟对经济增长有多大的促进作用？中国是应当长期坚持这一模式，还是应当放弃这一模式？诸如此类的问题，其实不仅在当时没有解决，在今天也依然困惑着我们的许多政府官员和专家学者。

由于客观事物的复杂性和观察角度的多样性，因此，我们既不可能、也不必要强求所有的人们都对同一个事物抱有完全相同的观点、或提出得到全体赞成的建议，所以，各种不同派别的观点的出现完全是正常的。如果有意识和有机会展开充分的学术讨论和交流的话，具有不同观点和意见的流派的人们本来是可以互相取长补短和相得益彰的。但是由于某些原因，迄今为止这种正常的和必要的学术讨论与交流，基本上没有能够开展起来。

在国际上对亚洲出口模式的怀疑和批判高涨的时候，中国经济界和舆论界在以下两个重要问题上表现出了动摇：

①出口还是不是中国经济增长的“火车头”？

②国内市场能否替代国外市场？

如果我们对①的答案是“否”的话，那么，1998年中国出口下降的事实就会被看作是无足轻重和无碍大局的“小插曲”，并且采取无动于衷和无所作为的对策。反之，如果我们的答案是“是”的话，那么理所当然地就会产生一种紧迫的“危机”感，并且强烈希望有关政府机构采取必要和和果断的措施来扭转不利的局面。

对②的答案，实际上已经由中国经济发展的历史提供了。如上所述，中国和亚洲经济“奇迹”的出现主要是依靠出口“火车头”的牵引，即主要是依靠国外市场的需求，而不是依靠国内市场的需求。在20世纪90年代前期，除了印度尼西亚，许多国家的出口都占GDP的1/3以上，马来西亚甚至更高。因此，假如这些国家失去出口市场、即国外需求的话，那么，首先会导致出口部门的衰退，接着导致与出口有关的部门的衰退，最终必然导致国民经济的全面下降。从去年金融危机以来，亚洲所经历的也正是这一过程。

自从1980年以来，中国经济已经不可逆转地从所谓“内需主导”型转变成了“出口导向”型。例如，在20世纪80年代，在中国人的钱包中，每100元钱里只有6元是靠出口赚来的，但是到了90年代前期，这一比重提高到了21元。顺便说一句，同一时期日本人的钱包中，每100元里来自出口的比重从14元降到了9元。这个情况说明，出口对中国经济的促进作用比对日本更大，中国对国外市场的依赖性比日本更严重，中国从“出口导向”型向“内需主导”型的转变也更困难。

实际上，由内向型向外向型的转变，可以说是中国改革开放的最大成果，它一共用了大约15年的时间。正是在这个历史性的伟大的转变过程当中，中国经济才实现了高速增长。因此，如果以为人们可以随心所欲地把这个转变“倒”过来，即从外向型经济再次“逆转”到内向型经济的话，那完全是徒劳之举，根本不可能实现。如果强行倒退的话，其必然结果只能是中国经济的全面倒退。

那么，1998年中国银行追加的1 000亿元或2 000亿元的投资，是否会推动中国经济的增长呢？当然会。不过，我们认为，这些投资对于阻止出口的下滑和促进出口的扩大，可能是没有什么明显效果的。而且，这些投资的实施还可能会产生两个副作用：一是在国内可能会出现新的重复建设，从而使生产过剩问题变得更加严重；二是由于在放弃出口的前提下依靠增加国内投资来带动经济增长，有可能再次出现原来的内向型甚至“闭关锁国”的发展模式的特点，从而使中国经济的长远发展目标和利益受到不利的影响。

4. 亚洲“出口导向”模式的前景

根据上述分析，可以认为，不仅在金融危机以后的经济复苏时期，而且在今后的发展过程中，亚洲各国都将继续坚持“出口导向”型经济模式，而不可能像当初许多人建议或期待的那样，即在短期内转变为“内需主导”型的经济。

此外，尽管在金融期间，亚洲的“出口导向”型经济模式受到了严厉的批评，但是，这些批评者们却举不出任何一个历史的或现实的例子来作为理论依据。这是因为，在理论上虽然人们可以根据贸易的作用，清楚地划分区分进口替代型、出口导向型、或者中立型（兼有两者的特点）等3种经济模式，但是，在实际上它们之间的差别并不明显的，甚至很难区分。例如，日本一直被公认为是“出口导向”型经济的典型和亚洲各国仿效的“样板”。但是实际情况并非如此：根据世界银行的统计，1995年日本出口在GDP中的比重只占9%，不仅大大低于表2中的亚洲5国，而且不足中国（21%）的一半，只比美国（11%）略低一点。因此，与日本相比，恐怕亚洲5国和中国更具有“出口导向”型经济的特点。这一事实向那些批评者们提出的反问是：如果日本是“出口导向”型经济的典型的话，那么，还有哪个国家是不属于“出口导向”的呢？如果连日本都很难实现“内需主导”的话，那么，其他亚洲国家不依靠扩大出口，还有什么别的办法能够实现经济复苏和增长吗？

当然，上述分析和结论并不意味着出口将始终如一地在亚洲经济增长中充当“火车头”的作用。实际上日本和其他亚洲国家都争先恐后地增加对美国出口，并不是一件值得高兴的事情。因为这种出口地区结构的严重不平衡已经产生了两个结果：一方面使亚洲出口严重依赖美国市场，彼此之间竞争过于激烈；另一方面，美国市场承受的压力过于巨大，贸易赤字不断增加。

对此，有些美国经济学家，如瑟罗（Thurow，Lester C）早在几年前就提出了严厉的警告：虽然迄今为止美国可以通过大量发行美元来支付贸易赤字，但是，长此以往，“到了某个时候，美国将会丧失其支付贸易赤字的能力。”他的理由是，1996年美国的贸易赤字为1 660亿美元，另有1万亿美元的国际债务，“假设利率是10%，最后终点到来的时候，美国的进口缩减必将为2 660亿美元。美国人将不得不去赚，而不是借1 000亿美元来支付美国国际债务的利息，美国将不再能支付1 660亿美元的进口。”因此，“最后终点到来的时候，美国、日本和其他国家在经济上将感到极度的痛苦。经济地震的震中将在美国，但是最强的冲击波将在太平洋圈。”到了那个时候，亚洲经济“在明天早上就会瓦解”，而且“国际贸易也将停止”。

不过，这种国际贸易的“最后终点”何时到来的问题超出了本书讨论的范围。瑟罗本人的回答也是现在“无人知道，也不可能知道”。当然，我们也可以提出反问：这一天会到来吗？在它到来之前，美国、日本和亚洲会束手无策吗？亚洲和世界经济贸易会因此从开放和扩大走向封闭和缩小吗？是否只有到了那个“最后终点”出现的时候，亚洲的“出口导向”模式才会最终地走到尽头呢？

因此，可以认为，这些问题才是由亚洲金融危机引起的、关于亚洲“出口导向”型模式的辩论中所潜藏的、具有更加深远意义的问题；也正是需要进行更加深入的研究之后，才能给予正确回答的问题。

5. 重视出口对就业的促进作用

战后亚洲各国之所以重视出口的作用，还有一个原因，即出口对于扩大就业具有明显的效果。

据美国经济学家克鲁格（1983，133 页）的研究，一个劳动力富余、资本和土地稀缺的国家是一个净劳动力出口国和净资本进口国。同时，由于劳动力不可以自由流动，因此，我们接着得出的结论就应当是：这些富余的劳动力的出口，主要是通过商品的出口而实现的。而要出口商品，就需要引进外国的资本和技术。因此，对大多数发展中国家来说，出口导向战略与吸引外资和技术是同步进行、相辅相成的。

由于发展中国国家的富余劳动力主要是教育程度和工作技能较低的劳动者，因此，出口的特点也就主要表现为劳动密集型的产品为主。所以，扩大出口其实就是扩大劳动密集型产业的就业的同义词。

就业的扩大是通过几种途径实现的：

（1）通过出口扩大，带动出口产业的发展和就业的扩大。

（2）通过出口扩大，带动与出口相关产业的发展和就业的扩大。

因此，在具体的就业问题上，这两种方式产生的就业的扩大也可以相应地分为两类：

（1）直接就业。所谓直接就业是指出口企业和产业直接雇用劳动者，从事出口产品的生产和服务等活动。

（2）间接就业。有很多企业和产业并不直接从事与出口有关的产品和服务的生产，但是它们为后者提供相关产品和服务，因此，这些企业和产业雇用的劳动者被称为间接就业。

此外，正如美国学者帕金斯等人（1987）指出的那样，从经济发展的角度来看，出口扩大可以在促进农村劳动力的转移方面发挥积极的作用。同时，它也有助于扩大产出、提高收入、提高人民生活水平以及缩小贫富差距等。也就是说，扩大出口的意义并不仅仅局限在赚取外汇、购买先进技术和设备等方面；也不仅仅是出口产业一个部门的事情。这一点，不论是战后亚洲各国的发展经验，还是中国沿海经济特区的事例，都已经清楚地给予了证明。

当然，从另一个角度看，在很多国家的 GDP 的构成中，消费和投资的比重都大大高于出口，因此，可以认为其经济增长主要是依靠内需（消费和投资）的扩大来实现的，而出口似乎可以被看做是一个“次要”的部门。特别是对于像中国这样的大国来说，人们普遍认为扩大内需是发展经济的基本途径。

这种看法固然有理，但是，我们必须同时看到：内需如果没有外需的支持的话，很可能演变成传统的封闭式的经济模式，如改革开放以前的中国，最终会导致国民经济增长的缓慢和停滞；同样，如果外需与内需脱节的话，那么，就会像一些国家证明的那样，它们仅仅是一个国际资本的出口加工厂，本国的社会经济结构并没有发生很大的变化。所以，我们必须注意的是：内需与外需是相辅相成的，缺一不可的；国民经济增长的基本途径是依靠扩大内需，这种认识固然是正确的，但同时，我们也要千方百计地扩大出口。我们认为，经过亚洲金融危机之后的一个认识混乱时期之后，在这个内需与外需的关系问题上，中国的理论界和政府部门已经形成了新的共识。这将有助于国民经济的健康、稳定的发展。这是后话。

三、中国出口与就业的实证分析

在这一部分，我们将利用统计资料对中国出口与就业的关系问题进行分析。目前，由于统计资料不断公布和完善，经济研究也随之深入。不过，需要说明的是，由于统计资料以及数量分析手法特有的局限，下面进行的有关分析并不是非常准确的，它只具有参考性质。

1. 出口与经济增长的关系

出口对中国经济增长的作用，几乎是无人质疑的。但是，出口对中国经济增长的作用有多大，却始终是一个争论的话题。这原因不仅是因为人们观察问题的立场和方法不同，因而得出的结论不同，而且也是因为统计资料和分析方法存在一定的问题。

根据经验和实例，我们可以得知，在经济增长与出口之间存在着相互促进和制约的关系。从因果关系的角度分析，可以认为，出口相当于一个“启动”器，或汽车引擎，在它的带动下，整个国民经济出现了增长。

比如，以深圳特区为例，可以看到以下关系：

（1）外商先行投资建厂；（2）招收工人；（3）生产出口。

如果出口顺利，外商会在扩大规模的基础上重复上述过程，即再次扩大投资—再次扩大招工——再次扩大生产和出口。

与此同时，外商的先行投资则可以带动国内的相关投资，从而带动国内相关产业的生产；招收工人则可以增加劳动者的收入，从而增加消费。而且，这两者均可以导致刺激其他相关部门的投资、生产、就业、消费的结果。这些就是出口造成的“波及”效果，也有人称之为出口的“乘数”作用。

从计量经济学的角度，所谓出口波及效果的含义是：出口每增加1个单位所引起的国民收入增加的系数。它的推导公式有如下两种：

设国民收入为Y，出口为X，进口为M，它们各自的变量为Δ，边际进口偏向ΔM/ΔY为m。假定没有外部和国内投资，且出口的增加使国民收入增加为ΔX，则在ΔX中（1-m）ΔX用于国内消费，可带动相应部门的生产增加；剩余的mΔX则用于进口产品的消费产量（所谓收入“滴漏”效应）。这个过程会不断持续往复地进行，从而造成一系列的“波及”效果。其公式表示如下：

$$\Delta Y = \Delta X + (1-m)\Delta X + (1-m)^2\Delta X + \cdots\cdots$$
$$= 1/1-(1-m) \times \Delta X$$
$$= 1/m \times \Delta X$$

在上式中，$\Delta Y = 1/m \times \Delta X$是被乘数，边际进口偏向的倒数1/m为出口乘数。从公式中得知，当出口减少的时候，国民收入也通过波及过程而相应地减少，并导致进口也相应地减少。如果在上述公式中增加投资，结果也大致相同。由于资料的局限，因此，各国实际的出口乘数少见，比较常见的是利用投入产出表估计出口的波及效应。

根据中国1981年和1995年的投入产出表的逆矩阵系数表，中国出口产业的波及效果的测算如下：

1981年中国出口总额将近600亿元人民币（1990年价格，下同），产生的波及效果为1 354亿元人民币，即大体上每1元的出口可以带动国内相关产业2.5元的产值。1995年中国出口总额为9 763亿元人民币，产生的波及效果为2.29万亿元人民币，即大体上每1元的出口可以带动国内相关产业2.3元的产值。因此，我们可以认为，中国每1单位的出口可以产生2.3~2.5倍的波及效果。

另外，外商的投资也给中国带来了技术、设备、管理经验、以及国外市场。

当然，对出口的重视和强调必须注意防止走极端，即只强调出口对国民经济增长的作用，轻视其他部门的作用；只看到出口有增加产出的波及效果，忽视它增加进口（即“漏出”）的效果。

因为出口意味着为外国提供商品和服务，因此，它也有助于外国人民福利水平的提高。因此，出口与进口必须保持一定的平衡。如果长期出口大于进口或进口大于出口，都是对本国不利的。

2. 出口在国民经济中的地位

为了充分认识中国出口的重要作用，下面根据中国投入产出表，举出若干数字。本章的数字之所以主要根据投入产出表，是因为它使用了可比价格，而在其他统计年鉴中，则只有 GNP 或 GDP 的可比价格，而没有对外贸易的可比价格。因此，当我们说——比如 2001 年中国 GDP 比 1978 年增长了多少倍的时候——我们并不清楚同期的出口或进口增加了多少倍，因为后者只有当年的数字，而没有按照可比价格计算的数字。

因此，我们时常听到这样的说法，例如——2001 我国出口额比 1978 年增长了多少倍，它大大高于同期国民经济的增长速度，等等。其实，严格说来，这一种说法是不够正确的，因为这两个数字，一个是可比价格，一个是当年价格，它们是不能相提并论的。

把外贸数字换算成可比价格是一项非常复杂的工作，因为海关统计的商品分类多达 6000 多种，而简要的 GDP 统计或部门较多的投入产出表统计中，通常只有几个或几十个部门，因此，这两者的合并与调整对于非政府部门的研究者来说，是相当困难的。

此外，即便是政府研究机构，也往往只使用以美元计价的方式来计算进出口的增长速度，因此，它们与用人民币计算的 GDP 或 GNP 的发展速度也不是同一个口径。比如，在历年的中国统计年鉴中，我们看到的就是这样的表示方法。

因此，为了进行外贸与就业的研究，首先需要解决统计资料的问题。作为政府部门的研究成果，我们只看到过中国国家统计局（1998）出版的按照可比价格调整的投入产出表。它一共包括了 6 个投入产出表：1981 年表、1983 年表、1987 年表、1990 年表、1992 年表、1995 年表。

尽管 1995 年表距今已有 10 年的历史，未必能够完全反映出亚洲金融危机后中国经济和外贸的发展情况，但是，由于这些表使用了 1990 年的不变价格，因此，具有可比性，即具有说服力。

根据本书的需要，只选用 1981 年和 1995 年，对中国出口在国民经济中的作用和地位，进行分析（见表 8－3）。

根据国家统计局的资料，我们可以得知：

表 8－3　　1981—1995 年中国最终需求的增长与构成（1990 年价格）

（单位：万元）

	C	I	EX	IM	FD
1981 年	57 396 093. 6	25 300 618. 2	5 599 803. 2	－5 765 111. 6	82 531 403. 4
1995 年	228 377 710. 0	171 177 912. 4	97 633 680. 5	－93 041 598. 3	404 147 704. 6
年均增长率(%)	10. 4	14. 6	22. 7	22. 0	12. 0

续表

	C	I	EX	IM	FD
增长贡献率(%)	53.2	45.4	28.6	-27.1	100.0
指数(1981=100)	397.9	676.6	1743.5	1613.9	489.7
1981年构成比(%)	69.5	30.7	6.8	-7.0	100.0
1995年构成比(%)	56.5	42.4	24.2	-23.0	100.0

注：C=最终消费（居民消费+政府消费），I=固定资本形成，EX=出口，IM=进口，F=最终需求（C+I+EX-IM）

资料来源：国家统计局．中国经济发展部门分析，兼新编可比价投入产出序列表［S］．1988.

从表中可以看出几个明显的事实：

1981—1995年，中国出口的年平均增长率高达22.7%，相当于最终需求（12%）的2倍，这堪称是经济发展史上的奇迹。

在此期间，中国的最终需求的规模增长了将近5倍，同期出口则增长了17倍，比前者的扩张规模，高出了3倍。

从最终需求的构成比重来看，1981年出口只占其6.8%，但是，1995年这一比重则提高到了24%，也就是说，中国产出的大约1/4是为国外消费者服务的。

以上3个数字充分说明，自1979年改革开放以来，中国经济发展模式已经从传统的封闭的内需主导型转变成了现代的开放的出口导向型。不过，在得出这一结论的时候，我们必须也清醒地看到：中国出口的规模和比重虽然出现了显著的扩大和增加，但是，从对国民经济增长率的贡献率来看，消费和投资依然是主要的部门。同时，我们需要看到的是，在此期间进口的增长速度也非常可观，因此，它的含义是中国的出口扩张也是离不开进口扩张的支持的。最后，由于出口乘数1981—1995年出现了轻微的下降趋势，以及它本身固有的“漏出”效应，因此，就总体而言，我们在充分肯定出口的促进作用的同时，也应当坦率地承认：中国经济的高速增长，主要还是依靠内需（消费和投资）带动的。因此，比较公正和全面的说法应当是：中国既是一个出口导向型经济（从增长率和扩张规模来看），同时也是一个内需为主型经济（从消费和投资占最终需求的3/4来看）；我们既要扩大外需，也要扩大内需。这两者是相辅相成、缺一不可的。

3. 出口对中国经济结构的影响

中国出口对整个国民经济的增长是做出了巨大贡献的，但是，它对各个产业部门的影响却是各不相同的。这就是说，作为各个产业部门，其增长速度和扩张规模也具有与总体不同的独到之处。这一点从表8-4中可以看出。

表 8－4　　1981—1995 年中国产业部门的发展

		1981 FD	1995 FD	AGR	IDX
1	农业	20 914 373.22	56 999 476.36	7.42	273
2	冶金	232 749.79	－340 741.85	—	—
3	电力	221 674.74	1 867 784.24	16.44	843
4	煤炭炼焦	613 786.03	3 300 988.7	12.77	538
5	石油天然气	1 150 808.51	1 348 687.14	1.14	117
6	化学	2 463 137.41	12 515 109.09	12.31	508
7	机械	9 055 759.3	105 311 054	19.15	1 163
8	建材非金属矿	909 405.93	10 981 278.7	19.48	1 208
9	木材家具	480 531.59	6 670 517.19	20.67	1 388
10	食品	10 318 988.65	52 343 378.03	12.30	507
11	纺织	5 046 059.64	19 443 894.92	10.11	385
12	缝纫皮革	3 265 237.49	54 748 304.08	22.31	1 677
13	造纸文教用品	1 486 913.16	16 990 232.55	19.01	1 143
14	其他工业	489 583.85	355 424.63	－2.26	73
15	建筑业	13 244 630	82 656 914.07	13.97	624
16	运输邮电	3 129 598.82	8 488 525.41	7.39	271
17	商业饮食业	－380 369.75	12 161 423.1	—	—
18	其他非物质生产部门	15 488 338.19	55 939 134.72	9.61	361
	合计	88 131 206.57	501 781 385.1	13.23	569

注：1981 FD＝1981 年最终需求（万元）

1995 FD＝1995 年最终需求（万元）

AGR＝年平均增长率（%）

IDX＝指数（1981＝100）

资料来源：国家统计局．中国经济发展部门分析，兼新编可比价投入产出序列表[S]．1988.

从表 8－4 中可以看出，1981—1995 年增长率最快的 5 各产业部门分别是：缝纫和皮革制品制造业（即我们常说的服装业）、木材和家具制造业、建筑材料和非金属矿产品制造业、机械制造业、造纸和文教用品制造业。它们的年均增长率都在 20% 左右，比整体水平（13.23%）高出了 6～7 个百分点。这些产业，有的属于劳动密集型，有的则具有较高的资本或技术程度（如机械）。

4. 中国产业部门的出口表现

在出口与经济增长关系中，我们看到两者具有积极的相互促进的作用，那么，在各个产业部门中，这一关系是否也可以看出来呢？从表 8－5 的数字来看，答案似乎有所不同。

表 8－5　　1981—1995 年中国产业部门的出口

		1981 EX	1995 EX	AGR	IDX
1	农业	863 658.8	2 122 320	6.63	246
2	冶金	354 655.4	2 875 934.3	16.13	811
3	电力	0	96 680.91	—	—
4	煤炭炼焦	43 388.05	894 678.6	24.13	20 62
5	石油天然气	369 420.6	1 466 227.6	10.35	397
6	化学	791 513.8	7 848 338	17.81	992
7	机械	1 069 430	30 825 944.34	27.14	2 882
8	建材非金属矿	168 900	2 567 237.8	21.46	1 520
9	木材家具	56 900.29	2 754 760	31.93	4 841
10	食品	825 406.3	3 960 629	11.85	480
11	纺织	761 414.8	12 518 890	22.14	1 644
12	缝纫皮革	911 701.6	16 796 030	23.14	1 842
13	造纸文教用品	595 074.6	5 977 402	17.91	1 004
14	其他工业	95 657.49	237 798.1	6.72	249
15	建筑业	0	406 112.75	—	—
16	运输邮电	924 951.2	3 172 051	9.20	343
17	商业饮食业	－2 315 251	617 585.2	—	—
18	其他非物质生产部门	82 981.27	2 495 060.9	27.52	3 007
	合计	5 599 803.2	97 633 680.5	22.65	1 744

注：1981 EX＝1981 年出口（万元）
　　1995 EX＝1995 年出口（万元）
　　AGR＝年平均增长率（%）
　　IDX＝指数（1981＝100）

资料来源：国家统计局．中国经济发展部门分析，兼新编可比价投入产出序列表［S］．1988．

从表 8 - 5 中可以看到：出口表现最好的 5 个部门分别是：木材和家具制造业，其年均增长率高达 31.93%，比整个产业的出口增长率（17.44%）几乎高出了 1 倍；其次是机械制造业（年均增长率 27.14%）、煤炭和炼焦工业（年均增长率 24.13%）、缝纫和皮革制品制造业（年均增长率 23.14%），以及纺织业（年均增长率 22.14%）。

在这 5 个产业部门，煤炭和炼焦工业的出口增长率大大高于产出的增长率，这说明该部门的增长与出口的关系并不十分密切。相比之下，其他 4 个部门都是产出和出口“双增长”的典型，这说明它们的增长主要是依靠出口的扩大实现的。

另外，值得注意的是：非物质生产部门的出口也呈现了高速增长的态势（年均增长率 27.5%），并且具有进一步发展的巨大潜力。不过，由于它属于第三产业，因此，这里我们没有把它与其他产业部门并列在一起。

另外，值得注意的是：整个国民经济的出口，不论是速度，还是规模，都表现得非常出色，但是，它与产出之间的差距也非常明显，值得我们给予注意。比如，在 1981—1995 年经济增长率为 13.23%，规模扩大了 4.7 倍，而出口的增长率为 22.65%，规模扩大了 164 倍。这两者的差异如此之大，以至于我们可以得出这样的初步结论：一是国际市场对中国制造的产品具有巨大的吸收能力；二是中国出口的规模在初期（1981 年）太小，因此，增长速度格外迅速；三是从长期的观点来看，出口扩张与部门经济增长之间的联系可能会变得不那么密切。这第三个观点妥当与否，是需要今后另行研究的课题。

5. 中国产业部门的出口排序变化

从中国出口部门的排序变化中，可以看出国民经济结构的变化。表 8 - 6 中，我们可以看到，1981 年中国出口前 10 名的产业部门几乎覆盖了三个产业，甚至农业也称得上是一个创汇大户（第 4 名）。但是，到了 1995 年农业则退出了排行榜。出口前 10 名的部门几乎都是制造业，只有第 7 名（运输邮电业例外）。

另外，从表 8 - 6 中，我们还可以看到：1981—1995 年，机械制造业不仅一直高居榜首，而且其比重还有了显著增加（从 19.1% 到 31.57%）。同时，劳动密集型的服装和纺织产业的比重则在 1995 年达到了 30%，其余的比重则为其他产业所占据。这就是说，中国的出口已经形成了由机械工业、服装纺织、其他产业部门构造的“三足鼎立”之势。由此得出的政策性启示是：中国应当增加对机械工业、纺织服装业的投入和扶植，因为这两个产业不仅是出口的主力，而且也具有扩大就业的潜力。

表 8－6　　　中国出口金额前 10 名的部门变化

		1981 EX	P			1995 EX	P
		（万元）	（%）			（万元）	（%）
1	机械	1 069 430	19. 10	1	机械	30 825 944. 34	31. 57
2	运输邮电	924 951. 2	16. 52	2	缝纫皮革	16 796 030	17. 20
3	缝纫皮革	911 701. 6	16. 28	3	纺织	12 518 890	12. 82
4	农业	863 658. 8	15. 42	4	化学	7 848 338	8. 04
5	食品	825 406. 3	14. 74	5	造纸文教用品	5 977 402	6. 12
6	化学	791 513. 8	14. 13	6	食品	3 960 629	4. 06
7	纺织	761 414. 8	13. 60	7	运输邮电	3 172 051	3. 25
8	造纸文教用品	595 074. 6	10. 63	8	冶金	2 875 934. 3	2. 95
9	石油天然气	369 420. 6	6. 60	9	木材家具	2 754 760	2. 82
10	冶金	354 655. 4	6. 33	10	建材非金属矿	2 567 237. 8	2. 63

注：1981 EX＝1981 年出口（万元）
1995 EX＝1995 年出口（万元）
AGR＝年平均增长率（%）
IDX＝指数（1981＝100）
资料来源：国家统计局．中国经济发展部门分析，兼新编可比价投入产出序列表［S］．1988.

6. 出口与进口的关系

那么，中国出口高速增长的背后，有哪些原因呢？许多专家已经从不同的角度对此进行过分析和说明，比如，技术革新的作用、外商投资、企业改革、政府的支持，等等。这些都是有道理的，不过，从出口与进口的关系来看，似乎中国出口的高速增长与进口的高速增长是密切相关的。

为此，我们观察了中国产业部门的净出口的情况，并且从表 8－7 中发现了两个有趣的现象：

在 1981 年和 1995 年，出口高速增长的产业部门，如机械，由于进口规模同步扩大，因此其净出口反而是负数，即进口额超过了出口额。类似的情况还出现在冶金、石油、化工、农业以及其他非物质生产部门。

真正实现了净出口的产业部门只有劳动密集型产业建材和非金属矿业、木材和家具制造业、纺织业、缝纫和皮革制品业、造纸和文教用品制造业以及第三产业的运输邮电业。

从这两个现象中，我们可以得出的初步结论是：在目前中国经济发展的阶段上，尽管出口创汇已经不再是政府提倡的目标，但是，实际上劳动密集型的产业依然是我国外汇收入的主要来源；而且，正是由于它们带来的贸易顺差，才得以支持资本密集和技术密集的机械、冶金、石油、化工等产业部门的进口扩张。

因此，在政策上，我们必须重视那些具有较强的净出口能力的产业部门，并且在资金、技术、税收等方面给予有力的扶植。对于那些出口规模很多、进口规模也很大、而且进大于出的产业，应当适当鼓励进口替代，以便经过一个发展时期，逐步达到出口和进口平衡、并且出口略微超过进口的程度。这样的话，我国的出口结构将发生巨大转变。

表 8-7　　中国产业部门的净出口

		1981 RNEX	1995 RNEX
1	农业	-1 015 042.2	-983 643.6
2	冶金	-339 291.9	-3 190 447.1
3	电力	-4 463.3	87 779.3
4	煤炭炼焦	25 155.4	804 703.0
5	石油天然气	365 986.9	-618 226.7
6	化学	144 795.7	-5 160 642.8
7	机械	-304 217.0	-14 347 807.4
8	建材非金属矿	81 739.0	1 199 689.5
9	木材家具	19 346.6	190 509.4
10	食品	631 324.3	736 723.0
11	纺织	268 128.5	5 335 069.9
12	缝纫皮革	793 535.4	15 090 684.2
13	造纸文教用品	403 203.8	4 565 353.6
14	其他工业	93 994.3	-61 688.2
15	建筑业	0.0	-21 493.9
16	运输邮电	922 451.0	1 315 464.3
17	商业饮食业	-2 315 251.0	442 627.9
18	其他非物质生产部门	63 296.0	-792 572.2
	合计	-165 308.4	4 592 082.3
	RNEX = REX - RIM = 实际净出口（万元）		

7. 出口对就业的贡献

（1）外商企业的就业

据统计，在外商以及港澳台投资的企业就业的中国职工，1995 年为 531 万人。由于这些企业基本上都与出口有密切的关系，因此，这些就业者可以被看做是出口带来的直接就业者。当年中国的制造业劳动者总人数为9 803万人，因此，外商企业的中国员工相当于制造业总就业者的5.4%。如果仅用这一比重来衡量的话，那么，出口对于中国就业的直接贡献显得不那么令人激动。不过，正如本报告强调的理论和投入产出表的含义所说明的那样，我们之所以重视出口，并不仅仅因为它对经济和就业的直接作用，而且更重要的是它的间接作用，即波及效果（2.3～2.5倍）。这个效果是其他任何一个具体的产业部门都无法做到的（见表8－8）。

（2）与出口相关的产业部门的就业

由于在中国的出口产业与其他产业之间存在着横向或纵向的联系，因此，许多在国有部门、集体部门、私营个体企业就业的员工，也与出口部门有着直接或间接的关系。因此，在考虑出口对就业的影响的时候，我们还必须考虑这些员工的数量。

为此，首先根据投入产出表推算出口对各个产业部门产生的波及效应，然后根据各个产业部门的职工工资，推算就业人员的数量。

我们根据表8－8的分析结果测算出了1995年出口引起的18个产业部门的直接和间接的需求。

表8－8　1995年出口对各个产业部门的波及效果　（单位：万元）

		1995 RNEX
1	农业	13 708 108.4
2	冶金	13 128 961.5
3	电力	1 873 421.0
4	煤炭炼焦	2 614 521.6
5	石油天然气	4 024 651.3
6	化学	29 784 338.2
7	机械	55 109 726.1
8	建材非金属矿	8 217 302.6
9	木材家具	3 918 212.8
10	食品	7 402 324.5
11	纺织	33 305 206.6
12	缝纫皮革	20 395 963.7
13	造纸文教用品	11 466 028.1
14	其他工业	873 481.7
15	建筑业	727 511.6
16	运输邮电	7 393 320.1
17	商业饮食业	8 055 360.1
18	其他非物质生产部门	7 107 531.2
	合计	229 105 971.2

下面则可以计算各个产业部门的就业人数。不过，国家统计局的就业资料口径与投入产出表不一致，因此，很难简单地拿来使用。为此，我们采取了部门合并，将18个部门的产出表缩减为6个部门，并且假设各个部门的直接和间接的出口额在总产值中的比重也等于劳动者的比重，于是得出了如下的结果（见表8－9）。

表8－9　　中国出口关联产业部门就业者推算人数

	L	PEXR	EXL
农业	33 018	11.39	3 760
工业	10 993	26.79	2 945
建筑业	3 322	0.85	28
货运邮电业	1 942	23.89	464
商业饮食业	4 292	17.70	760
非物质部门	8 823	8.87	783
合计	62 390	21.22	13 242

注：L＝就业者（万人）
PEXR＝出口诱发额占总产值的比重（%）
PL＝出口相关产业部门就业者（万人）

从表8－9中可以看出：1995年与中国出口有着直接或间接关联的就业者人数一共有13 242万人，占就业者总数的21.22%。其中，农业部门最多（3 760万人），其次是工业部门（2 945万人），最后是第三产业的货运邮电业、商业饮食业、非物质部门（合计2 006万人）。

四、结论与今后的研究方向

通过以上分析，我们认为可以得出以下几个结论：

（1）出口作为中国经济高速增长的火车头，发挥了明显的作用。它不仅对扩大国民经济产出有着直接的推动作用，而且，通过波及效应，也对其他产业部门产生了巨大的影响。而这些又都直接或间接的方式，促进了中国的就业。

（2）1997—1998年的亚洲金融危机期间，人们对出口导向模式进行了严厉的批评。当然，任何一个模式都不可能是完美的，出口导向模式也不例外。但是，对于人口众多、资源缺乏的中国来说，坚定不移地实行出口导向模式应当是一个长期的基本国策。

（3）从产业部门来看，机械产业和服装纺织产业是我国出口的两大支柱。但是，从净出口能力来看，前者显然不如后者。因此，我们在鼓励资本技术产业部门扩大出口的同时，必须在一个较长时期里对劳动密集型产业部门的出口继续给予足够的重视和鼓励。

以上是从这个课题研究中得出的几点结论。不过，这个课题的研究并没有结束，现在得出的结果还只是中间性的，因为它还存在几个问题：

（1）资料不够新颖。因为投入产出表的编制需要较长时间，本课题用的是1997年投入产出表，所以，我们还不能明了当前中国出口与就业的情况。

（2）计量方法尚有要改进之处。在本研究中，我们主要使用了投入产出方式，而这种分析方法主要是静态的，而且，正如国家统计局在有关说明中指出的那样，这个表关于进口、特别是出口的可比价的换算也是不够精确的。

（3）就业的资料比较笼统。由于统计资料的局限，因此，目前还无法清楚地了解农村地区、私人和个体经济中的产业部门的就业状况，因此，最后得出的推算人数也仅具有参考作用。

（4）这些问题，有的需要等待政府有关部门的工作改进，有的则需要我们在今后进行更加深入细致的研究。总之，我们相信，随着更加完善的统计资料的公布和研究方法的完善，中国出口与就业问题的研究一定会得出更加全面和可靠的结论。我愿意为此继续做出努力。

第二节　中国经济进入“后改革开放”时期

自从1979年中国实施经济改革和对外开放政策以来，已经过去30年了。在此期间，中国的经济体制和社会环境发生了翻天覆地的变化。尽管改革开放依然是需要长期坚持的基本国策，但是，与此同时，也需要明确认识到：目前中国的经济发展正在进入一个新的时期。

这一时期，我们称之为“后改革开放”时期。这一术语表明：新的时期是前一时期的继续，但是它同时也具有若干不同的基本特征、面对许多不同的重大课题，因此，也就需要制定许多不同的政策措施。在本书中，我们试图对“后改革开放”时期的主要含义以及中国经济的主要特征，进行简要的说明。

一、改革开放的第一阶段已经基本终结

迄今为止，对于中国经济改革和开放的主要内容和成果，许多专家学者都从不同的角度进行了分析和说明。为了避免重复，我们只想强调其中的一个要点：即就本质而言，中国经济改革开放的主要目标主要有两个：对内是所有制的改革或社会主义市场经济体制的建立；对外是扩大国际贸易或融入世界经济体系。这两个目标实际上也是合二为一的。现在，这两个目标都已经基本上实现了。下面是几个众所周知的例子：

首先，从工业总产值的构成来看，1978 年国营部门的比重高达 78%，非国营部门只占 22%；但是，到了 20 世纪 90 年代初期，两者的比重已经平分秋色。近几年两者的比重甚至发生了逆转：非国营部门超过了 70%，而国营部门只有 20% 多一点。

其次，国营部门与非国营部门的变化趋势在劳动力分布的变化中表现得更加明显：1978 年国营部门的从业员为 7 451 万人，非国营部门（含农业）为 32 701 万人；1998 年前者为 9 058 万人，而后者为 60 899 万人。也就是说，在这 20 年里，国营部门的从业员仅增加了 1 607 万人，而非国营部门却增加了 28 198 万人，是前者新增人数的 17 倍。

最后，从对外贸易的发展来看，1978 年中国出口总额为 97.5 亿美元（合 167.6 亿元人民币），1998 年则增加到了 1 837.6 亿美元（合 15 231.7 亿元人民币）。20 年里用美元表示的出口名义额扩大了 19 倍，用人民币表示的出口名义额则扩大了 90 倍。特别值得注意的是，许多在改革开放初期只适用于经济特区和沿海开放城市的特殊的优惠政策，现在已经被广泛地应用到了全国各地；而且，中国即将加入 WTO 的事实也雄辩地证明：1979 年开始实施的对外开放政策已经大功告成。

如果篇幅允许，还可以举出许多其他有关的例子，不过这几个例子已经足够了。当然，我们并不否认目前在我们的社会经济领域、特别是在政治领域，依然存在着许多不尽如人意的地方，甚至非常严重的问题；同时，加入 WTO 以后，还有许多具体和繁重的工作等待着我们。因此，改革和开放也绝不会到此为止。但是，我们坚持认为：在过去的 20 年里，可以改革的部门几乎都改革了，可以开放的地方几乎都开放了，可以采用优惠政策几乎都采用了，可以收获的果实也几乎都收获了。因此，所有这些事实都在就告诉我们：始于 1979 年的中国经济改革和开放的主要目标已经基本实现，因此，大规模的、急风暴雨式的、自上而下的改

革开放的第一阶段已经基本结束，而一个新的发展阶段——即所谓“后改革开放”时期正在到来。

二、“后改革开放”时期的主要特征

“后改革开放”时期并不是突如其来的，而是改革开放第一阶段的继续。因此，它依然具有与前一时期的相同之处；但是，如果我们透过现象看本质的话，就会发现，这一新时期之所以到来，是因为它已经具有了与前一时期不同的若干基本特征：

第一，在前一时期，改革和开放是一个非常重要的、无法替代的政策“变量”；不论哪个地区或部门，只要改革的速度快一点、开放的幅度大一点，它的经济发展速度就会快一点、劳动者的生活水平也会高一点。不过，在“后改革开放”时期，尽管新的政策的制定与实施可以继续为经济改革和开放提供动力，但是，它的“边际效益”将明显减少。以吸引外资为例，原先只有经济特区和沿海开放城市才可以享受到国家的优惠政策，但是，现在这种政策已经几乎普及到了全国，因此它的效益也就不可避免地相对减少了。所以，假如各个地区或部门依然企图依靠“发掘”更加优惠的政策来吸引外资的话，它成本有可能会超过收益，甚至可能出现某些负面作用。当然，这一观点绝非否认这些优惠政策对经济发展的推动作用，而是想说明，在“后改革开放”时期，经济发展的主要推动力已经从特殊的优惠政策变成了普遍的市场机制。

第二，在前一时期，由于改革开放的方针政策基本上是由政府制订、并由上而下地贯彻实施的，因此，各级政府在经济发展中发挥了非常重要的作用。不过，在“后改革开放”时期，由于市场机制已经确立，政府如果对经济活动继续进行强力干预的话，其作用和效果可能会相应地减小。以商品价格为例，在改革开放以前，几乎所有的商品价格都是由政府制订的，但是，现在除了极少数商品以外，所有商品的价格都是由市场供求关系所决定的，就连劳动力这种特殊商品的价格也不例外。这些情况说明，在“后改革开放”时期，尽管政府对经济活动不会袖手旁观，但是，经济发展的主体已经从政府变成了市场、从国营部门变成了非国营部门。

第三，在前一时期，国内因素是决定经济的发展速度、产业结构和就业结构调整的第一位的决定性因素，而外部因素（包括外资和技术引进）则是第二位的辅助性因素。但是，1997 年亚洲金融危机的爆发表明，尽管国内各种因素依然决定国民经济发展的基本因素，但是，国际的和外部的各种因素对我国国内经济运行模式的影响力已经明显增加。在危机的初期，许多人曾经普遍认为，中国是一个大国，不会像东南亚小国那样受到影响；还有许多人认为，“苍蝇不叮无缝的蛋”，只要我们内部采取足够的预防措施，就可以避免金融风暴的危险。但是，现在相信这类观点的人数恐怕已经很少了。实际上，在“后改革开放”时期，由于中国经济已经变成了世界经济体系的一个组成部分，因此，总体对个体即世界经济体系对中国国内经济的影响，已经成为了左右我国经济发展的重要的决定性因素，而国内各种因素却在很大程度上变成了辅助性的或配合性的力量。

当然，上述“后改革开放”时期的三个基本特征在前一时期也或多或少地存在着，但是，我们只是在经历了一个相对长期的历史过程之后，才终于可以明确地肯定，它们已经在不知不觉当中，成长壮大到了足以取代前一时期的基本特征的程度，从而成为了我们认识新的发展阶段到来的向导。

三、“后改革开放”时期的主要问题

“后改革开放”时期与前一时期所面临的主要问题及其对策，具有许多不同之处。众所周知，在前一时期，我们需要解决的主要问题是：用市场机制取代计划经济、用外向型经济模式取代内向型经济模式、用收入多样化取代收入平均主义和“大锅饭”、用发展私人经济和引进外资取代国营经济的一统天下，用经济特区和东部沿海地区来带动全国的经济发展，等等。

现在，这些主要问题已经基本解决，因此，在“后改革开放”时期，我们需要解决的主要问题将有如下几点：

第一，尽量减少那些只对某些地区、部门和行业适用的所谓“特殊”的或“优惠”的政策，同时尽量增加那些对所有地区、部门和行业都适用的普遍的正常的政策。特别是应当使用非常明确的规范的法律法规来取代那些不透明和不规范的内部文件。

第二，在充分肯定和发挥市场机制的同时，特别要注意其负面影响，比如官员腐败、环境污染、失业增加、家庭破裂、社会动荡，以及贫富差距过大等，并且各级政府的工作重点应当相应地放到强化法制建设与政策实施上面。显然，在解决这些问题的时候，各级政府不应当束手无策，而是应当积极干预；政府的作用不是应当削弱，而是应当加强。

第三，在主动参与经济全球化和一体化、并且充分利用其有利因素的过程中，应当认真研究和总结1997年亚洲金融危机的教训，使我们对这一体系内部所固有的风险性和消极因素给予足够的重视，并且应当在国内和国际两个方面采取主动行动和预防措施，以便将其风险和消极因素的影响限制到最小范围。

当然，由于这些主要问题也不是突然出现的，而是在前一时期逐渐地发生和积累起来的，因此，在这个意义上，它们也不完全是“新”问题。不过，由于前一时期的主要目标是建立社会主义市场机制和参与国际分工体系，因此，我们还没有来得及严肃对待和认真解决这些问题。现在，由于中国经济正在进入“后改革开放”时期，因此，对前一时期出现的这些问题进行研究和解决，不仅将成为各级政府、企业家和理论界的当务之急，而且也将成为巩固前一阶段的改革开放成果、保持经济持续发展和社会安定团结的必要条件。

重复地说，在改革开放的前一时期，我们关心的重点主要是经济增长的速度，是 GNP 的多少，是引进外资的数量，这些固然没错，而且应当继续受到各级政府的关心。但是，随着“后改革开放”时期的到来，我们关心的重点将逐步放在经济增长的质量、环境的保护、官员的廉洁、失业的减少、家庭的稳定、社会的安定等等方面。否则，中国经济的改革和开放就难以健康持久地发展下去。

四、“后改革开放”时期对经济学家的要求

不论在改革开放的前一时期，还是在“后改革开放”时期，中国经济学家都肩负着重要的使命。

在前一时期，为了实现当时的社会经济发展的主要目标，绝大多数的经济学家自觉地或不自觉地对市场机制、自由竞争、贫富差距扩大等“新”事物，进行了热情的讴歌；同时，他们也对计划经济、政府干预、平均主义等“旧”事物，进行了猛烈的批判。这些在当时都是完全必要的，因为矫枉必须过正。

不过，这种做法也导致了许多经济学家有意地或无意地忽视了或隐瞒了“新”事物所具有的负面效应，甚至当这些负面效应已经表现得非常明显的时候，许多专家和学者依然没有提出及时的批评和对策。

尽管在改革开放的前一时期，经济学家的这种“厚此薄彼”的态度是完全可以理解的，甚至是必不可少的，但是，如果在“后改革开放”时期继续坚持这种态度，而无视事物正在发生着重大的新的变化的话，那么，理论就不仅会落后于现实，而且也会成为现实的障碍。

为了使经济学的理论成为现实的指导，需要对经济改革开放的不同的发展阶段和时期进行认真的研究，从而发现新的问题，制定新的对策。因此，我们提出“后改革开放”的概念的目的，并不是想“标新立异”，更不是以为改革开放已经到此为止，而是想借助这个概念，提醒读者注意：经过了几十年的改革开放以后，

最初确立的主要目标已经基本实现了，现在我们已经站在了一个与前一时期完全不同的经济体制的基础之上，中国经济发展的阶段性特征已经发生了本质的变化，一个新的社会经济发展时期正在到来。为此，政府必须确立社会经济发展的新目标、制定新对策、解决新问题。

最后，我们想郑重声明的是：提出“后改革开放时期”的目的，与继续坚持改革开放的基本国策或舆论宣传是毫不矛盾的。这正如所谓“后工业社会”或“后农业社会”的概念也与各国继续发展工业或农业的政策并不矛盾一样。由于任何一个事物（包括经济体制）都具有正反两个方面，或者说，既有优点也有缺点，而它们的缺点的一面只有经过不断的改革才能克服或完善；同时，一个封闭的经济一旦对外开放、并且融入到世界经济当中，就很难返回到原先的状态；因此，我们不妨认为：中国经济的改革和开放是一个永远没有终结的、连续的历史发展过程。

第九章　中国贸易投资新体制与中国市场准入制度改革

第一节　中国开放型经济新体制的发展路径及政策体系

一、中国开放型经济新体制的发展历程

党的十八届三中全会通过的《中共中央关于全面深化改革若干重大问题的决定》提出“完善和发展中国特色社会主义制度，推进国家治理体系和治理能力现代化”。中国在过去30多年中，经济持续高速发展，中国经济总量不断迈上新台阶。“中国发展离不开世界，世界繁荣稳定也离不开中国”①。中国的和平发展道路理念有三个方面的渊源，即以马列主义、毛泽东思想、邓小平理论和“三个代表”重要思想为指导的国际战略思想；外国国际战略理论中的合理成分；中国的历史和文化传统。② 同时，世界的变化与中国自身的发展也使中国走和平发展道路具有现实可能性。对中国经济治理模式进行思考的同时，也是对中国所在的世界的思考，也是对中国的比较对象——日本、德国以及美国和其他国家的思考。二十世纪六七十年代，日本、德国，以及此后我国台湾地区及韩国等在经历了经济的高速增长之后，相继通过了“刘易斯转折点”及“库兹涅茨转折点”，实现了从不发达经济体到发达经济体的跨越。在经历了三十年经济高速发展之后，2010年中国的GDP总额超过日本，成为世界第二大经济国。中国成为全球第二后国际

① 胡锦涛．高举中国特色社会主义伟大旗帜　为夺取全面建设小康社会新胜利而奋斗［M］．北京：人民出版社，2007：47.

② 康绍邦．中国的和平发展道路与国际战略［N］．中共中央党校学报，2006（4）：248.

环境发生了重大变化。国际环境变化有两点，一是全球经济中心悄然东移，二是美国推出重返亚太战略。

自改革开放以来，特别是进入20世纪90年代，中国经济持续稳定增长，人民生活水平显著提高和社会全面进步，中国创造了自己的国家经济治理模式。除了和欧美日等共性的之外，其特点是：第一，中国的国有经济部门在国民经济中占据主导地位。第二，中国的政府不但对经济具有巨大的影响力，能有效推动发展目标，而且对社会也有巨大的影响力。第三，与东亚其他国家和地区相比，中国在经济崛起阶段面临的世界经济全球化程度更高，因而中国经济中外国直接投资所占比重和发挥的作用更大。第四，目前，中国在社会福利方面的开支与日韩等东亚发展型政府相比尚有很大的差距。

在过去二十年里，中国的经济治理演进轨迹呈现为两个阶段，1992年至2003年为第一个阶段，中国明确了建立社会主义市场经济体制的经济改革目标。2003年至今为第二个阶段，不仅更为重视教育、科技、卫生的发展，还建立了基本的社会保障体系，中国在提高社会福利提供水平方面进展巨大。2008年全球金融危机以来，美国加强了政府对经济的规制与干预，并提高社会福利提供水平，欧洲经济沿着削减社会福利支出的方向调整，而东亚的发展型政府经济体以及中国则大体上沿着减少政府对市场的干预和提高社会福利提供水平的方向发展。也就是说，自二十世纪九十年代以来，这四种经济治理模式呈现相互学习、相互靠拢的趋势。中国的经济体制既与东亚其他国家的经济治理模式具有越来越多的共同点，又保持着许多独特性（见表9－1）。

表9－1　　中国经济治理模式特点与国际比较

	政府对经济过程的干预程序	政府收入占国民收入比重	社会福利提供水平	国有企业影响力
美国自由市场经济治理模式	低	中等	中等	低
欧洲福利国家经济治理模式	中等	高	高	低
东亚发展型政府经济治理模式	较高	中等	中等	低
中国经济治理模式	高	较低	低	高

近几年来，随着关于“中国模式”的讨论越来越多，中国经济治理模式加入有关经济治理模式的话语场域，这反映了过去十年特别是2008年全球金融危机爆

发以来国际话语格局的变化。现在，中国被称为世界经济的“引擎”，中国经济保持平稳发展，可以带动世界的发展。中国的现代化进程机遇前所未有，挑战也前所未有，但整体来讲机遇大于挑战。中国的和平发展对全世界都具有重要意义。应该说中国基本上解决了发展中国家面临的经济和社会发展落后的问题，已经从一个发展中国家转变为新兴市场国家，现在正全力以赴追赶发达经济体。日前，世界银行发布2011年“国际比较项目”报告，通过购买力平价法（PPP）计算作出预测称，2014年中国可能超越美国，一跃成为全球头号经济体。对于这一来之不易的好消息，参与这份报告研究的中国国家统计局并不赞同。以至于有媒体甚至用上了“中国痛恨最大经济体”这样的标题。①

从世界经济发展的历史来看，新兴国家的崛起必将对世界经济体系产生深远的影响。在世界事务中，领先国家的相对力量从来不是一成不变的，主要因为各国的增长速度不平衡，以及技术上和组织上的突破可使一国比另一国具有更大优势。② 对于广大中国人来说，成为第一意味着粉碎了西方长达两个世纪来的羞辱，更证明了中国政治的优越性，甚至是中国人的聪明和优越。而丢掉了第一的位置象征着美国在世界舞台上的地位下降，象征着美国模式的失败，从更大了说，是整个西方的衰落。中国人有理由为国家的经济成就感到自豪。不论使用任何统计方法，中国都是三十年来世界经济增长最快的国家，发展成就举世瞩目。中国以自身的和平发展改变了世界经济力量的对比格局，推动着国际经济秩序实现逐步的变革。

我国正处于社会主义初级阶段，全面建成小康社会进入决定性阶段，改革进入攻坚期和深水区，国际形势复杂多变，我们党面对的改革发展稳定任务之重前所未有，矛盾风险挑战之多前所未有，依法治国在党和国家工作全局中的地位更加突出、作用更加重大。面对新形势新任务，我们党要更好统筹国内国际两个大局，更好维护和运用我国发展的重要战略机遇期，更好统筹社会力量、平衡社会利益、调节社会关系、规范社会行为，使我国社会在深刻变革中既生机勃勃又井然有序，实现经济发展、政治清明、文化昌盛、社会公正、生态良好，实现我国和平发展的战略目标，必须更好发挥法治的引领和规范作用。③

当然，不管是不是世界第一，正确看待经济增长速度，对做好经济工作至关重要，对做好各方面工作影响很大。实现“两个一百年”奋斗目标、实现中华民

① 高连奎. 中国为何不愿承认“世界第一”［J/OL］. http：//www. guancha. cn/GaoLianKui/2014_05_ 09_ 227768. shtml.

② 保罗·肯尼迪. 大国的兴衰［M］. 北京：中国经济出版社，1989：1.

③ 中共中央政治局公报［R］. 2014－07－29.

族伟大复兴的中国梦，必须坚持以经济建设为中心，坚持发展是党执政兴国的第一要务，坚定不移推动经济持续健康发展，这是国家繁荣、社会稳定、人民幸福的重要基础。我国发展必须保持一定速度，不然很多问题难以解决。同时，发展必须是遵循经济规律的科学发展，必须是遵循自然规律的可持续发展，必须是遵循社会规律的包容性发展。

二、通过国际比较，探索中国开放型经济新体制的发展路径及政策体系

参照美国，德国和日本的社会经济发展，作为一个新兴市场国家，中国还面临着非常严峻的经济和社会发展任务，中国人均收入水平在世界上的排名很靠后。据世界银行数据显示，虽然中国的经济规模已位居世界第二，但人均收入仍然靠后。按人均计算，中国排在100位以后，仅是日本的十分之一，是美国的十一分之一。与德国3.88万美元的人均GDP相比，中国的人均GDP也只有6 000美元。因此我们既要看到中国经济总量在不断增加，经济实力在不断提高的现实，更要看到中国仍然是发展中国家，贫困等问题尚待解决，要继续下大力气促进“民富”。当下中国不遗余力地从其他国家吸收资源与技术，造成的后果就是能源与其他商品的通胀，同时也造就了其巨额的贸易顺差。而房地产价格越来越高，高度依赖出口，内需市场难以扩大，美国要求人民币升值的压力越来越大……那么中国会步日本经济盛极而衰的后尘，成为历史的感叹号吗？从历史的眼光看，今天的发达国家也曾经历过不发达时期，发展中国家的今天也显现着发达国家昨天的痕迹。

同时，发展中国家并不是一个固定不变的概念。事实上，自20世纪60年代以后，发展中国家和地区内部出现了分化，出现了以亚洲“四小龙”为代表的“东亚模式”和以巴西、墨西哥、阿根廷等国为代表的“拉美模式”。它们都取得了经济的高速发展。经济发展的道路是曲折的，日本德国和美国在现代化的过程中都走过一段弯路，中国经济发展和改革开放的过程更是充满了艰辛。因此，邓小平提出的“摸着石头过河”的观点，具有重要的意义。但是，中国经济的迅猛增长也确实使得中国是否还属于发展中国家成为国内外学术界研究和讨论的热点问题。我们国家冷静地看到，在长期经历二元经济发展滞后，中国所处的发展阶段开始出现重要转折。2014年，经济增速趋缓后，很多人对中国的发展前景表示悲观，每当中国经济体系出现疲弱数字与迹象时，就有人觉得正在酝酿危机，从而出现中国经济泡沫破裂，乃至做空中国的论调。近期在第一季经济数据不佳、

人民币兑美元汇率贬值、部分城市房价急跌、部分海外投资者从中国撤资等情形下，外界对中国经济增长再度出现了悲观情绪。

按照发展规律，一旦劳动力无限供给特征消失，就意味着刘易斯转折点的到来。对于处在二元结构和经济体制双重转换中的中国经济来说，这是一个极其重要的转折点：一方面，这个转折的成功意味着一个崭新发展时期的到来，另一方面，这个转折期间充满了严峻的挑战。从美国，日本、德国具体的经济指标出发，与中国进行比较，研究彼此差距，涉及领域横跨政治、经济、金融、历史、文化，探寻中国机遇。无论是否承认，中国的经济崛起自然会改变世界，对于这一崛起的反应与讨论也将成为其崛起的一部分，而目前两极化的讨论也显示出双方的认知差距，中国对世界的改变，尤其是经济之外的改变，其重要性仍旧没有得到足够理解。

三、经济全球化背景下的企业投资战略转变新趋势

《中共中央关于全面深化改革若干重大问题的决定》（2013 年 11 月 12 日中国共产党第十八届中央委员会第三次全体会议通过）指出：要“适应经济全球化新形势，必须推动对内对外开放相互促进、引进来和走出去更好结合，促进国际国内要素有序自由流动、资源高效配置、市场深度融合，加快培育参与和引领国际经济合作竞争新优势，以开放促改革。”

同时 2014 年 3 月 5 日在第十二届全国人民代表大会第二次会议上，国务院总理李克强在《政府工作报告》中指出要“扩大企业及个人对外投资，确立企业及个人对外投资主体地位，允许发挥自身优势到境外开展投资合作，允许自担风险到各国各地区自由承揽工程和劳务合作项目，允许创新方式走出去开展绿地投资、并购投资、证券投资、联合投资等。”

改革开放以来，我国投融资体制改革已经取得了很大的进展，在推动社会经济方面发挥着十分重要的作用，但是旧的体制与经济的快速发展已经显现出了诸多脱节的问题，其中最为突出的问题就是缺乏多元化的资金融通机制，导致社会资金大量闲置与城市建设、企业发展等资金需求大量缺口并存。从十二届三中全会到十四届三中全会，中国确定了社会主义市场经济体制改革方向。十二届三中全会提出“政府调节市场，市场引导企业”。十四届三中全会提出建立社会主义市场经济体制的改革方向。十四届三中全会形成的《中共中央关于建立社会主义市场经济体制若干问题的决定》。它是十四大提出的战略目标的详细解释和行动纲领，至今仍被誉为改革开放 30 多年来最好的顶层设计，奠定了现在制度的基础，其中，财政、税收、

投资、金融、外资、外汇、农村、国企等各个方面都进行了配套顶层设计。

现在“顶层设计”这个字眼高频率地出现在媒体上。我国投融资体制需要一定的顶层设计，来突破原有利益集团对经济转型的阻挠，从而实现经济的平稳转型。随着大部制改革推进，越来越多的人意识到了顶层设计的重要性。在中国改革过程中，投融资顶层设计自始至终是有顶层设计的。1979 年 8 月，国务院批准《关于基本建设拨款改贷款的报告》，提出用有偿使用资金的办法管理财政投资，这是投资管理体制改革迈向市场化的重要一步。1988 年，国务院颁发《关于投资管理体制的近期改革方案》，第一次系统提出中国投资体制改革的基本任务和措施，并首次发布了国家产业政策。1998 年，形成了《投融资体制改革方案（修改草案)》，但最终夭折。2001 年 11 月，原国家计委取消第一批五大类行政审批事项，包括城市基础设施建设项目、不需要中央投资的农林水利项目、地方和企业自筹资金建设的社会事业项目、房地产开发建设项目和商贸设施项目。此后，新投融资体制改革方案逐渐形成。2004 年《国务院关于投资体制改革的决定》出台，新的投融资体制将使企业和社会增加项目建设投资力度，同时也促进直接融资和私募市场的发展。政府进一步拓宽投融资渠道，鼓励和创新多种直接融资方式，进行城市建设债试点，发展规范中小型金融机构，改革政策性银行等，这一系列新的投融资体制改革，不但使政府改变了带有行政色彩的投融资主题角色，同时，也给各类投资机构带来了一轮新的发展机遇。这个投资体制改革方案基本方向将依据“谁投资、谁决策、谁受益、谁承担风险”的原则，在国家宏观调控下，更好地发挥市场机制对经济活动的调节作用，确立企业的投资主体地位，规范政府投资行为，逐步建立投资主体自主决策，政府宏观调控有力的新型投资体制。

四、而今迈步从头越——改善中国投融资体制顶层设计的建议

“世界第一”的名头虽然响亮悦耳，但强国富民才是正题。在我国正全面深化改革、转变增长模式、增强惠民实效的当下，尤需看淡经济排名，一心务实发展。[①] 我们要保持信心，不骄不躁，追求扎扎实实的发展，这才是我们应有的心态。今后中国政府的国内政策的重点，应当是在继续坚持改革开放的同时，对内逐步缩小国内贫富差距、地区发展差距；对外则应当是在继续积极参与全球化的同时，逐步调整和理顺对外经济贸易关系，逐步缩小与发达国家或富裕国家的人

① 余晓葵．冷静看待中国经济“超越美国”［N/OL］．光明日报，(08)．(2014－05－07)．http：//epaper. gmw. cn/gmrb/html/2014－05/07/nw. D110000gmrb_ 20140507_ 1－08. htm？ div＝－1.

均收入差距。这将是一个新的长征。这将遇到无数的艰难险阻。这个过程将导致社会经济结构的巨大变迁和全体国民素质向更高阶梯的提升。在这个意义上，中国的最终发展目标是人的潜能的全面发展——为此，它需要超越的不是日本、德国，也不是美国，而是它自己。加快同有关国家和地区商签投资协定，改革涉外投资审批体制，完善领事保护体制，提供权益保障、投资促进、风险预警等更多服务，扩大投资合作空间。

2014 年 3 月 5 日在第十二届全国人民代表大会第二次会议上国务院总理李克强《政府工作报告》中指出：要在走出去中提升竞争力。推进对外投资管理方式改革，实行以备案制为主，大幅下放审批权限。健全金融、法律、领事等服务保障，规范走出去秩序，促进产品出口、工程承包与劳务合作。抓紧规划建设丝绸之路经济带、21 世纪海上丝绸之路，推进孟中印缅、中巴经济走廊建设，推出一批重大支撑项目，加快基础设施互联互通，拓展国际经济技术合作新空间。

当前深化投融资顶层设计面临很多体制性问题需要解决，如果不解决，市场就会被制约，无法正常运作。以下是最需要解决的六大配套顶层设计：

一是银行与投融资监管的顶层设计改革。在这个问题上，首先，要解决央行的独立性问题。中国目前尚不具备银行直接向人大负责的条件。在银行作为政府组成成员的基础上，货币政策的取向可以由国务院决定，但是货币政策的具体操作则应该给银行以自主权。2014 年 3 月 5 日，国家发展和改革委员会在第十二届全国人民代表大会第二次会议上指出：实现今年经济和社会发展目标，要着力抓好十个方面工作。其中《(九) 进一步深化改革开放》的 (5) 就是加快财税、金融、投资体制改革。

二是投融资行为审批与相关管理及立法机构的顶层设计改革。投资审批范围急需缩小，简化程序。对投资项目性质实行更加细分的分类管理办法。对需要利用国家财政性投资等政府投资项目，应该按照项目投资规模大小，简化现有的审批制管理办法。对不需要国家财政性资金支持，但项目建设涉及国家安全、重要资源开发、产业布局的重大项目，实行普通的核准制管理办法。对不需要国家投资，能够自行平衡建设资金和落实建设条件的一般竞争性产业项目，可以实行简单备案登记制管理办法。逐步缩小纳入政府投资审批的范围。

三是在投资方式方面的顶层设计改革，投资顶层设计应该按照不同性质的投资项目规定不同的投资方式。对于一般性的投资项目应该全部完全放权给企业投资主体。在符合法律以及相关政策规定的前提下，企业可以自由选择作为出资主体自主决定投资额度和方式。对于基础设施建设项目，各级政府应该创造条件，利用多种方式，吸引社会资本参与有合理回报和一定投资回收能力的公益事业和公共基础设施项目建设。打破一切具有垄断性的项目，实行公开招标制度，开展公平竞争，保护公众利益，积极稳妥地进行顶层设计改革。

2011年通过的第十二个五年规划认为：要调整优化投资结构。发挥投资对扩大内需的重要作用，保持投资合理增长，完善投资体制机制，明确界定政府投资范围，规范国有企业投资行为，鼓励扩大民间投资，有效遏制盲目扩张和重复建设，促进投资消费良性互动，把扩大投资和增加就业、改善民生有机结合起来，创造最终需求。

四是在投资管理体制方面的顶层设计改革。政府部门应该通过规划和政策指导、信息发布以及规范市场准入，引导社会投资方向，抑制无序竞争和盲目重复建设。防止取消审批后出现管理上的脱节和真空，避免变相审批、违规审批。及时发布行业的供求态势、价格走势等，出台一些投资指导目录，明确限制类别、鼓励类别等。防止无序竞争和不正当竞争行为，制定有关安全、卫生、环保、质量等方面的国家标准，进一步健全市场竞争规则，维护竞争秩序和公共利益。

财政部2013年3月5日在第十二届全国人民代表大会第一次会议上指出了具体内容：加快健全中央和地方财力与事权相匹配的财政体制，促进基本公共服务均等化和主体功能区建设。合理界定中央与地方的事权和支出责任，结合营改增进程研究调整中央和地方的收入划分。同时，积极发挥财税政策在调节收入分配中的作用，支持国有企业、金融、价格、投融资体制、事业单位改革，促进社会主义市场经济体制不断完善，激发经济社会发展内在活力和动力。

五是以人民币为首的国际货币体系改革的顶层设计。2010年，中国GDP总量超过日本，成为仅次于美国的世界第二经济大国。从汇丰银行最新调查结果来看，在未来半年最受贸易企业青睐的五种结算货币将依次为美元、欧元、人民币、英镑和日元。从而得出了人民币预期将首次超过英镑成为全球贸易企业未来半年内考虑采用结算的三大货币之一，更有超越欧元之势。着眼未来5年，人民币极有可能真正迈向国际化，就近期前景而言，分阶段过渡、提升“人民币国际化”，最终实现世界货币。如果由美元、欧元、人民币国际化共同构成国际货币体系，也有利于世界经济的稳定。

六是城镇化领域的投融资改革，就是基础设施建设的体制改革。2013年10月，习近平总书记提出：中国愿意积极探索拓展基础设施建设投融资渠道，倡议筹建亚洲基础设施投资银行。表达了对基础设施领域投融资体制改革的关切。《中华人民共和国国民经济和社会发展第十二个五年规划纲要》提出要深化城市建设投融资体制改革，发行市政项目建设债券。加强城市综合管理。推动数字城市建设，提高信息化和精细化管理服务水平。注重文化传承与保护，改善城市人文环境。

总之，中国开放型经济新体制的发展路径及政策体系，中国投融资体制顶层设计的总方针就是党的十八大提出的要健全现代市场体系，加强宏观调控目标和政策手段机制化建设。加快改革财税体制，健全中央和地方财力与事权相匹配的体制，完善促进基本公共服务均等化和主体功能区建设的公共财政体系，构建地方税体系，形成有利于结构优化、社会公平的税收制度。建立公共资源出让收益合理共享机制。深化金融体制改革，健全促进宏观经济稳定、支持实体经济发展的现代金融体系，加快发展多层次资本市场，稳步推进利率和汇率市场化改革，逐步实现人民币资本项目可兑换。加快发展民营金融机构。完善金融监管，推进金融创新，提高银行、证券、保险等行业竞争力，维护金融稳定。

今年是中国改革开放的第36个年头，市场取向的改革又走到关键节点。目前，改革共识已经形成，关键是如何改革。三个关键问题是：如何进一步厘清政府与市场的关系，如何协调国有经济和民营经济的发展，如何完善法治建设。改革需要热情更需要理性，需要勇气还需要智慧。回首过往，“自下而上”的实践创新，要与“自上而下”的设计相结合，广泛参与的“改革顶层设计和总体规划”至关重要。目前中国经济正处于结构调整与增速换档时期，未来还可能有一个探底的过程。当前世界经济状态低迷、国际经济秩序严重失效，为国际政治因素对世界经济运行施加影响创造了更多的机会。2014年至少可以说世界经济可能进入中国与美国双引擎时代，对中国是巨大的挑战和机遇。按照马克思主义的基本原理：世界经济是国际政治的基础，世界经济决定国际政治；国际政治具有相对独立性，可以反作用于世界经济并在一定条件下决定世界经济。因此，对于中国道路的经济全球化进程而言，营造宽松的国际政治空间不仅是确保经济增长的前提，而且是实现中国和平发展目标的基石。

第二节　中国贸易投资新政：以中国（上海）自由贸易试验区为核心

2013年8月中旬，国务院正式批准设立（上海）自由贸易园试验区，9月29日正式挂牌启动。按照商务部正式发布的消息：设立（上海）自贸区主要任务是探索我国对外开放的新路径和新模式，培育我国全球竞争新优势，构建与各国合作发展新平台，拓展经济增长新空间，打造中国经济“升级版”，表明我国为进一步推进改革开放进入了一个新的发展阶段。

一、上海自贸区的基本情况

各地都在申办自由贸易港区，试验区的范围：上海外高桥保税区、上海外高桥保税物流园区、上海洋山保税港区以及上海浦东机场综合保税区。都是海关特殊监管区，有围网的，境内关外的，总面积为28.78平方公里。

选择上海有几个条件：

一是上海具有较好的基础条件，开放具有较高起点，经济联系面广阔，外向型经济发展历史长，改革开放初期就确定并实施外向型经济，对外资管理抵御风险的能力较强；

二是上海已经建立起一套较完整的管理体制，2009年设立综合保税区管理委员会，其他相关的管理体制比较健全；

三是上海具有良好的区位优势，地处长三角，腹地发展广阔，可带动更大更广领域的对外开放。

二、上海自由贸易区设立背景

自2008年美国爆发金融危机已经6年时间，美欧为恢复经济采取了一系列的措施，其他国家也相继采取了多种应对措施，但效果有限，期间全球经济虽有短暂复苏但仍处于疲弱状态之中，同时，我国在经济持续发展过程中也面临着诸如经济结构调整，如何确定改革开放的方向等问题，应该说，设立（上海）自贸区正是基于面临的国内外环境提出来的。

1. 国际经济发展的不确定性要求我们必须采取措施

2008年美国爆发金融危机以后，特别是近几年，全球金融危机的深层次问题不断显现，世界经济仍处于疲弱复苏状态之中，由于欧债危机持续发酵，发达国家经济整体增长疲软，外需不足以及自身经济结构问题拖累，新兴市场和发展中国家经济增速不断放缓，特别是美国不断提出要退出QE3，一些新兴经济体和发展中国家经济出现大幅波动，股市下滑，货币贬值，外资抽逃，经济波动加大，显示国际经济仍处于不稳定的状态之中。

应该说，发达经济体面临的风险已经减弱，但仍需进一步采取措施控制这些风险。与此形成对照的是，新兴市场经济体增长持续下滑的风险已经增大，原因是新兴市场经济体长期面临国内产能约束，信贷增长减缓，以及外部需求疲弱。增长前景的减弱和新出现的风险给全球经济增长和就业以及再平衡带来了新的挑战，各国的政策制定者需加大努力确保强劲增长。

2. 全球区域经济合作提出的新挑战

近年来，我国加快了自贸区（FTA）的建设，已经签署了10个自贸协定，其中9个已经生效，其中，2013年5月，瑞士成为我们与欧洲大陆国家第一个谈判成功的国家，我国自贸区建设取得了新的进展，但是，从全球区域经济合作的发展形势看，我国面临巨大挑战：为了遏制我国，美国试图抛弃话语权有限的WTO，提出了自己能够主导的游戏——跨太平洋伙伴关系（TPP）、跨大西洋贸易与投资伙伴关系（TTIP）和多边服务业协议（PSA），形成新一代高规格的全球贸易和服务业规则，来取代WTO。这三大协议一旦成形，可能成为重新构建国际贸易和投资规则的新载体，以此制定新的世界经济规则。

美欧为了维持并巩固其规则制定者地位，还不断抛出竞争中立、政府采购、环境标准等新标准、新要求、新问题，特别是发达国家对华贸易政策更加强调以国际规则为基础的“公平竞争”，我国在国际责任、全球平衡、市场开放、规则标准等问题上面临压力非常大。

在这种情况下，我国面临非常严峻的局面，如果不参加TPP谈判，未来一旦TPP和TTIP谈判成功，我国将可能面临“二次入世”的艰难选择。

3. 我国经济发展需要新的突破

改革开放30多年，中国经济发展去的成绩举世瞩目，特别是加入世界贸易组织（WTO）以后，我国经济真正融入世界经济体系，经济总量位居世界第二，出口额和进口额分居世界第一和第二名，我国对世界经济的贡献和影响力在不断提升。但是，同时也应看到，我国经济发展中面临的问题仍较多.

一是我国经济结构调整滞后，无法适应未来我国经济发展的现实需求，主要表现：需求结构不合理，消费率偏低；产业结构不合理，服务业比重偏低，城镇化特别是人口城镇化滞后，制约内需扩大。

二是长期主要依赖投资、外需拉动经济增长。高投资形成的巨大产能直接导致对外过度依赖。中国经济对外贸的依存度不断上升，经济增长在较大程度上依赖国际市场，低水平重复建设与高技术产业发展严重滞后长期并存。一方面，部分行业出现了明显的产能过剩。另一方面，自主创新能力严重不足。企业制度改革滞后，企业缺乏技术进步与自主创新的内在动力；高新技术产品严重短缺，高新技术产业发展明显滞后。

三是要素结构不合理。主要是资源消耗偏高，环境压力加大，资源环境的约束日益突出。中国人均资源占有量偏低，大多数矿产资源人均占有量不到世界平均水平的1/2，70%的铜矿石、90%的铬铁矿石等都依靠进口。

4. 人民币国际化需要建立自贸区

中国现在已经是全世界最大的生产国，第二大的资源消费国，未来可能成为全球最大的消费国，但中国在目前全球货币竞争格局中仍然处于非常被动的地位。为了改变这种局面，2009年开始，人民币跨境使用，虽然估计一年有几万亿，但在全球货币总量中比例依然很小。2013年9月份国际清算银行（BIS）公布的调查数据显示，人民币的日交易量已经达到1 200亿美元，远远高于三年前的340亿美元，人民币已成为全球外汇市场中第九大活跃的交易币种。在全球外汇交易中所占的份额也从2010年的0.9%上升到2.2%。

建立自贸区之后，会逐渐完善人民币的全球循环路径，并且最终在风险可控的条件下打通资本账户，进行双向投资、相互渗透，实现金融资源的全球优化配置，提升人民币的国际地位，为人民币国际化打下坚实的基础。

三、试验区建立的过程及重要意义

1. 建立过程

上海自贸区是上海的自发行为，倡议源自上海的研究机构。2013年3月28日，李克强总理鼓励上海先行先试，建立自由贸易区，国务院常务会议原则通过了《中国（上海）自由贸易试验区总体方案》。8月16日召开国务院第二次常务会议，重要内容是提请终止三资法，2013年8月30日，第十二届全国人民代表大会常务委员会第四次会议通过《全国人民代表大会常务委员会关于授权国务院在中国（上海）自由贸易试验区暂时调整有关法律规定的行政审批的决定》，对国家规定实施准入特别管理措施之外的外商投资，暂时调整《中华人民共和国外资企业法》、《中华人民共和国中外合资经营企业法》和《中华人民共和国中外合作经营企业法》规定的有关行政审批（目录附后）。2013年9月，成立商务部上海市联合小组，进行自贸区建立筹备工作，编制《中国上海自由贸易试验区方案》。国务院要求《方案》突出转变政府职能、深化行政体制改革。2013年9月29日，“中国（上海）自由贸易试验区”正式挂牌成立。中共中央政治局委员、中共上海市委书记韩正为“中国（上海）自由贸易试验区”揭牌。上海市在上海自贸区建立过程中发挥了牵头作用，进展较快。

2. 建立试验区在新时期改革开放中的意义

自始至终上海自贸区的建立得到了中央领导、国务院的关怀和各部委的支持。是我国在新的形势下加快政府职能转变，全面深化改革，积累新经验、建设新途径。

（1）展示我国新时期改革开放的坚定决心；内部有进一步深化改革开放的需求，同时面临已形成利益格局的难题；外部全球化、区域化风起云涌，国际新规则不断涌现；

（2）上海自贸区重在制度创新，不在于优惠政策，有利于形成强大的制度红利；推动机制体制建设，转变政府职能，建立新的国际化、全球化、法制化的营商环境，外商投资制度改革，也就是实行负面清单和准入前国民待遇；

（3）试验区要具备广泛的示范效应，积累改革开放经验，形成可复制、可推广的经验，发挥示范带头作用。不是全国各处都要去搞试验区。

对于准入前和准入后国民待遇，原来我们承诺的是准入后国民待遇，也就是企业在中国投资设立企业后，企业享受的待遇，至少不低于国内企业的待遇，甚至超国民待遇。

准入前国民待遇，关键是哪些领域是否允许设立企业，如果承诺准入前国民待遇，也就是除了国家另有规定以外，其他外资企业设立视同于内资，国内企业可以投资的领域，外资企业也可以投资。也就是设立企业时内资外资一视同仁。如何区分内资外资，设立一个负面清单，列出若干项不允许外资企业投资的领域，其他领域都可以开放，重大改革。

原来正面清单，告诉你可以设立企业，不允许设立的不告诉你，我们列个单子，几百项可以开放设立，不在单子之内的不允许。这种做法对政府有利，对外方讲，投资风险较大。

四、试验区建设的主要内容

1. 为国家先行先试

（1）加快政府职能转变，深化行政管理体制改革，改革创新政府管理方式，按照国际化法制化要求积极探索与国际高标准投资和贸易规则相适应的行政管理体系；简单说即“简政放权”；具体做法是完善公共信息网络平台、建立集中统一的市场监管和综合执法体系、实现高效监管、提高透明度。

（2）推进外商投资管理制度改革。目前上海已经建立了负面清单。目前上海试验区外商投资的审批制度和备案制度是我国的一项重大突破。目前上海负面清单有190项，即2013版负面清单。2014版进一步缩减139条，减少了51条，调整率达到26.8%。

（3）实施登记制度改革。登记资本由实缴制改为认缴制，取消最低登记资本规定，不再限制首次出资额比例限制等等。实行先照后证的登记制度。

（4）深化境外投资管理体制改革，实现以备案为主的管理方式。

（5）贸易便利化创新监管模式。海关允许利用仓单备案信息，缩短货品通关时间。企业可以在进行检验检疫的同时进行报关，即推行便利化通关措施，实施“一次申报、一次查验、一次放行”的关检合作“三个一”，并逐步实行“单一窗口”申报。

2. 扩大开放的领域

（1）服务业扩大开放。上海选择了文化、金融、航运、商贸、专业和社会六大门类扩大开放。具体包括18个行业23个子项的扩大开放。

金融。允许设立外资银行，允许民营资本与外资金融机构共同设立中外合资银行。政策突破在“允许设立合资银行”。此外，允许中资银行开办人民币离岸业务。允许外资专业健康医疗保险机构开办业务。融资租赁公司可以在试验区设立子公司，不设立最低注册资本限制。

航运服务。放宽中外合资、中外合作国际船舶运输企业的外资股比限制；允许中资公司拥有或控股拥有的非五星旗船，先行先试外贸进出口集装箱在国内沿海港口和上海港之间的沿海捎带业务；允许设立外商独资国际船舶管理企业。

商贸服务。增值电信，在保障网络信息安全的前提下，允许外资企业经营特定形式的部分增值电信业务；允许外资企业从事游戏、游艺设备生产和销售；通过审查的游戏、游艺设备可以面向市场。

专业服务。探索密切中外律师事务所业务合作的方式和机制；允许设立外商投资资讯调查公司；允许试验区注册的符合条件的中外合资旅行社进行除中国台湾地区外的出境旅游服务；允许试验区内设立合资人才中介服务，猎头公司，允许港澳设立独资的中介机构；允许设立股份制外商投资性公司；对实验区内为上海市提供服务的外资工程设计企业取消首次申请资质时对投资者的工程设计业绩要求；

文化服务。取消外资演出经纪公司的股比限制，允许独资，但只对上海提供服务。在试验区内可设立外商投资娱乐场所。

社会服务。教育领域允许设立中外合作经营性教育培训机构和经营性技能教育培训机构，经营行为只能在区内进行。允许设立外商独资医疗机构。

（2）推动贸易发展方式转变，包括鼓励跨国公司设立亚太地区总部，深化国际结算中心，融资租赁业务创新，期货保税交割、电子商务等，推进服务外包业务发展。

（3）深化金融领域开放创新，配合上海设立国际金融中心大目标。形成金融市场利率、汇率市场化。

（4）营造良好的税收制度环境。避免产生税收洼地，大的税种税目上不会有改动。非货币性资产投资增值所的资金可以分期缴纳所得税，个人股权激励所得可以分期缴纳个人所得税；融资租赁所得方面也有一些优惠措施。

五、实施情况

自2013年9月29日正式挂牌运作以来，围绕试验区建设总体方案，全面推动制度创新、扩大开放、功能拓展、法制保障等各方面工作。自贸试验区挂牌运行半年多来，总体上看，自贸试验区建设开局良好、运行有序、改革成效开始显现。

1. 试验区制度创新框架已基本形成

目前十二个相关部委已经制定出台了支持上海自贸区发展得20多个相关文件，上海市政府也自己发布了试验区的管理办法、外商投资和境外投资备案相关管理办法等。

2. 试验区管理体制已开始运作

上海成立了由市长任组长的试验区管理领导小组；同时组织了试验区管理委员会，具体落实试验区改革任务。

3. 社会创业投资热情得到充分激发

从去年挂牌至今年4月底，试验区累计新设企业8 770家，以贸易类和服务类为主，分别占比58.4%和32.2%。其中，新设外资企业862家，注册资本45.7亿美元，平均每家超过520万美元。新设内资企业7 908家，注册资本1 712亿元，平均每家超过2 100万元。

4. 服务业扩大开放势头良好

一批金融机构和服务业开放项目相继落户，区内新增持牌金融机构 54 家，股权投资、融资租赁等类金融机构 264 家，金融信息服务企业 207 家，投资与资产管理企业 1 512 家。国际能源交易中心准备挂牌上市原油期货，上海联合产权交易所已在区内设立分支机构，国际黄金交易中时、国际金融资产交易中心、中国外汇交易中心已获主管部门批准，将于近期落户区内，中国金融期货交易所也将在试验区内设立外汇衍生品交易平台。同时，涉及外资游戏游艺设备、融资租赁兼营商业保理、工程设计、增值电信、演出经纪、旅行社等服务业开放措施的 175 个项目已落户区内，其余开放措施也已形成储备项目。

5. 制度创新得到不断推动

上海自贸区在全国率先实行了负面清单管理模式，形成更加开放透明的投资管理制度。此外，围绕贸易监管制度创新、金融制度创新、加强事中事后监管，创新政府管理方式等方面，上海自贸区都先后推出了一系列改革和开放措施，形成了一批“可复制、可推广”的经验，目前有关方面正在对上海自贸区经验进行总结，进一步向其他地区推广。

六、两项重要工作—公布 2014 版负面清单和《中国（上海）自由贸易试验区条例》

1. 2014 版负面清单解读

2014 版负面清单比 2013 版缩短了。从原来的 190 项特别措施，变成了 139 项，减少了 51 条，调整率达到 26.8%。

这 51 条中，扩大开放而实质性取消 14 条，内外资均有限制而取消 14 条，分类调整而减少 23 条。比如在娱乐业中，禁止投资博彩业（含赌博类跑马场）、禁止投资色情业被取消，但这也是因为内外资都有限制，并不意味着外资可以进入这个领域。

从开放的角度来看，2014 版负面清单实质性取消 14 条，实质性放宽 19 条，进一步开放的比率达到 17.4%。

这些实质性取消的 14 条管理措施，并未完全集中在服务业领域，属于服务业领域和制造业等其他领域进一步开放的管理措施各有 7 条。其中涉及采矿业、海洋工程装备等多个领域。比如石油和天然气开采业中的“投资提高原油采收率及相关新技术的开发应用须合资、合作”、“投资物探、钻井、测井、录井、井下作业等石油勘探开发新技术的开发与应用须合资、合作”条款取消；常用有色金属冶炼中“限制投资电解铝、铜、铅、锌等有色金属冶炼”取消。批发业中“限制投资植物油、食糖的批发、配送”被取消。

实质性放宽的19条管理措施，涉及制造业领域9条，房地产领域1条，基础设施领域1条，商贸服务领域4条，航运服务领域2条，专业服务领域1条，社会服务领域1条。

比如C153精制茶加工中，原本“禁止投资我国传统工艺的绿茶加工”，改为“投资中国传统工艺的绿茶生产加工须中方控股”。G563原本“投资飞机维修（有承揽国际维修市场业务的义务）项目限中方控股”被取消。C351原本“投资海洋工程装备（含模块）的修理须中方控股”被取消。

此外，2014版负面清单也在着力解决2013版负面清单中存在的透明度不高的问题，并对限制条件做了进一步明确。比如依然限制投资直销、网上销售，但2014版负面清单更进一步表示，投资者须具有3年以上在中国境外从事直销活动的经验，且公司实缴注册资本不低于8 000万元人民币；限制投资网上销售（一般商品的网上销售除外）。

修订后，负面清单中无具体限制条件的管理措施由原先55条已经缩减为25条。

2.《中国（上海）自由贸易试验区条例》

有自贸区“基本法”之称的上海自贸区条例草案表决稿，2014年7月25日获上海市人大常委会通过。8月1日起，有自贸区基本法之称的《中国（上海）自由贸易试验区条例》（以下简称《条例》）开始施行。这是中国第一部关于自贸区的地方性法规，共9章57条，涵盖管理体制、投资开放、贸易便利、金融服务、税收管理、综合监管、法制环境等7方面内容。

（1）管理体制

赋予自贸试验区管委会区域统筹管理权，可以以自己的名义集中行使行政审批权和行政处罚权，解决目前规章委托执法方式所带来的名义主体多、权责不一致等问题，同时要公布、及时更新有关行政权力清单，并建立由区内企业和行业代表共同参与自贸试验区社会治理的机制。

（2）投资开放

规定了外商投资负面清单管理模式，对负面清单之外的领域，实行备案管理；

改革商事登记制度，明确实行注册资本认缴制和先照后证制度，简化企业登记程序；境外投资实行备案管理，简化备案程序，同时还规定了外资国家安全审查机制、投资收益自由转移、优惠措施取消等其他与投资相关的内容。条例在总则中特别规定，凡是法律、法规、规章未禁止的事项，鼓励公民、法人和其他组织在自贸试验区开展改革创新，这充分体现了对公民法人而言“法无禁止皆可为”的法治精神。

（3）贸易便利

明确“一线放开、二线安全高效管住、区内流转自由”的基本原则，规定了通关便利措施和高效监管手段，如建立货物状态分类监管制度、建立国际贸易“单一窗口”管理制度和创新检验检疫监管制度等。具体的条文规定，不仅涵盖了海关和检验检疫已经推出的通关无纸化、先报关后进港等改革措施，还通过对推动监管制度改革的原则性规定，为今后的监管制度创新预留了空间。

（4）金融服务

规定了创新有利于风险管理的账户体系；促进投融资汇兑便利；人民币跨境使用；推动利率市场化体系建设；建立与自贸试验区发展需求相适应的外汇管理体制等五大金融创新关键点，还规定了金融风险防范的内容；体现了充分尊重中央事权和为未来改革试验预留空间两大特点。

（5）税收管理

自贸试验区按照国家规定，实施促进投资和贸易的有关税收政策，其所属的四个区执行相应的海关特殊监管区域税收政策，并明确了税务服务便利化措施以及优化税收环境的内容。

（6）综合监管

强调政府优化管理和事中事后监管，主要规定了国家安全审查机制、反垄断审查机制、信用管理制度、企业年报公示和经营异常名录制度、监管信息共享机制等。基于国际投资贸易规则中有关权益保护的核心理念，对保障公平竞争、保护投资者权益和劳动者权益，以及加强环境保护、知识产权保护等也作了适当规定。

（7）法治环境

要求强化行政透明度和法律纠纷救济保障，建立自贸试验区规章和文件起草过程的公众参与制度、管委会规范性文件审查制度和便捷、高效的纠纷解决机制，其中包括实行相对集中行政复议权制度和适应自贸试验区特点的仲裁规则等创新措施。《条例》从以下四个方面进行了规范。其一，制定并公布权力清单。明确了管委会和驻区机构应当公布行政权力清单以及运行流程。其二，抽象行为接受公众评论。要求在制定有关自贸试验区的法规、规章和规范性文件时，有关方面必须主动公开草案内容，征求社会公众、相关行业组织和企业等方面的意见，同时，在公布和实施之间，还要预留合理期限。其三，建立行政异议制度。对管委会制定的规范性文件有异议的，公民、法人和其他组织可以提请市人民政府进行审查。其四，建立信息发布机制。要求中国（上海）自由贸易试验区门户网站要公布国家和本市关于自贸试验区的法律、法规、规章、政策、办事程序等信息，以便利社会各方面的查询。

加快实施自由贸易区战略，是适应经济全球化新趋势的客观要求，是全面深化改革、构建开放型经济新体制的必然选择，也是我国积极运筹对外关系、实现对外战略目标的重要手段。我们要加快实施自由贸易区战略，发挥自由贸易区对贸易投资的促进作用，更好帮助我国企业开拓国际市场，为我国经济发展注入新动力、增添新活力、拓展新空间。加快实施自由贸易区战略，是我国积极参与国际经贸规则制定、争取全球经济治理制度性权力的重要平台，我们不能当旁观者、跟随者，而是要做参与者、引领者，善于通过自由贸易区建设增强我国国际竞争力，在国际规则制定中发出更多中国声音、注入更多中国元素，维护和拓展我国发展利益。

加快实施自由贸易区战略是一项复杂的系统工程。要加强顶层设计、谋划大棋局，既要谋子更要谋势，逐步构筑起立足周边、辐射“一带一路”、面向全球的自由贸易区网络，积极同“一带一路”沿线国家和地区商建自由贸易区，使我国与沿线国家合作更加紧密、往来更加便利、利益更加融合。要努力扩大数量、更要讲质量，大胆探索、与时俱进，积极扩大服务业开放，加快新议题谈判。要坚持底线思维、注重防风险，做好风险评估，努力排除风险因素，加强先行先试、科学求证，加快建立健全综合监管体系，提高监管能力，筑牢安全网。要继续练好内功、办好自己事，加快市场化改革，营造法治化营商环境，加快经济结构调整，推动产业优化升级，支持企业做大做强，提高国际竞争力和抗风险能力。

第三节　中国市场准入制度改革

一、国务院放宽市场准入政策

2014 年发布了《国务院关于促进市场公平竞争维护市场正常秩序的若干意

见》（下称《若干意见》）的文件，一共33条内容，涉及改革市场准入制度、大力减少行政审批事项等内容，这是国务院近来密集推出的激发市场活力、简证放权举措的延续。明确要求制定市场准入负面清单。这意味着，放宽市场准入的制度将推广到全国。国务院文件放宽市场准入的内容如下：

（1）凡是市场主体基于自愿的投资经营和民商事行为，只要不属于法律法规禁止进入的领域，不损害第三方利益、社会公共利益和国家安全，政府不得限制进入。

（2）改革市场准入制度。制定市场准入负面清单，国务院以清单方式明确列出禁止和限制投资经营的行业、领域、业务等，清单以外的，各类市场主体皆可依法平等进入；地方政府需进行个别调整的，由省级政府报经国务院批准（发展改革委、商务部牵头负责）。改革工商登记制度，推进工商注册制度便利化，大力减少前置审批，由先证后照改为先照后证（工商总局、中央编办牵头负责）。简化手续，缩短时限，鼓励探索实行工商营业执照、组织机构代码证和税务登记证“三证合一”登记制度（县级以上地方各级人民政府负责）。完善节能节地节水、环境、技术、安全等市场准入标准。探索对外商投资实行准入前国民待遇加负面清单的管理模式（发展改革委、商务部牵头负责）。

（3）大力减少行政审批事项。投资审批、生产经营活动审批、资质资格许可和认定、评比达标表彰、评估等，要严格按照行政许可法和国务院规定的程序设定；凡违反规定程序设定的应一律取消（中央编办、法制办、人力资源社会保障部牵头负责）。放开竞争性环节价格（发展改革委牵头负责）。省级人民政府设定临时性的行政许可，要严格限定在控制危险、配置有限公共资源和提供特定信誉、身份、证明的事项，并须依照法定程序设定（省级人民政府负责）。对现有行政审批前置环节的技术审查、评估、鉴证、咨询等有偿中介服务事项进行全面清理，能取消的尽快予以取消；确需保留的，要规范时限和收费，并向社会公示（中央编办、发展改革委、财政部负责）。建立健全政务中心和网上办事大厅，集中办理行政审批，实行一个部门一个窗口对外，一级地方政府“一站式”服务，减少环节，提高效率（县级以上地方各级人民政府负责）。

（4）禁止变相审批。严禁违法设定行政许可、增加行政许可条件和程序；严禁以备案、登记、注册、年检、监制、认定、认证、审定、指定、配号、换证等形式或者以非行政许可审批名义变相设定行政许可；严禁借实施行政审批变相收费或者违法设定收费项目；严禁将属于行政审批的事项转为中介服务事项，搞变相审批、有偿服务；严禁以加强事中事后监管为名，变相恢复、上收已取消和下放的行政审批项目（中央编办、发展改革委、财政部、法制办按职责分工分别负责）。

（5）打破地区封锁和行业垄断。对各级政府和部门涉及市场准入、经营行为规范的法规、规章和规定进行全面清理，废除妨碍全国统一市场和公平竞争的规定和做法，纠正违反法律法规实行优惠政策招商的行为，纠正违反法律法规对外地产品或者服务设定歧视性准入条件及收费项目、规定歧视性价格及购买指定的产品、服务等行为。（发展改革委、财政部、商务部牵头负责）对公用事业和重要公共基础设施领域实行特许经营等方式，引入竞争机制，放开自然垄断行业竞争性业务。（发展改革委牵头负责）

（6）完善市场退出机制。对于违反法律法规禁止性规定的市场主体，对于达不到节能环保、安全生产、食品、药品、工程质量等强制性标准的市场主体，应当依法予以取缔，吊销相关证照。（各相关市场监管部门按职责分工分别负责）严格执行上市公司退市制度，完善企业破产制度，优化破产重整、和解、托管、清算等规则和程序，强化债务人的破产清算义务，推行竞争性选任破产管理人的办法，探索对资产数额不大、经营地域不广或者特定小微企业实行简易破产程序。（证监会、法制办按职责分工分别负责）简化和完善企业注销流程，试行对个体工商户、未开业企业以及无债权债务企业实行简易注销程序。（工商总局负责）严格执行金融、食品药品、安全生产、新闻出版等领域违法人员从业禁止规定。抓紧制订试行儿童老年用品及交通运输、建筑工程等领域违法人员从业禁止规定（人民银行、银监会、证监会、保监会、食品药品监管总局、安全监管总局、新闻出版广电总局、质检总局、交通运输部、住房城乡建设部等部门按职责分工分别负责）。

二、完善我国市场准入制度的几点建议

尽管中国市场准入制度有一些缺陷，但从主流来看，发展趋势是良好的，我们认为，我国可以大胆借鉴发达国家的经验，参照 WTO 的要求，对我国市场准入制度进行改革。

1. 宏观层面的建议

市场准入制度的完善从根本上说，依赖于我国经济、政治、法律等大环境的逐步健全，因此我们认为，治标先要治本，欲发展市场准入制度，应该：

（1）大力发展社会主义市场经济

全面发展市场经济是解决上述问题的根本之途。首先，发展市场经济可以提

高综合经济实力。世界经济发展的历史已经表明，经济越发达，市场自由开放的可能性就越大，市场开放的动力也越大。相应地，这些国家或地区就更有制定完善的市场准入制度的动力。其次，完善的市场经济条件下，国家政府的职能比较到位，对市场准入的调控符合市场规律的要求。最后，市场经济常被学者们称为法治经济，市场经济的发展要求法制发展，也促进法制的发展。当前国际市场最主流的诉求就是市场准入，因此市场经济的发展也必然推动市场准入制度的完善。

（2）打破障碍，建成统一的国内市场

完善我国的市场准入制度，要从国内市场的改善做起。在改革国内市场准入制度时，最重要的是尽快打破地方保护主义、部门保护主义的局限，以产业政策代替区域政策，使产业集中度提高，最终建成国内统一大市场。如果国内市场还被划分成数十个地区小市场，其间还间插着为数众多的部门利益小市场，则市场准入的标准必然混乱，各小市场的市场准入程序各不一致；更谈不上与国际市场接轨，建立内外一致的市场准入标准，最终较为统一的市场准入制度势必难以形成。

（3）进一步转变政府职能，构建现代行政调控体系

计划体制下市场准入制度安排的逻辑走向是政府、社会、市场，而市场体制下市场准入制度安排的逻辑顺序则相反，是市场、社会、政府。基于这种逻辑顺序，政府必须首先赋予市场主体尽可能广泛的自由准入权，然后赋予社会非政府组织尽可能广泛的自治权，最后再赋予自己必要的、通过严格实体法和程序法限制的管辖权，而且这些管辖权的目的是实现社会公益最大化。

（4）制定和采用清晰稳定的宏观经济政策

加入 WTO 标志着我国已坚定不移地走上了全面开放、融入全球经济大市场的道路，因此就大方向而言我国经济政策是可以预测的，这有利于市场准入制度的稳定。另外，具体的产业政策、行业政策仍可能在一定范围内波动，因为政府总是希望通过调整产业政策营造出大卫·李嘉图所谓的比较优势。当然，产业政策的波动本身是正常的，只要这种波动在正常的范围内，并且符合市场规律，就可能促进市场准入制度的发展。

（5）加快法制建设的步伐，使法治观念深入人心

市场准入制度不是一个孤立的法律制度，它的建立和完善也依赖于整个国家法律体系的完善。首先，市场准入制度的基础制度必须完善。在市场准入问题中，主体和交易对象的性质、地位是一个基础法律问题。其中，市场主体的地位和分类属于民法中的主体制度范畴，交易对象的权利归属问题属于民法中物权制度的规制范畴。由此可见，当前最迫切、最重要的基础制度就是我国正在制订的民法

典。其次，市场准入制度的配套制度必须完善。市场准入制度属于经济法中的一个分支，它主要涉及市场主体和交易对象进入市场的条件、范围、程序及违反市场准入规定应承担的法律责任。为保障这一制度的实行，在经济法中其他一些配套制度也需要完善，如在市场运行方面的反不正当竞争法、税收法、价格法；在市场保障方面的环境法、资源法；市场调控方面的国民经济计划法、规划法，等等。最后，市场准入制度的相关制度必须完善。在市场准入方面，政府是一个举足轻重的角色，因此政府的地位、对市场准入的调控职能必须有相关制度予以规范限制，这是属于行政法的规制范畴。

2. 微观层面的建议

宏观大环境的转变需要相对较长的时期，其效果可能在短期内并不显著；而从微观方面说，市场准入制度本身也存在可以相对独立地进行改善之处：

（1）市场准入制度的价值取向应向经济效益倾斜。

如我们在前文所分析的那样，我国目前的市场准入制度的价值取向正由重交易安全向重经济效益过渡。事实上，安全、公平、效益都是市场准入制度的价值取向，任何一方都不能偏废，但一定时期中以何种价值为重却是一个值得思考的问题。

从我国现阶段的国情出发，我们认为在建立市场准入制度时仍应该以经济效益为核心价值取向，兼顾公平与安全。社会主义初级阶段的主要任务就是发展经济，作为发展中国家要实现跨越式发展，追求效益是第一位的。我国从前的市场准入制度过于注重交易安全的保护，一定程度上提高了市场进入成本，降低了经济效益。今后应从价值取向上纠正这一观念，理好三者之间的关系，以效益为目的，以公平为基础，以安全为保障。

（2）有关法律法规需整理、编纂，使之系统化。

市场准入制度虽是一个相对独立的制度体系，但以目前的情况而言，我们认为立一部《市场准入法》暂无必要。但这不等于说市场准入方面的法律法规不需要系统化。如前所述，我国的市场准入方面的法律法规过于分散，相互重叠遗漏之处甚多，因此当前急需对其进行整理、编纂，在此基础上再予以增删或修改。

在主体的市场准入方面，第一是划分主体形式的法律法规必须尽快统一。学术界公认，依据所有制区分市场主体已不适应市场经济要求，应逐渐过度到依据组织形式区分市场主体。所以，《企业法》、《集体企业法》、《私营企业暂行条例》等应逐步废除；由《公司法》、《合伙企业法》、《个人独资企业法》等构成的市场主体法体系应进一步完善；外商投资企业法因其特殊地位，可以继续保留，但在原则上违背《公司法》的地方应尽快予以修正，使之与整个市场主体法体系保持一致。第二，主体进入市场后的发展变更的法律制度必须完善。如主体的购并问题，应尽快制定反垄断法来规范。第三，关于特殊行业的市场准入问题，如烟草业、金融业、旅游业等，虽分别有一些法律法规，但与我国在加入 WTO 的法律文件中所做的承诺还有距离，因此也需要尽快修改。第四，对于国际竞争力相对薄弱、但必须发展的幼稚产业，可适当限制外国主体进入该行业国内市场；但必须以 WTO 允许接受的方式和条件加以限制，如制定一部《幼稚工业保护条例》等。第五，主体进入市场的登记制度必须统一。

在交易对象的市场准入方面，主要是产品和服务的许可、认证制度要尽快完善统一。我国已于 2002 年 5 月 1 日起实施《强制性产品认证管理规定》、《强制性产品认证标志管理办法》，使产品强制认证这一部分有了基本法规可依。但我国尚未确定技术法规在法律体系中的地位，在当前情况下，应该尽快按产品与服务的类别分别制定市场准入的技术标准并且规范中介认证机构，使之能提供公正、优质的认证服务。

同时，还要注意结合我国在加入 WTO 的法律文件中所做的各项承诺，对境外产品和服务给予适当待遇，使其在规范、合理的条件下进入我国市场。为了保护国内幼稚工业，合理利用 WTO 规则，可以制定《保障措施条例》，使某些紧急条件下限制进口的做法合法化。

（3）在宽严适中、灵活而富有弹性的原则下，逐步统一市场准入的标准最宽松的市场准入标准，也就是完全自由放任、没有国家控制的市场准入标准，目前是不可能实行的。过于严格的市场准入原则，会提高成本，抑制市场进入的积极性，所以市场准入的原则最好是宽严适中的。在现阶段的制度安排上，也最好是宽松进入，严格管理。另外，为了适应不断变化的国际市场，市场准入标准又应该有一定的弹性，以便政府可以根据国际市场的情况作出调整，灵活地适应各种情况，既不违反中国承诺的国际义务，又能恰如其分地保护本国产业。

所谓统一市场准入的标准，并不是要在所有行业中、所有主体中都实现相同的市场准入标准，而是要尽可能消除不合理的差别待遇，改变市场准入领域中标准混乱的局面，使市场准入标准有利于市场秩序的健康稳定，有利于我国经济的发展。

具体地说，首先，需要统一不同所有制主体的待遇标准。众所周知，WTO 的规则要求逐步取消对国有企业的优惠待遇。因此所有制的不同不能再成为待遇不同的理由，所有投资者待遇应平等，主体的划分应逐渐转变为以组织形式为依据。其次，需要统一内资与外资主体的待遇标准。原国家计委、国家经贸委、外经贸部已经颁布了新的外商投资产业目录，并于2002年4月1日起实施。按此新目录，我国已逐步放宽了外商的市场准入领域，并将逐步实现外资与内资的待遇等同。但另一方面，外商享有比内资企业更高的超国民待遇问题尚未解决。因此，需要在税收标准、公司设立的注册资本金门槛等方面进行调整。最后，不同组织形式的主体之间的待遇要有选择地统一。不同组织形式的市场主体规模不同，在市场中发挥的作用不同，因而享受不同的待遇，这是正常的。但那些不合理的差别待遇，应予废除。如对个人独资企业和合伙企业的经营范围限制过严；又如，有限责任公司增值税发票的发放以营业额为准，而一般非公司制的私营企业增值税发票的发放应以注册资本金为准等。

对于交易对象的市场准入标准来说，主要是需尽快按产品和服务的类别分别制定市场准入的技术标准。这些标准最好充分借鉴国际先进经验并征求各行业协会的意见，使之具有很强的可操作性。还要狠抓执行环节，避免在执行中发生标准的偏差和扭曲。

（4）确立规范高效的市场准入程序性制度程序合理是保障实体正义的必要前提。市场准入成本太高、效率低下的问题要从根本上解决，程序性制度的变革是关键。

第一，应建立统一的市场主体登记制度。我国应将《企业法人登记条例》、《公司登记管理条例》、《合伙企业登记管理办法》、《企业名称登记管理规定》等法律文件合并成一部法律文件，并增加其他市场主体登记管理方面的内容，制定一部《市场主体登记管理法》或类似的法律。

第二，审批为主的登记制应逐渐过渡为核准为主的登记制。审批为主的登记制侧重于事前的实体审查，核准为主的登记制则侧重于形式审查；审批制的实质是许可，核准制的实质偏重公示。所以相较而言，审批制更易维护安全，但效率较低，核准制则相反。既然确定了我国市场准入制度的价值取向是以效益为主导，我们选择核准制为主的主体登记制度替代审批制就顺理成章。以后，除少数涉及国计民生的重要行业，如军工、医药、金融等需继续采用审批制外，一般行业的主体准入都可以采用核准制。

第三，登记机构的设置应变革。我国可以仿照一些发达国家的做法，设立登记的注册官制度，确立登记官的个人责任。这样可以解决登记部门层层审查、签字，工作人员互相推诿、责任不明，效率低下的问题。

第四，在主体登记制度中设置行政复议和司法复审程序。按照目前《公司登记管理条例》和《企业法人登记管理条例》的规定，设立登记的申请如果被国家机关驳回，无论何种原因，主体既不能申请行政复议，也无法诉诸法庭。这样，即使作出驳回决定的国家机关有错误，申请的主体也缺乏救济途径。这既不利于保护市场主体的权利，也不利于监督国家机关行为。因此很有必要在主体登记制度中增加行政复议和司法复审程序。

（5）其他建议：

①在今后加入世界贸易组织及承担《服务贸易总协定》的义务谈判中，对经营权而言，要结合我国服务业的实际情况，根据《服务贸易总协定》给予发展中国家市场准入的灵活性以及经济劳动一体化、政府采购、一般例外、安全例外和补贴被排除在市场准入之外，提出开放的范围、步骤及程度，提出市场准入的限制条件。我国在谈判列开价单时，在允诺开放义务时，根据互惠原则，也希望其他国家（地区）对我服务企业开放市场。

②根据《服务贸易总协定》第5、13、14、15条规定，经济一体化、劳动一体化这些排除市场准入的规定，对我国这样一个服务贸易发展落后的发展中国家具有重要的意义，可以在一定程度上减小外国服务业对我国服务业的冲击，保护国内服务业。我国要充分利用这些规定，为发展我国国际服务贸易服务。

③《服务贸易总协定》第16条规定，市场准入中的有关承诺义务在没有说明的情况下，不得采取有关数量配额限制，我国加入世界贸易组织的谈判过程中，对数量配额限制要在承诺表中明确注明，在加入世界贸易组织后，要对有关外资立法加以修改，废除与有关数量配额限制相悖的法律条文。

④市场准入的几种限制措施，要少运用开业权限制和数量或股权限制，可以运用人员的国际流动和职业资格限制，以达到减缓外国服务业对我国服务业的冲击力度。

三、完善我国食品市场准入制度的几点建议

1. 建立监测制度，完善检测体系

我国目前的农产品质量安全监测体系与社会需求还存在非常大的差距，特别是农药化合物等有害物质残留等安全类检测机构的数量和监测能力均不能满足目前我国农产品质量安全监测管理的需求，现有的大部分部级质检中心均是在科研、生产和教学单位原有实验室基础上建立的，存在试验环境条件差、仪器设备陈旧老化、检测能力弱、检测速度慢等主要问题。

另外我国目前对农产品质量安全监测体系的投入十分有限，市场准入性检测费用大多由农产品生产者或经营者支付，这既影响了政府监测机构监督职能的发

挥，又增加了农产品的成本。除了应该继续加强对蔬菜中农药残留水平的大规模监测外，我国对农产品生长环境（土壤、水系等）中农药残留污染重视不足，这也会影响到我国食品安全的评价和解决问题。因此，建立农产品及其生长环境中农药残留污染监测体系，就可以为进一步控制、治理农药污染提供研究基础，从而建立预警体系和贸易壁垒。

在机构建设方面，根据需要建立一批新的机构，以弥补检测力量不足的局面，大力加强机构能力建设，在检测范围、速度、质量上提高水平。

2. 加快农药残留限量标准的制定工作

面对我国农药残留标准制定的情况，首先，要积极开展对于国际标准的研究工作，特别是我国农产品主要出口国的限量标准研究工作：其次，对于我国农药残留限量标准中存在大笼统和数量少的问题，要进行梳理，加快补充和修订限量标准工作，重点是制定对于人体健康和进出口贸易影响较大的农药品种的限量标准制定工作；另外，还要及时了解限量标准设置规则和最新动态，适时做出相应政策调接，以保护我国农产品生产者和消费者的利益。

3. 完善法律法规体系

这里主要指的是农产品质量安全管理方面法律法规的制定．由于我国加入WTO，农产品安全的法制化管理需要尽快与国际接轨．近年来，一些国家经常利用技术壁垒，为我国农产品的出口设置障碍，暴露出我国农药残留法规建设的应对措施不够，以及相关体系的薄弱。

因此，应该尽快完善我国农药残留相关法规建设、机构建设，加大力量对我国与其他发达国家或国际组织在农药残留法规等方面的比较研究，找出优势和差距，有的放矢。

4. 加强进口食品安全管理，提高进口食品检验检疫把关能力

一是完善进口食品审批程序，全面实施电子化管理，规范进口审批管理工作：二是在核定口岸查验能力和查验品种的基础上，保证审批工作与口岸查验能力的适应性；三是对大宗重点食品实施进口食品安全监控计划，严格对进口肉类、水产品、奶制品等进口食品实施疫病疫情、微生物、药物残留、添加剂和重金属等监测工作；四是加强实验室等检测技术设施建设，改善仪器设备，重视技术人才培养，提高进口食品安全卫生检测能力。五是配合海关、边防等部门严厉打击食品非法走私入境活动。

要建立公平开放透明的市场规则，提高我国服务业国际竞争力。要坚持引进来和走出去相结合，完善对外投资体制和政策，激发企业对外投资潜力，勇于并善于在全球范围内配置资源、开拓市场。要加快从贸易大国走向贸易强国，巩固外贸传统优势，培育竞争新优势，拓展外贸发展空间，积极扩大进口。要树立战略思维和全球视野，站在国内国际两个大局相互联系的高度，审视我国和世界的发展，把我国对外开放事业不断推向前进。

参考文献

［1］安妮·克鲁格．发展中国家的贸易与就业［M］．中译本．上海：上海三联书店，1995.

［2］保罗·肯尼迪．大国的兴衰——1500年到2000年的经济变化和军事冲突［M］．北京：世界知识出版社，1990.

［3］Chris Brown. Understanding International Relations［M］. Houndmills：Macmillan Press Ltd.，1997.

［4］曹中生．建立商品准入制度，加强流通领域商品质量监管，净化消费环境［C］//北京市工商行政管理优秀论文选编（二〇〇二年度）．2003.

［5］长尾成吾．产业连关分析入门［M］．东京：日科技连出版社，1970.

［6］陈文鸿，等．东亚经济何处去［M］．北京：经济管理出版社，1998.

［7］程晖．国家放宽非公经济市场准入［N］．中国经济导报，2005.

［8］丁美蓉．食品质量安全市场准入制度之我见［J］．内蒙古质量技术监督，2003（06）．

［9］丁新联，沈雪卉．与时俱进话工商行政管理［C］//深入学习十六大精神认真践行“三个代表”重要思想论文集．2004.

［10］对外经贸合作部．中国对外经济贸易50年［M］．北京：当代世界出版社，1999.

［11］冯忠泽．中国农产品质量安全市场准入机制研究［D］．北京：中国农业科学院，2007.

［12］高连奎．中国为何不愿承认“世界第一”．中国人民大学重阳金融研究院．

［13］葛新．TRIMs协议对我国外资准入审批制度的影响及其对策［D］．大连：大连海事大学，2001.

［14］宫霞．HACCP管理体系在我国食品企业应用进展［J］．乳业科学与技

术，2007（03）.

［15］宫泽健一．产业连关分析入门［M］．东京：日本经济新闻社，1991.

［16］龚英亮．我国食品质量安全市场准入制度的研究［D］．合肥：安徽大学，2007.

［17］构建食品安全监控网络的实践与思考［C］//全国地级市工商行政管理学会调研报告会论文集．2007.

［18］郭佳．国家质检总局实施食品质量安全市场准入制度取得成效［J］．中国标准化，2004（03）.

［19］国家统计局．1995 年度中国投入产出表［M］．北京：中国统计出版社，1997.

［20］国家统计局．投入产出宏观经济分析［M］．北京：中国统计出版社，1993.

［21］国家统计局．中国经济发展部门分析——兼新编可比价投入产出表［M］．北京：中国统计出版社，1998.

［22］汉斯·摩根索．国际纵横策论——争强权，求和平［M］．上海：上海译文出版社，1995.

［23］贺庆财．推进市场准入制度改革 优化发展环境［C］//全国十二城市工商行政管理研讨会专刊．2004.

［24］胡鞍钢．中国就业形势分析［J］．经济研究参考，2002（59）：2－7.

［25］黄利利，杨盛春．推进准入制度 强化行业自律［N］．中国建设报，2010.

［26］黄全权，中国 28 大类 525 种食品年内全部纳入市场准入管理［N］．消费日报，2006.

［27］贾保华．WTO 与中国发展战略反思［J］．世界经济与政治，1999（12）：35－39.

［28］贾保华．WTO 与中国就业［N］．经济学消息报，1999－9－10.

［29］贾保华．东亚出口模式，是否走到尽头［N］．东亚经贸新闻，1998－12－28.

［30］贾保华．中国出口：误解与偏见［N］．国际商报，1998－11－10.

［31］江小涓．中国工业发展与对外经济贸易关系的研究［M］．北京：经济管理出版社，1993.

［32］经贸部编委会．中国对外经济贸易 50 年［M］．北京：当代世界出版社，1999.

［33］雷垠涓．食品质量安全监督管理体系应用研究［D］．昆明：昆明理工大学，2008.

［34］李滨．“市场准入”的门槛作用［J］．中国质量技术监督，2002（02）．

［35］李长健，张锋．一种社会性监管模式——中国食品安全监管模式的理性回归［J］．重庆社会科学，2006（03）．

［36］李景治．“和谐世界”：中国国际战略的新发展［J］．科学社会主义，2006（5）．

［37］李君如．中国道路与中国梦［M］．北京：外文出版社，2014.

［38］李蕾．基础设施民营化市场准入法律问题研究［D］．成都：西南财经大学，2006.

［39］李罗力．金融风暴——东南亚金融危机透视［M］．贵阳：贵州人民出版社，1997.

［40］李向阳．理性看待“中国经济规模世界第一”［N］．人民日报，2014－05－08（21）．

［41］刘丹，侯茜．中国市场准入制度的现状及完善［J］．商业研究，2005.

［42］罗纳德·伊兰伯格，罗伯特·史密斯．现代劳动经济学［M］．中译本．北京：中国劳动出版社，1988.

［43］洛丽塔·纳波利奥尼．中国道路：一位西方学者眼中的中国模式［M］．孙豫宁，译．北京：中信出版社，2013.

［44］马尔科斯·吉利斯，等．发展经济学［M］．中译本．北京：经济科学出版社，1989.

［45］莫荣，胡小勇．近年来我国就业结构的变化［J］．中国经贸导刊，2002（11）．

［46］慕海平．结构调整与就业战略［J］．宏观经济管理，2002（9）34－36.

［47］钱伯海．国民核算与宏观经济分析［M］．北京：中国统计出版社，1998.

［48］全国生产加工食品质量安全专项整治实施细则［J］．中国质量技术监督，2007（10）．

［49］Robert Keohane. International Institutions and State Power：Essays in International Relations Theory［M］．Boulder：Westview Press，1989.

［50］时殷弘．成就与挑战：中国和平发展、和谐世界理念与对外政策形势［J］．当代世界与社会主义，2008（2）．

［51］“食品质量安全市场准入制度”简介［J］．蔬菜，2004（05）．

[52] 世界银行．东亚奇迹——经济增长与公共政策 [M]．中译本．北京：中国财政出版社，1993.

[53] 世行．中国今年超美跃升头号经济体——经济学家：中国 GDP 超美至少也得 5 年之后．http：//bjrb. bjd. com. cn/html/2014 - 05/07/content_ 176708. htm.

[54] 市场准入范围扩大 又有 10 类食品将加贴 QS 标志 [J]．城市质量监督，2003 (07).

[55] 宋大维．中外食品安全监管的比较研究 [D]．北京：中国人民大学，2008.

[56] 宋修伟．湖南将质量安全列入政绩考核 [N]．农民日报，2007.

[57] 唐哲．从源头抓市场准入 破解食品安全难题——访国家质检总局监督司司长纪正昆 [J]．中国质量万里行，2005 (01).

[58] 王宝全，曹万荣，王瑞凤．创新市场准入机制 建设好服务型工商 [C] //2003 年度哈尔滨市工商行政管理系统获奖优秀理论文章调研成果选编论文集．2004.

[59] 王强．国内外食品 GMP 对比分析 [J]．中国农业科技导报，2002 (05).

[60] 王小波．投入产出分析 [M]．北京：中国统计出版社，1996.

[61] 王耀忠．食品安全监管的横向和纵向配置——食品安全监管的国际比较与启示 [J]．中国工业经济，2005 (12).

[62] 吴采平．严格落实建材等重点商品质量准入制度 [N]．中国消费者报，2011.

[63] 吴其浩．在监管中体现服务 [C] //无锡市宜兴工商行政管理局 2004 年理论研讨文集．2004.

[64] 吴亚琼，任丽瑛．岳普湖县 狠抓食品药品安全 [N]．喀什日报 (汉)，2008.

[65] 夏立平，江西元．中国和平崛起 [M]．北京：中国社会科学出版社，2004.

[66] 肖海军．营业准入制度研究 [D]．长沙：湖南大学，2007.

[67] 杨滨．北京 21 类食品包装实施市场准入 [N]．中国新闻出版报，2007.

[68] 叶开军，金艳．探索工商监管新路子 推行市场业主负责制 严把商品市场准入关 [C] //全国十二城市工商行政管理研讨会专刊．2004.

[69] 伊政民，宋丹东．弃"小"图"大"、少"管"多"理"——对入世后工商行政管理的几点思考 [C] //2003 年度哈尔滨市工商行政管理系统获奖优

秀理论文章调研成果选编论文集 . 2004.

［71］以食品市场准入网上备案系统为平台 构建食品安全监管坚固防线［C］//全国地级市工商行政管理学会调研报告会论文集 . 2007.

［70］以食品市场准入网上备案系统为平台 构建食品安全监管坚固防线［C］//全国地级市工商行政管理学会调研报告会论文集 . 2007.

［72］袁妮，邵蓉 . 国外 HACCP 系统简介［J］. 食品与药品，2006（07）.

［73］张东伟，等 . 入世对我国就业的影响［J］. 中国经贸导刊，2002（11）.

［74］张汉林 . 世贸组织与未来中国［M］. 北京：中国物价出版社，1999.

［75］张丽宾 . 我国入世初期面对的就业压力及应对措施［J］. 经济研究参考，2002（59）：27－29.

［76］赵建英 . 论外商投资中国房地产的市场准入制度及其完善［D］. 上海：华东政法大学，2008.

［77］赵为敏 . 我国药品市场准入法律制度研究［D］. 重庆：西南政法大学，2008.

［78］郑必坚 . 论中国和平崛起发展新道路［M］. 北京：中共中央党校出版社，2005.

［79］中国离高收入国家门槛有多远［J］. 新世纪，2014（17）.

［80］中央文献研究室中国道路课题组 . 中国道路：马克思主义中国化经典文献回眸［M］. 北京：中央文献出版社，2011.

［81］周洁红，钱峰燕，马成武 . 食品安全管理问题研究与进展［J］. 农业经济问题，2004（04）.

［82］周天勇 . 劳动与经济增长［M］. 上海：上海三联书店，1994.

［83］朱文晖 . 中国出口增长奇迹［M］. 北京：经济科学出版社，1998.

［84］朱小良 . 严格市场准入维护健康消费环境［N］. 中国食品质量报，2007.

［85］朱晓红 . 我国民航业的市场准入制度研究［D］. 北京：中国政法大学，2007.

后记

现在，中国被称为世界经济的“引擎”，中国经济保持平稳发展，可以带动世界的发展。中国的现代化进程机遇前所未有，挑战也前所未有，但整体来讲机遇大于挑战。中国的和平发展对全世界都具有重要意义。应该说中国基本上解决了发展中国家面临的经济和社会发展落后的问题，已经从一个发展中国家转变为新兴市场国家，现在正全力以赴追赶发达经济体。参照德国和日本的社会经济发展，作为一个新兴市场国家，中国还面临着非常严峻的经济和社会发展任务，中国人均收入水平在世界上的排名很靠后。据世界银行数据显示，虽然中国的经济规模已位居世界第二，但人均收入仍然靠后。按人均计算，中国排在100位以后，仅是日本的十分之一，是美国的十一分之一。与德国3.88万美元的人均GDP相比，中国的人均GDP也只有6 000美元。因此我们既要看到中国经济总量在不断增加，经济实力在不断提高的现实，更要看到中国仍然是发展中国家，贫困等问题尚待解决，要继续下大力气促进“民富”。当下中国不遗余力地从其他国家吸收资源与技术，造成的后果就是能源与其他商品的通胀，同时也造就了其巨额的贸易顺差。而房地产价格越来越高，高度依赖出口，内需市场难以扩大，美国要求人民币升值的压力越来越大……那么中国会步日本经济盛极而衰的后尘，成为历史的感叹号吗？从历史的眼光看，今天的发达国家也曾经历过不发达时期，发展中国家的今天也显现着发达国家昨天的痕迹。

对外经济贸易大学作为首批国家“211工程”大学和重点建设的经济类院校，历来重视经济领域，特别是国际经济领域的教学和研究工作，积极支持该领域的学术研究，特别制定了《对外经济贸易大学学术著作出版资助专项经费管理办法》，并在每年度展开校级学术著作出版资助活动，认真组织专家进行评选，本书就是这一项目的产物。

对外经济贸易大学出版社是以出版经济类图书为主要方向的出版社。针对《中国市场准入环境与贸易投资新政——基于若干行业的实证研究》一书的出版，出版社召开了评审会议，并通过了相关专家的严格评审。专家一致认为本书从具体的经济指标出发，分析了现状及未来走向。研究成果对于中国经济，对于中国经济的结构性调整及宏观经济政策的制定、对于中国如何成功跨越中等收入陷阱成为发达经济体等有着重要的借鉴意义。

另外，北京中佰研商用信息有限责任公司在本次实证研究中发挥了重要作用，为研究的进行提供了大量的支持。作为一家知名的市场研究公司，北京中佰研商用信息有限责任公司以 www. allchinareports. com 为平台，将继续为国内外贸易投资及其他商务活动提供帮助。

在此，我们特地感谢对外经济贸易大学、对外经济贸易大学出版社及北京中佰研商用信息有限责任公司对本书出版的大力支持，感谢相关人员和编辑人员为本书出版所作出的繁重的工作。